Reinhardt Schmidt

KEIN KIND
AUF ZEIT

Das organisierte Unglück einer Pflegefamilie

© 2013
2. Auflage 2015
ISBN: 978-3-734765599

Herstellung & Verlag: BoD™ – Books on Demand, Norderstedt
Printed in Germany

eMail: kein-kind-auf-zeit@web.de

Bibliografische Information der Deutschen Nationalbibliothek:
Die Deutsche Nationalbibliothek verzeichnet diese Publikation in der
Deutschen Nationalbibliografie; detaillierte bibliografische Daten sind im
Internet über http://dnb.d-nb.de abrufbar.

Inhalt

Vorwort

Anna kam nach einer verdrängten Schwangerschaft zur Welt. Ihre Mutter – bereits mit dem eigenen Leben überfordert – hatte gesagt, sie solle zur Adoption freigegeben werden. Den Namen des leiblichen Vaters hat die Mutter bis heute verheimlicht, vermutlich weiß er immer noch nicht, dass es Anna überhaupt gibt.

Anna sollte also adoptiert werden. Bereits drei Tage nach ihrer Geburt wurde sie von dem dafür ausgewählten Ehepaar aus dem Krankenhaus abgeholt. Die Adoption verzögerte sich jedoch, weil die leibliche Mutter ihre Einwilligung immer wieder zurückzog. Mehrfach stand die Adoption kurz vor ihrem Abschluss, doch nach einem halben Jahr der Ungewissheit stand dann endlich fest, dass die leibliche Mutter die Einwilligung nicht erteilen würde. Sie begann nun sogar davon zu sprechen, Anna häufiger sehen und später sogar in ihren eigenen Haushalt holen zu wollen.

Zu diesem Zeitpunkt war Anna bereits 13 Monate alt. Ihre Zukunft war völlig unklar. Konnte sie evtl. als Pflegekind bei dem Ehepaar bleiben, welches sie eigentlich adoptieren wollte? Oder würde sie evtl. doch zu ihrer leiblichen Mutter kommen? Stabilität und Sicherheit, mit das Wichtigste für ein Kleinkind dieses Alters, waren ihr leider nicht vergönnt. Auf Wunsch der Mutter wurden nun auch regelmäßig Umgangskontakte durchgeführt, die das Kind überhaupt nicht verstand und zunehmend ablehnte.

Die Pflegeeltern waren ratlos und verzweifelt, mussten sie doch mit ansehen, wie Anna zunehmend Ängste und Abwehrreaktionen gegenüber der Kindesmutter zeigte. Der Ergänzungspfleger, der wichtige Teile des elterlichen Sorgerechts anstatt der Kindesmutter ausübte, und das Jugendamt konnten und wollten keine wirkliche Hilfe sein. Spätestens als die leibliche Mutter vor Gericht zog, das Sorgerecht zurück haben wollte sowie mehr Umgang und den Wechsel von Anna in den eigenen Haushalt anstrebte, hätten die Pflegeeltern gut beraten und tatkräftig unterstützt werden müssen.

Doch wie so häufig in diesen Fällen bezog das Jugendamt gar nicht wirklich Stellung, sondern wollte alles dem Familiengericht überlassen.

Der Ergänzungspfleger hielt sich sogar völlig raus. Er kannte Anna überhaupt nicht und hielt es auch nicht für nötig, das zu ändern.

An dieser Stelle beschlossen die Pflegeeltern, sich von mir als Rechtsanwalt beraten und vertreten zu lassen. Es sollte ein langer und schwieriger gemeinsamer Weg werden. Noch heute stehe ich in regelmäßigem Kontakt und habe daher das Angebot, dieses Vorwort schreiben zu dürfen, mit Freuden angenommen.

Familiengerichte in Deutschland sind in diesen Verfahren verpflichtet, von sich aus aktiv zu werden, wenn sie von einer möglichen Kindeswohlgefährdung Kenntnis erhalten. D.h., sie müssen – möglichst schnell – den Sachverhalt aufklären und notwendige Beweise beschaffen. Haben sie das gemacht und stehen Art und Umfang der Kindeswohlgefährdung fest, muss alles dafür getan werden, diese zu beenden. Das hier zuständige Gericht war jedoch ständig überlastet, das ganze Verfahren wurde viel zu sehr verzögert. Zudem fehlte die (fachliche) Einsicht, wie sehr solche Verfahren und die ständige Ungewissheit über die Zukunft Kinder und Pflegeeltern gleichermaßen belasten. Also versuchte das Gericht wiederum, die Verantwortung auf das Jugendamt abzuwälzen.

Von diesem staatlichen Versagen bei Pflegekindern, die ohnehin schon eine schwere Bürde im Leben zu tragen haben, möchte dieses Buch berichten. Aber auch von engagierten Pflegeeltern, die eben doch nicht völlig recht- und machtlos sind und von einem kleinen Mädchen, Anna, das jetzt endlich und hoffentlich für immer in Ruhe leben kann.

Joachim Dorner, Hannover
Rechtsanwalt

Annas erstes Lebensjahr

0;0   Mädchen ohne Namen sucht Eltern

An einem Mittwoch gegen 14.00 Uhr erhielten Herr und Frau Schneider einen Anruf des Jugendamtes. Ein kleines Mädchen läge im Klinikum und bräuchte eine Mama und einen Papa. Sie zögerten nicht und daher zog Anna an diesem Tag gegen 20 Uhr bei ihnen ein.

Anna wurde laut Entlassungsbericht spontan nach einer verdrängten Schwangerschaft entbunden. Ihre Mutter, Frau Loose, (28 Jahre) wollte sie nicht sehen und sich auch sonst nicht mit ihr konfrontieren. Daher gab sie ihr auch keinen Namen. Nach Bericht des Jugendamtes erklärte sie, dass ihr Umfeld die Schwangerschaft nicht bemerkt habe und sie nicht in der Lage sei, sich um das Kind zu kümmern.

Dazu erklärt Michael Hertl, Professor für Kinderheilkunde:
Wenn eine Mutter ihre Schwangerschaft annimmt, gewinnt sie ein besonderes Verhältnis zu ihrem Kind, dass sich im Ausmaß möglicher Kontakte zu ihm mehr und mehr erweitert und vertieft. In der Schwangerschaft entwickeln sich auch Zuneigung zum Kind und die sogenannte Mutterliebe. Wenn die Mutter ihr Kind im Ganzen ablehnt oder sich seiner Liebe ihm gegenüber unsicher ist, hat dies schlimme Folgen für das Kind. Die Mutter kann diese Haltung ihrem Kind gegenüber dadurch signalisieren, indem sie sich selbst gesundheitlich vernachlässigt und damit bewusst oder unbewusst ihr Kind in Gefahr bringt. Diese Schädigungen können z. B. durch übertriebene sportliche Aktivitäten oder die Versäumnis von Vorsorgeuntersuchungen zum Tragen kommen.
Die ersten Tage und sogar die ersten Stunden nach der Geburt eines Kindes stellen eine Phase dar, in der die Mütter dem Baby gegenüber außerordentlich empfindsam sind. Durch dieses gesteigerte Empfinden wird die Entwicklung einer Bindung an den Säugling erleichtert und begünstigt.

Am Tag nach der Geburt fand in der Klinik ein Beratungsgespräch mit der Mutter statt. Die Jugendamtsmitarbeiterin beschrieb Frau Loose als psychisch stabil, überlegt, aber emotional unbeteiligt. Frau Loose verließ anschließend die Klinik und ließ das Kind ohne eine Entscheidung zurück.

Die amerikanischen Kinderärzte Klaus Marshall und John Kennell gelangten zur Erkenntnis:
Die emotionale Haltung der Mutter gegenüber ihrem Kind hängt entscheidend von dem Kontakt zwischen Mutter und Kind in den ersten Tagen nach der Geburt ab.

Klaus und Kennell haben das Phänomen der Mutter-Kind Verbindung intensiv untersucht. Ihre Ergebnisse lassen den Schluss zu, dass der gegenseitige Austausch der Mutter mit ihrem Kind, in dessen ersten Stunden des Lebens, für zumindest die folgenden fünf Jahre einen sehr wichtigen Einfluss auf ihre Haltung ihm gegenüber hat. Man weiß noch nicht, wie lange genau diese sensitive Phase andauert, aber die Annahmen gehen dahin, dass sie nach drei bis vier Stunden nach der Geburt ihre Prägekraft verliert. Wenn es dann keinen Kontakt zwischen der Mutter und dem Neugeborenen gab, kommt eine angemessene Verbindung kaum noch zustande. Haben dagegen die Mutter und der Säugling mehr oder weniger unterbrechungslosen Kontakt in dieser Phase, dann wird eine starke Mutter-Kind Bindung ausgebildet und die Mutter empfindet auch über die sensitive Phase hinaus mütterliche Gefühle.

Es dauerte einige Tage, bis das Amt Kontakt mit Frau Loose aufnehmen konnte, da sie sich nicht wie vereinbart meldete. Sie lehnte eine ausführliche Beratung ab und hatte den festen Entschluss, das Kind für eine Inkognitoadoption freizugeben. Die Jugendamtsmitarbeiterin beschrieb sie als abgeklärt und entschieden. Frau Loose erteilte alle notwendigen Einwilligungen und Vollmachten und wollte nicht weiter konfrontiert werden. Anna befand sich nun in Adoptionspflege.

0;2   Acht Wochen warten

```
§ 1747 BGB
Einwilligung der Eltern des Kindes
(1) Zur Annahme eines Kindes ist die Einwilligung der
Eltern erforderlich.
(2) Die Einwilligung kann erst erteilt werden, wenn das
Kind acht Wochen alt ist. Sie ist auch dann wirksam, wenn
der Einwilligende die schon feststehenden Annehmenden
nicht kennt.
```

Frau Loose meldete sich nicht innerhalb der acht Wochen. Das Jugendamt teilte ihr den vereinbarten Notartermin zur Einwilligung mit, zu dem sie auch erschien. Sie erklärte dort aber überraschend, dass sie sich aktuell nicht in der Lage sähe, die notarielle Einwilligung abzugeben. Es hätten sich in ihrem Leben gravierende Veränderungen ergeben, denn ihr wäre der geliebte Beruf gekündigt worden. Annas Mutter verweigerte jedoch abermals eine ausführliche Beratung. Es wurde dann auf ihren Wunsch ein neuer Notartermin vereinbart. An diesem Termin ließ sie ihren Mitbewohner absagen. Dieser sprach in seinem Telefonanruf von Suizidgedanken der Mutter.

0;6   Es geht vor Gericht

Das Amt versuchte über mehrere Monate intensiv Kontakt aufzunehmen. Annas Mutter ging nicht ans Telefon, öffnete nicht die Tür und kam nicht zu angekündigten Terminen. Es wurde daher vom Jugendamt beim Familiengericht zum Wohl des Kindes eine Neuregelung der elterlichen Sorge beantragt.

Zur Anhörung Anfang Dezember erschien aber nur der Mitbewohner von Frau Loose und erklärte, er mache sich große Sorgen. Frau Loose hätte einen Brief für ihn hinterlassen, der ihn beunruhige. Der Brief hatte testamentarische Züge und war als Abschiedsbrief zu verstehen. Der Richter veranlasste sofort eine Fahndung, die abgebrochen wurde, als Annas Mutter dann doch bei Gericht erschien.

Sie erklärte dort, dass sie ihren Arbeitsplatz verloren hätte, zudem vor längerer Zeit ihre gesamte Wohnungseinrichtung. Der Mitbewohner- ein Kraftwagenfahrer im Ruhestand- gewähre ihr in seiner kleinen Wohnung Obhut. Sie hätte praktisch ihre ganze Existenz verloren. Sie beschrieb auch, dass sie das Kind weggegeben habe, aus Angst, sonst ihren Arbeitsplatz zu verlieren. Aus dem Brief wurde auch ihre große Enttäuschung über Annas Vater deutlich.

13

Nach Meinung des Gerichts bestand akute Suizidgefahr. Der Richter veranlasste deshalb, dass Frau Loose ins Klinikum gebracht wurde. Sie verließ es jedoch auf eigenen Wunsch nach drei Tagen.

Noch Ende Dezember wurden ihr vorläufig Teile des Sorgerechts (Aufenthaltsbestimmungsrecht und die medizinische Sorge) entzogen. Das Gericht urteilte, dass die Kindsmutter zur Betreuung und Pflege des Kindes derzeit nicht in der Lage sei, da sie psychisch destabilisiert wäre. Es bestand die Besorgnis, dass das geistige und leibliche Kindeswohl gefährdet sei. Die Rechte wurden einer Amtspflegerin übertragen.

0;7   Kehrt Marsch!

Ende Januar fand beim Jugendamt mit Frau Loose ein Beratungsgespräch statt. Annas Mutter erklärte, dass sie nun fest entschlossen sei, das Kind kennenlernen zu wollen. Sie hätte dies bisher nicht getan, weil sie Angst hatte, ihre Arbeit zu verlieren. Im völligen Widerspruch dazu ging am darauf folgenden Tag per Fax eine Erklärung der Mutter ein, dass sie nun „zu 100% einer Adoption" zustimme. Sie könne „keine Verantwortung und Erziehung übernehmen." Für Gespräche stand Frau Loose wieder nicht zur Verfügung und gab als Ansprechpartner lediglich ihren Mitbewohner an. Das Amt antwortete ihr daher, dass sie jederzeit selbst einen Termin beim Notar machen könne, um dort die fehlende Unterschrift zu leisten.

0;10   Die Achterbahn fährt weiter

Da die notarielle Einwilligung auch in den darauf folgenden Monaten nicht erfolgte, wurde für Anna und Familie Schneider der Status der Adoptionspflege in den der Vollzeitpflege umgewandelt.

§ 33 SGB VIII
Hilfe zur Erziehung in Vollzeitpflege soll entsprechend dem Alter und Entwicklungsstand des Kindes oder Jugendlichen und seinen persönlichen Bindungen sowie der Möglichkeiten der Verbesserung der Erziehungsbedingungen in der Herkunftsfamilie Kindern und Jugendlichen in einer anderen Familie eine zeitlich befristete Erziehungshilfe oder eine auf Dauer angelegte Lebensform bieten.

§ 37 Abs. 1 SGB VIII
Durch Beratung und Unterstützung sollen die Erziehungsbedingungen in der Herkunftsfamilie innerhalb eines im Hinblick auf die Entwicklung des Kindes oder Jugendlichen vertretbaren Zeitraums so weit verbessert

werden, dass sie das Kind oder den Jugendlichen wieder selbst erziehen können. Während dieser Zeit soll durch begleitende Beratung und Unterstützung der Familien darauf hingewirkt werden, dass die Beziehung des Kindes oder Jugendlichen zur Herkunftsfamilie gefördert wird. Ist eine nachhaltige Verbesserung der Erziehungsbedingungen in der Herkunftsfamilie innerhalb dieses Zeitraums nicht erreichbar, so soll mit den beteiligten Personen eine andere, dem Wohl des Kindes oder des Jugendlichen förderliche und auf Dauer angelegte Lebensperspektive erarbeitet werden.

In einer Handreichung von Yvonne Kindermann, herausgegeben vom Amt für Jugend und Familie Regensburg, ist über Vollzeitpflege zu finden:

Wird ein Kind also in einer Pflegefamilie untergebracht, so müssen sich alle Beteiligten, nach der Formulierung des § 33 SGB VIII, eindeutig zwischen den beiden Alternativen der „zeitlich befristeten Erziehungshilfe" und „der auf Dauer angelegten Lebensform" entscheiden. Dieser „Entscheidungszwang" soll dem Kind helfen, seine Lebensperspektive durch eine zeit- und zielgerichtete Intervention, so gut es geht, zu sichern. Des Weiteren gibt § 36 Abs. 1 Satz 2 SGB VIII die Überprüfung der Möglichkeit zur Adoption vor, wie auch die Verpflichtung zur Übertragung der Amtspflegschaft/-vormundschaft (§ 56 Abs. 4 SGB VIII) auf eine Einzelperson. In der Praxis erscheint aber die Umsetzung der in diesem Absatz genannten Paragraphen als äußerst zweifelhaft (vgl. Salgo, 2004).

Der Gesetzgeber führte hierzu unmissverständlich aus: „Kommt das Jugendamt [...] nach einer sorgfältigen Prüfung der Situation in der Herkunftsfamilie zu der Überzeugung, dass Bemühungen zur Verbesserung der Erziehungsbedingungen [...] mit dem Ziel der Rückführung des Kindes innerhalb eines angemessenen Zeitraums offensichtlich erfolglos sind oder sein werden, dann ändert sich sein Auftrag. Fortan hat es seine Bemühungen darauf auszurichten, die Eltern davon zu überzeugen, dass sie ihrer Elternverantwortung in der konkreten Situation am besten dadurch gerecht werden können, dass sie einem dauerhaften Verbleib des Kindes in der Pflegefamilie ggf. auch einer Adoption (möglichst durch die Pflegeeltern) zustimmen. Gelingt dies nicht und handeln die Eltern zum Schaden des Kindes, so hat das Jugendamt den Schwebezustand möglichst bald durch Anrufung des Vormundschaftsgerichtes (heute Familiengericht, M. D.) zu beenden. Das Vormundschaftsgericht entscheidet dann über das Sorgerecht und, soweit dies im Einzelfall notwendig ist, auch über das Umgangsrecht." (BT. - Dr. 11/5948, S.75)

In den Regelungen der §§ 33 und 37 SGB VIII ist die kompromisshaft gelöste Kontroverse um die Konzepte „Ersatzfamilie" und „Ergänzungsfamilie" enthalten. Gleichzeitig drücken sie die Absicht des Gesetzgebers aus, Pflegeverhältnisse nur dann auf Dauer anzulegen, wenn eine Rückführung des Kindes in die Herkunftsfamilie trotz unterstützender Hilfen als unmöglich erscheint. Unklar bleibt, was unter einem „vertretbaren Zeitraum" zu verstehen ist. In der Praxis geht man in der Regel von einem höchstens zweijährigen Zeitraum aus (vgl. Blandow, 2004). Gisela Zenz macht diesen Zeitraum abhängig vom Alter des Pflegekindes. Bei Kindern im Alter von ein bis drei Jahren sind es einige Wochen bis Monate, bei Kindern zwischen drei und fünf Jahren ungefähr ein halbes Jahr, bei älteren Kindern kann es auch mehr als ein Jahr sein, damit das Kind die Trennung tatsächlich als Heimkehr und nicht als erneute Trennung empfindet (vgl. Wiesner, 2003). Nach Blandow (2004) bleibt aber vor allem unklar, ob in jedem Fall vorerst der Versuch einer Restabilisierung der Herkunftsfamilie unternommen werden soll oder ob von vornherein ein auf Dauer angelegtes Pflegeverhältnis eingerichtet werden kann, wenn schon in der Hilfeplanung festgestellt wird, dass es aufgrund der gravierenden Probleme bzw. aufgrund von schweren Vorfällen in der Herkunftsfamilie zu keiner Rückführung kommen kann.

In der Praxis wie auch in der Rechtsprechung wird dies meistens im Sinne der zweiten Möglichkeit ausgelegt.

Vom Amt erfolgte im April eine Pflegestellenüberprüfung bei Familie Schneider zuhause durch die Sozialarbeiterin Frau Krieger. Die organisatorischen Grundlagen (Ansprechpartner, Anträge, rechtliche Grundlagen o.ä.) und der Vollzeitpflegestatus wie in §33 beschrieben (befristet oder dauerhaft) wurden hierbei nicht näher erläutert. Es wurde erklärt, dass Herr und Frau Schneider auf dem Gerichtsweg durch einen sogenannten Verbleibensantrag schon zum jetzigen Zeitpunkt erfolgreich wären, sollte Frau Loose Anna von ihnen wegholen wollen. Frau Krieger informierte auch nicht über die Altersvorsorge, die Pflegeeltern zusteht. Statt fachlichen Informationen war es der Sozialarbeiterin wichtiger, ihre unprofessionellen Einschätzungen mitzuteilen. Sie erläuterte mehrmals, dass die Pflegeeltern in ihrem Leben wohl noch etwas zu büßen hätten, denn andernfalls hätte sonst die Adoption geklappt. Als Anna sich nicht zum Mittagsschlaf hinlegen wollte, erklärte Frau Krieger, dass man sicherlich bald eine Erziehungsberatung brauche. Dafür sei sie dann auch zuständig.

Der Vollzeitpflegestatus wurde dann rückwirkend geltend gemacht. Es entstand anschließend eine Diskussion um die Zuständigkeit, da die Pflegeeltern in einem anderen Landkreis wohnen als Annas Mutter. Als Ergebnis blieb das bisherige Jugendamt am Wohnort von Frau Loose zuständig. Als Sachbearbeiterin wurde Frau Neumeier eingeteilt, die in ihrer beruflichen Laufbahn zunächst als sozialpädagogische Familienhilfe tätig gewesen war und seit zwei Jahren eine Anstellung beim Jugendamt (Allgemeiner Sozialdienst) hatte. Durch den freien Träger Caritas übernahm Frau Reiter, eine sehr junge Sozialpädagogin, die Betreuung.

0;11   Wieder vor Gericht

Im Mai fand erneut eine Anhörung zur Überprüfung des Sorgerechts der Mutter statt. Frau Loose hatte bis zu diesen Zeitpunkt keinen Kontakt mehr zum Jugendamt aufgenommen. Beratungsgespräche oder die Möglichkeit, ihre Tochter kennenzulernen, hatte sie abgelehnt.
In der Anhörung erklärte sie, dass sie sich um einen neuen Arbeitsplatz bemühe und sich eine berufliche Zukunft mit Kind schwer vorstellen könne.
Der Richter war entsetzt, dass die Mutter bis zu diesem Zeitpunkt nicht agiert hatte.

Irmela Wiemann, Diplom-Psychologin und Therapeutin, beschreibt:
Bei Babys und Kleinkindern bis zu drei Jahren muss mit den Abgebenden schon frühzeitig besonders eindringlich um eine langfristige Perspektive gerungen werden. Es ist wichtig, ihnen begreiflich zu machen, dass jedes Kind sich an die Menschen bindet, mit denen es die ersten Jahre verbringt. Mit Trennungen in diesem jungen Alter beeinflussen wir das Beziehungsverhalten dieser Kinder für ihr ganzes Leben. Ein Säugling hat gar nicht das Gedächtnis, seine leibliche Mutter nach Wochen wieder zu erkennen. (…) Müttern oder Vätern muss klar gesagt werden: Rückführungen junger Kinder setzen voraus, dass die leibliche Mutter immer schon intensive - mehrmals wöchentliche - Kontakte zum Kind hatte, dass die Mutter nie fremd geworden ist. (…) Auch darf der Zeitraum der Unterbringung in der Pflegefamilie nicht länger als ein halbes bis dreiviertel Jahr umfassen. Danach muss die Zugehörigkeit eines Kleinkindes unbedingt festliegen.

Im Rahmen der Anhörung wurde ein psychologisches und psychiatrisches Gutachten angeordnet, um die Erziehungsfähigkeit von Frau Loose zu überprüfen.

1;0   Das Jugendamt besucht die Pflegefamilie –
Kaffee und Kuchen I

Beim Hausbesuch von Frau Neumeier und Frau Reiter bei der Pflegefamilie berichtete Frau Neumeier dann stolz, dass sie die bisher einzige Sozialarbeiterin sei, der es nun gelungen wäre, an Frau Loose heranzukommen und ein Gespräch zu führen. Frau Loose sei sehr unschlüssig gewesen. Sie würde nur schwarz oder weiß sehen, Adoption oder Rücknahme. Frau Looses Aussage sei gewesen, dass eine Rückkehr nicht ginge, weil Anna schon zu alt wäre. Frau Neumeier hätte viele Überredungskünste gebraucht, um die Mutter zu einem Treffen mit ihrem Kind zu bringen. Sie hätten sie aber nun soweit. Der Termin für Anfang Juli war vom Amt bereits festgelegt worden. Zuvor sollten noch zwei beratende Gespräche der Mutter mit Frau Reiter stattfinden. Eine Beratung und Unterstützung der Pflegefamilie war nicht vorgesehen.

Die Pflegeeltern baten um ein moderiertes Gespräch mit Frau Loose ohne Anna. Ein Erwachsenengespräch wurde jedoch von den Fachkräften abgelehnt. Die Pflegeeltern waren noch zu unerfahren und trauten sich nicht das einzufordern, was nach Erkenntnissen der Psychologie als absolut notwendig gilt.

Irmela Wiemann erklärt vergleichbar zum Thema „Wenn ein Elternteil nach Jahren das Kind wieder sehen will":

Wenn ein Kind über viele Jahre seine leiblichen Eltern nicht mehr gesehen hat, so bedarf ein solches Zusammentreffen sorgfältiger Vorbereitung. Für einen Kontakt zwischen Herkunftsfamilie und Pflegekind gilt wie für alle Besuche, dass Perspektivenkonflikte vor einem solchen Zusammentreffen ausgeräumt werden müssen. Vor einer Begegnung zwischen Mutter oder Vater und Kind sind Gespräche zwischen abgebenden Eltern, Sozialarbeiterin oder Vormund und Pflegeeltern erforderlich. Zunächst müssen die Erwachsenen Rivalitäten und Ängste untereinander abbauen. Erst dann können Kind und Eltern zusammentreffen. Das Kind sollte nicht allein gelassen werden mit seinen Eltern. Es benötigt - je nach Alter - die Gegenwart der Pflegeeltern und des Pflegekinderdienstes.

Annas zweites Lebensjahr

1;1a   Mutter trifft Kind

Vierzehn Tage lang hörte Familie Schneider nichts. Keiner fragte nach, keiner informierte sie über den Fortgang. Sie wurden nicht vorbereitet oder begleitet.

Nach §37 Abs. 2 SGB VIII haben Pflegeeltern jedoch ein Recht auf Beratung und Unterstützung.

Als sie zwei Tage vor dem Termin beim Amt nachfragten, ob das Treffen für Anna nicht überstürzt sei, antwortete man ihnen mit dem Hinweis auf das Umgangsrecht der Mutter: „Das Risiko, dass das Treffen eskaliert, müssen wir einfach eingehen." Frau Loose wirke stabil, stehe jedoch unter enormem Druck. Es erfolgte als Rat an die Pflegeeltern: „Seien Sie so, wie Sie sind." Auf die Problematik für Anna gingen die Sozialarbeiter nicht ein.

Man traf sich also in einem Spielzimmer der Caritas. Frau Neumeier und Frau Reiter begleiteten das Zusammentreffen. Die Mutter verhielt sich bei dem Treffen sehr passiv. Den Gesprächsangeboten der Pflegeeltern begegnete sie sehr reserviert. Hauptsächlich unterhielten sich Frau Neumeier und die Pflegeeltern. Das Amt stellte später dar, dass Herr und Frau Schneider sehr positiv auf Frau Loose zugingen, so dass das erste Kennenlernen nach deren Auffassung sehr entspannt verlief.

Wahrnehmung des Pflegevaters
Nach einer nüchternen Begrüßung betrachtet Frau Loose Anna, begrüßt sie jedoch nicht und zeigt keine Reaktion. Anna beginnt zu spielen und bindet vorerst uns, nach und nach auch Frau Neumeier und Frau Loose ein. Da sich Frau Loose kaum einbringt, wendet sich Anna bald von ihr ab. Wir erzählen auf Nachfrage von Frau Neumeier über Anna und ihr Lebensumfeld. Frau Loose hat keine Fragen. Auf interessierte Fragen unsererseits antwortet sie kurz und knapp. Sie beobachtet Anna aus dem Augenwinkel.

1;1b   Spiel mit verdeckten Karten

Die Pflegeeltern wurden Mitte Juli darauf hingewiesen, dass von Seiten des Amtes nun nichts mehr mitgeteilt werden dürfe. Es gäbe einen Informationsstopp, da keine Schweigepflichtsentbindung durch Frau Loose vorläge.

Familie Schneider bat mehrmals aufgrund eigener „Recherche" nach Elterngesprächen und einem Hilfeplan. Von Seiten des Amtes wurde dies als viel zu früh abgetan. Ihnen wurde gesagt: „Sie denken zu weit voraus, wollen zu viel auf einmal und alles viel zu schnell."

Dies ist fachlich nicht korrekt. Ein Hilfeplan muss schon zu Beginn einer Maßnahme erstellt werden, um die Art der Hilfe frühzeitig zu regeln und so für alle Beteiligte Transparenz zu schaffen.

```
§36 Abs. 2 SGB VIII
Die Entscheidung über die im Einzelfall angezeigte
Hilfeart soll, wenn Hilfe voraussichtlich für längere Zeit
zu leisten ist, im Zusammenwirken mehrerer Fachkräfte
getroffen werden. Als Grundlage für die Ausgestaltung der
Hilfe sollen sie zusammen mit dem
Personensorgeberechtigten und dem Kind oder dem
Jugendlichen einen Hilfeplan aufstellen, der
Feststellungen über den Bedarf, die zu gewährende Art der
Hilfe sowie die notwendigen Leistungen enthält; sie sollen
regelmäßig prüfen, ob die gewählte Hilfeart weiterhin
geeignet und notwendig ist. Werden bei der Durchführung
der Hilfe andere Personen, Dienste oder Einrichtungen
tätig, so sind sie oder deren Mitarbeiter an der
Aufstellung des Hilfeplans und seiner Überprüfung zu
beteiligen.
```

Paula Zwernemann, Jugendamtsleiterin eines Pflegekinderdienstes, schreibt:
Der Sozialarbeiter sammelt alle verfügbaren Informationen, die sowohl bei den Beteiligten als auch bei anderen Fachdiensten und Fachkräften erhoben wurden und werden. Die Risiken- und Schutzfaktoren für dieses Kind müssen grundsätzlich und systematisch ausgewertet werden. Ein oberflächliches Arbeiten in dieser Phase birgt für die Zukunft die Gefahr schwelender Konflikte in sich. Es muss auch für jedes Kind eine vorsichtige Prognose über die Lebensperspektive gewagt werden.

1;2a   Bedenkzeit

Nach dem ersten Zusammentreffen zog sich Annas Mutter zurück. Frau Loose hatte schon im Vorfeld geäußert, dass sie von der Haltung der Pflegeeltern gegenüber einer möglichen Rückführung abhängig machen wolle, inwieweit sie kooperiere, da sie nicht die „Familie zerstören" wolle.

Sie wollte Bedenkzeit, ob sie weitere Treffen wünsche oder sich ganz zurückziehen würde. Sie brach in dieser Zeit auch den Kontakt zur beauftragten Psychologin bezüglich des Gutachtens ab und meldete sich nicht wie vereinbart. Ende Juli wurde nachfragt, ob sie an der Begutachtung teilnehmen wolle. Termine mit dem Jugendamt ließ sie abermals platzen.

Ende August nahm Frau Loose dann Kontakt mit der Gutachterin und dem Jugendamt auf, da sie beschlossen hatte zu kämpfen. Sie äußerte Entschlossenheit, alles dafür zu tun, dass Anna bei ihr leben könne.

1;2b   Fachkraft zwischen den Stühlen

Da Frau Reiter Probleme mit der gleichzeitigen Betreuung der Pflegefamilie und der leiblichen Mutter hatte („Interessenskonflikte"), wurde Ende Juli eine zusätzliche Fachkraft - Frau Klein vom Kinderschutzbund - als Umgangsbegleitung und Ansprechpartnerin für Familie Schneider eingesetzt. Frau Reiter blieb vorerst Beraterin der Mutter. Aufgrund ihrer Schwangerschaft wurde sie nach kurzer Zeit durch Frau Weiß abgelöst.

1;3a   Das Jugendamt besucht wieder die Pflegefamilie – Kaffee und Kuchen II

Frau Neumeier kam zusammen mit Frau Klein zum Hausbesuch zur Pflegefamilie Schneider. Die Betreuung wurde nochmals erläutert. Frau Reiter hätte sich zwischen den „Parteien" zerrieben und daher hätte man im Team beschlossen, die Betreuung zu separieren. Außerdem wurde im Team besprochen, dass Umgänge ca. alle sechs Wochen stattfinden sollen. Die Pflegeeltern wurden informiert, dass die Treffen immer dort stattfinden würden, wo das zuständige Jugendamt sei. Sie müssten also mit Anna die 45 km zum Wohnort der Kindsmutter kommen. Hier gäbe es Spielzimmer des Kinderschutzbundes. Es wurde ausschließlich auf das Recht der Mutter verwiesen. Die Darstellung war jedoch nicht richtig.

Zum Umgangsort findet man nach OLG Nürnberg FamRZ 1999, 1008; Palandt-Diederichsen, BGB, 2008, 67. Aufl., § 1684 Rn.20: Grundsätzlich ist der Umgangsberechtigte verpflichtet, die Fahrten auf sich zu nehmen. Pflegeeltern sind lediglich verpflichtet, das Kind zum abgesprochenen Zeitpunkt bereit zu halten und an den Umgangsberechtigten herauszugeben.

Um eine einseitige Belastung der Pflegeeltern und vorallem des Kindes zu vermeiden, schlugen Herr und Frau Schneider vor, sich als Kompromiss in den Räumlichkeiten des Kinderschutzbundes in der Mitte der Wohnorte zu treffen. Frau Klein als Umgangsbegleitung sah als Lösung einen Wechsel zwischen den Räumlichkeiten am Wohnort der Mutter und den Räumlichkeiten in der Mitte der Wohnorte an.

Frau Neumeier gab schließlich zu, dass man noch nie mit solch einem Verlauf konfrontiert worden sei und sie keinerlei Erfahrungen hierbei habe. Sie merkte an, dass schon längst ein „Zielplan" erarbeitet werden müsste. Den Pflegeeltern wurde abschließend der nächste Umgangstermin und gleichzeitiger Beobachtungstermin der Gutachterin vorgegeben. Ihnen wurde versichert, sie und Anna seien inhaltlich jedoch nicht in die Begutachtung eingebunden. Es ginge ausschließlich um die Mutter und deren Erziehungsfähigkeit.

1;3b   Die Gutachterin begutachtet
Der zweite Umgang fand Ende September statt. Er diente der Erstellung des angeordneten Gutachtens über Frau Loose. Schon im Vorfeld bat die Gutachterin, dass wenige Personen am Umgang teilnehmen sollen. Es sollte daher die Pflegemutter, Frau Klein als Umgangsbegleitung, die Gutachterin, Mutter und Kind anwesend sein. Der Pflegevater verabschiedete sich nach der Begrüßung.

Wahrnehmung der Pflegemutter
Frau Loose begrüßt uns sehr förmlich, Anna begrüßt sie nicht. Anna läuft alleine ins Spielzimmer. Die Gutachterin fordert Frau Loose auf zu folgen: „Hinterher, schließlich ist es Ihr Treffen." Anna sichtet die Spielsachen und nimmt allmählich zu allen Anwesenden Kontakt auf. Die Aufforderung von Frau Klein an Frau Loose, auf Sichtkontakt zu gehen, lehnt diese vorerst ab. Bei ihrem Annäherungsversuch redet sie Anna mehrere Male sehr ruppig an („Was machst du denn jetzt?", „So geht das aber nicht!"), so dass sich Anna verunsichert abwendet. Frau Klein und ich sprechen Anna Mut zu.

Anna ist verstört, weint und möchte desöfteren mit mir den Raum verlassen. Sie lässt sich jedoch wieder im Spiel binden und spielt kurzzeitig mit Frau Klein und Frau Loose, sucht jedoch schnell wieder den Kontakt zu mir, obwohl ich mich zurückziehe. Auf die Frage der Gutachterin, ob Frau Loose etwas von mir über Anna wissen möchte, lehnt diese ab. Fünf Minuten vor Ende des Treffens erblickt Anna meinen Mann im Vorraum und möchte das Zimmer verlassen.

Die Gutachterin führte keine Gespräche mit den Pflegeeltern, fragte sie nichts über Anna und wollte auch sonst keine weitere Erläuterung. Sie lehnte sich während des Umgangs lediglich einmal kurz zu Frau Schneider und fragte leise: „Wie schwer fällt es Ihnen?" Da diese im zweiten Umgang vollkommen unerfahren war und nicht wusste, ob sie sich angesichts der Begutachtung zurückziehen sollte, wenn Anna sie sucht oder darauf reagieren durfte, antwortete sie bezüglich dieser Unsicherheit: „Sehr schwer." Es sollte sich zeigen, dass sie besser nachgefragt hätte, was denn genau gemeint war.

1;5a   Schwierige Kommunikation
Am Ende des zweiten Umgangs erfolgte eine Terminabsprache. Frau Klein regte an, den nächsten Termin in sechs Wochen stattfinden zu lassen. Frau Loose reagierte sehr wütend, weil ihr ein Intervall von acht Wochen mitgeteilt worden war.

Auf die dringende Bitte der Familie Schneider fand - leider erst nach zwei Treffen mit Anna - Anfang November ein Elterngespräch statt. Die Pflegeeltern hatten sich von dem Treffen erhofft, eine gute Basis für die weiteren Kontakte zu schaffen. Dementsprechend traten sie Frau Loose sehr wohlwollend gegenüber.

Wahrnehmung des Pflegevaters
Frau Klein fragt als Einstieg die Beteiligten, wie sie denn die bisherigen Treffen empfunden hätten. Meine Frau äußert als Brückenschlag, dass sie in den bisherigen Kontakten schwer einschätzen konnte, wieweit Frau Loose unsere Unterstützung oder Zurückhaltung wünsche. Daraufhin greift uns Frau Loose (vor allem meine Frau) äußerst aggressiv an. Sie unterstellt uns, wir würden Anna absichtlich daran hindern, in den Treffen mit ihr zu spielen. Die Vorwürfe gipfeln in der Aussage, die Gutachterin sehe dies ebenso und habe es im gemeinsamen Kontakt zu verhindern versucht. Frau Klein und Frau Reiter betonen, dass dem nicht so sei und dass man dies bereits mehrfach versucht hat mit Frau Loose zu besprechen.
Frau Loose greift meine Frau erneut mit der Aussage an „ab jetzt bin ich wieder die Mama von der Kleinen und nicht mehr Sie".

24

Annas Mutter behauptet dann, „es sei juristisch nun mal so, dass sie sich die Adoption ein Jahr lang überlegen könne". Die Aussage bleibt von Amtsseite leider unkommentiert. Ich widerspreche Frau Loose nüchtern und entschärfe die Situation mit dem Hinweis, dass man dies nun nicht hier ausdiskutieren müsse. Während Frau Loose das gesamte Treffen über latent aggressiv bleibt, bemühen wir uns, ein Eskalieren der Situation zu verhindern. Interessiert fragen wir nach dem Verlauf der Schwangerschaft. Frau Loose erzählt stolz, die Schwangerschaft völlig verheimlicht, keinerlei Vorsorgeuntersuchungen besucht und noch am Tag ihrer Niederkunft Bierkästen geschleppt zu haben. Auf Nachfrage von Frau Klein, ob Frau Loose denn auch etwas über uns oder Anna erfahren möchte, zeigt Frau Loose wiederholt demonstratives Desinteresse. Wir hätten im ersten Treffen schon genug vom Kind erzählt, „es macht alles was es nicht darf". Sie führt weitere Beispiele an, die uns zeigen, dass Frau Loose die letzten Treffen sehr verzerrt wahrgenommen haben muss. Unsere früheren Erzählungen, dass Anna noch nicht so gerne badet, greift sie vorwurfsvoll in der Nachfrage auf, ob „es da einen Vorfall gegeben hätte". Vom Kindsvater erzählt sie, dass sie seine Identität schützen wolle, da er Familienvater sei, drei Kinder hätte und sie diese Familie nicht zerstören will. Er habe sie zur Adoption gedrängt, sie habe aus Angst vor ihm ihre Tochter nach der Geburt im Krankenhaus zurückgelassen. Er wisse davon, dass sie nicht in die Adoption eingewilligt hat und sei darüber sehr ungehalten. Sie fühle sich von ihm aber nicht physisch sondern psychisch bedroht. Wir bieten abschließend noch an, neue Bilder von Anna mitzubringen. Frau Loose antwortet mit einem knappen „Ja".

Die Umgänge erwiesen sich als schwierig, da Frau Loose den Pflegeeltern Schneider sehr feindselig gegenübertrat. Sie forderte, dass nur ein Pflegeelternteil beim Umgang anwesend blieb. Zunächst sollte dies Herr Schneider sein, da hier weniger Konkurrenz entstand. Die Zeit von 60 Minuten zählte für Frau Loose erst nach der Verabschiedung von Frau Schneider.

Die Pflegeeltern respektieren die vielen Anliegen von Frau Loose und bemühten sich um harmonische Umgänge, während Frau Loose die vorgebrachten Wünsche für Anna nicht beachtete (z.B. näherer Umgangsort). Das Jugendamt erwartete Nachsicht von den Pflegeeltern, da Frau Loose vorgab, sich gegenüber den Pflegeeltern minderwertig zu fühlen. Den Pflegeeltern wurde erklärt, dass Frau Loose wenig flexibel sei und man daher „an den Schrauben drehen müsste, die beweglicher wären". Die Pflegeeltern und auch Anna sollten also Frau Loose stets entgegenkommen, während mit Frau Loose die problematischen Verhaltensweisen nicht einmal besprochen wurden. So redete Frau Loose Anna nie mit ihrem Namen an, sondern versuchte die Anrede zu umgehen bzw. mit Kosenamen zu umspielen.

Frau Loose gelang es nicht, mit ungewohnten Situationen umzugehen, beispielsweise war sie erbost, als andere Kinder im Kinderschutzbund Annas Aufmerksamkeit auf sich zogen. Die Bedürfnisse von Anna wurden von ihr nicht registriert, beispielsweise wenn Anna Durst hatte oder mehr Freiraum im Spiel haben wollte. Sie forderte die Umgänge ohne die Anwesenheit der Pflegeeltern, obgleich Anna in jedem Treffen nach ihnen verlangte und suchte. Weder in Umgängen noch in Elterngesprächen zeigte Frau Loose Interesse an Annas Lebenswelt (U-Untersuchungen, Krankheiten, Freunde, Pflegefamilie). Erzählungen der Pflegeeltern, die in den Umgängen als Smalltalk die Atmosphäre auflockern sollten, nutzte Frau Loose, um sie als Vorwürfe wieder vorzubringen. Beispielsweise fragte sie zu Annas anfänglicher Wasserscheu, was es für einen Vorfall gegeben hätte, der dies ausgelöst hat. Ihre latenten Aggressionen waren stets spürbar.

Große Differenzen ergaben sich aus den Wahrnehmungsproblemen von Frau Loose. Damit einher ging Frau Looses fester Glaube an eine Verschwörung. Schon in der üblichen Vermittlung in eine Pflegefamilie sah sie ein von langer Hand vorbereitetes Komplott. So war sie auch der Meinung, die Pflegeeltern hätten ihr Kind gestohlen und Jugendamt, Gericht und Ehepaar Schneider steckten unter einer Decke.

Anna war nur schwer im Umgang zu halten. Es gelang meist durch Aktivitäten von Herrn Schneider und Frau Klein. Die Umgangsbegleiterin beschrieb die ersten Umgänge als nicht einfach, da sich Frau Loose vom ersten Treffen an von Frau Schneider abgelehnt fühlte. Warum dies so wäre, sei schwierig zu beurteilen. Alle hatten die Pflegeeltern als sehr entgegenkommend erlebt. Bereits im dritten Umgang reagierte Frau Loose sehr ungehalten im Beisein des Kindes.

Wahrnehmung der Pflegemutter
Frau Loose begrüßt Anna so überschwänglich, dass Anna verstört rückwärts den Raum verlässt. Sie klammert sich zunächst an meinen Mann und braucht ungewöhnlich lange, um sich zu akklimatisieren. Frau Loose verhält sich zurückhaltend und geht anfangs nicht auf Anna ein. Daher blockt Anna die folgenden Annäherungsversuche ab und wendet sich wieder an uns und Frau Reiter, die ihr sehr herzlich begegnet. Wiederholt geht Anna auf Frau Loose zu. Diese begegnet ihr jedoch sehr reserviert, spielt nicht mit ihr und spricht sie nicht direkt an. Als es am Ende um die Terminabsprache geht, braust Frau Loose im Beisein von Anna aggressiv gegen meinen Mann auf und macht unhaltbare Unterstellungen.

Anna sucht mich beim Wutausbruch ihrer leiblichen Mutter verstört auf, zieht an meiner Hand, um den Raum zu verlassen, und klammert sich beim Hochnehmen um meinen Hals. Frau Klein bittet darum, dies nicht vor dem Kind zu diskutieren. Man verabschiedet sich.

1;5b Ein Anwalt soll's richten

Frau Loose nahm sich Anfang November einen Anwalt, da sie befürchtete, vom Jugendamt übervorteilt zu werden.

Der Anwalt stellte dar, dass beispielsweise bereits für August des Vorjahres ein Notartermin angesetzt wurde, wo man der Mutter doch bei der vorläufigen Freigabe im Jugendamt zusicherte, ein Jahr Bedenkzeit zu haben. Außerdem wären zwischenzeitlich die Kontakte von ihr zu ihrem Kind unterbunden worden. Die Mutter würde sich nun gezwungen sehen, sich gegen die Adoptionsabsichten des Amtes zur Wehr zu setzen. Auch bezüglich einer Umgangsregelung sah sie sich außer Stande diese ohne anwaltlichen Beistand weiter zu verfolgen.

1;5c Das erste Gutachten liegt vor

"Erziehungsfähigkeit" ist kein Begriff, der sich nur auf wenige Merkmale mütterlicher bzw. elterlicher Verhaltensmerkmale oder Einstellungen bezieht, sondern ein - juristischer, nicht genuin psychologischer - Sammelbegriff, der sich auf sehr viele Kompetenzen von Eltern bzw. Elternteilen bezieht. Gerade im Pflegekinderwesen ist es unter anderem ein Merkmal der Erziehungsfähigkeit, inwieweit leibliche Eltern die Bindungen des Kindes an Pflegeeltern achten und unterstützen können.

Im Gutachten Mitte November ging die Gutachterin von einer Einschränkung der Erziehungsfähigkeit aus, die auf psychische Defizite im Rahmen einer vorwiegend dependenten und selbstunsicheren Persönlichkeitsstruktur zurückzuführen sei. Zudem lägen umfassende Einschränkungen der erzieherischen Kompetenzen vor. Auch wenn die Mutter Bereitschaft und Engagement zeigen würde, erscheine es verfrüht, über eine Rückführung des Kindes in den Haushalt der Mutter nachzudenken.

Es wurde dringende therapeutische und beraterische Hilfe empfohlen.

Die Gutachterin kam zu dem Schluss, dass durch regelmäßige Umgangskontakte ein Beziehungsaufbau zwischen Mutter und Kind ermöglicht werden solle.

Aufgrund ihrer Suggestivfrage an Frau Schneider im beobachteten Umgang folgerte sie, dass Anna sensibel auf die Anspannungen und Belastungen der Pflegemutter reagiere und daher die Umgangskontakte ohne die Gegenwart der Pflegeeltern durchzuführen seien. Sie sollten daher das eineinhalbjährige Kind zum Umgang abgeben.

Eine Einbeziehung des Kindes in das Gutachten unterblieb. Es wurde weder der sozial-emotionale Entwicklungsstand des Kindes untersucht noch Interaktionsbeobachtungen (z.B. zur Bindungs- und Beziehungsdiagnostik) mit allen Beteiligten durchgeführt. Auf den Bindungsaufbau des Kindes zu den Pflegeeltern wurde nicht eingegangen.

Die Mutter äußerte im Rahmen des Gutachtens, dass es ihr nun besser gehe, seit sie um ihr Kind kämpfe. Dass in diesem Fall die Gefahr bestand, ein Kind zur „Therapie" der Mutter zu instrumentalisieren, wurde jedoch nicht bedacht.

Die Gutachterin hatte mit einer sehr weichen Beurteilung alle Türen offen gelassen und schlug eine spätere Überprüfung der Erziehungsfähigkeit vor. Es wurde in Kauf genommen, dass der „Schwebezustand" für alle Beteiligten weiter anhielt. Für alle Beteiligten wäre es von Vorteil gewesen, wenn die Gutachterin den Mut gehabt hätte, im Sinne des Kindes eine verlässliche Entscheidung zu empfehlen. Es wäre ein klarer Ausgangspunkt geschaffen worden, die Besuchskontakte hätten sich entspannter entwickeln können und davon hätte das Kind profitiert.

Die Gutachterin empfahl auf Nachfrage telefonisch, die Umgänge im ca. vierwöchigen Abstand zu halten.

1;6   Das Jugendamt besucht (zum letzten Mal) die Pflegefamilie – Kaffee und Kuchen III

Familie Schneider wurde in diesem Gespräch darüber informiert, dass das Ergebnis des Gutachtens zu Auflagen bei Frau Loose führen werde. Frau Loose müsse eine Therapie machen, dann würde ein erneutes Gutachten erstellt. Dies bräuchte jedoch Zeit. Frau Neumeier sagte zu, dass in den kommenden zwei Jahren keine Rückführung im Raum stehe. Auf Nachfrage zu einer Dauerpflege erklärte sie den Pflegeeltern, dass es den Begriff „Dauerpflege" nicht gäbe. Man würde nur zwischen Bereitschafts- und Vollzeitpflege unterscheiden.

Dies ist so jedoch nicht richtig. „Dauerpflege" ist kein juristischer Begriff, denn im Gegensatz zum anglo-amerikanschen Raum, wo es durch ein sogenanntes „Permanency Planning" eine juristische Absicherung von langfristigen Pflegeverhältnissen gibt, ist in Deutschland ein Pflegeverhältnis juristisch nicht für immer absicherbar. Die Vollzeitpflege auf Dauer, wie in §33 SGB VIII erwähnt, unterscheidet sich jedoch von der zeitlich befristeten Vollzeitpflege. Der Begriff der Dauerpflege findet sich in Urteilen von Oberlandesgerichten und des Bundesverfassungsgerichtes wie auch bei den Landesjugendämtern.

```
Dauerpflege
Diese Pflegeform ist eine dauerhafte (langjährige)
Unterbringung des Kindes in einer Pflegefamilie. Das Kind
lebt dort bis zur Verselbständigung. Die Pflegeeltern sind
die Hauptbezugspersonen für das Kind.
```

Es bedarf einer Prognoseentscheidung der zuständigen Fachkraft nach pädagogischen und psychologischen Gesichtspunkten, um ein Pflegeverhältnis als „Dauerpflege" einzustufen. Dazu sollte die Fachkraft aber zunächst den Begriff der Dauerpflege kennen.

Bezüglich der Benennung der Kindsmutter erklärte die Sozialarbeiterin, dass es kein Problem gäbe, dass auch Frau Loose mit Mama bezeichnet werden solle. Für Anna wäre es bezüglich ihrer späteren Identitätsfindung wichtig. Sie erklärte, dass ihr eigener Sohn aufgrund ihrer Trennung vom Erzeuger sowohl zum leiblichen Vater als auch zu ihrem neuen Lebensgefährten „Papa" gesagt hätte. Außerdem hätte er auch zu seinem Opa und zum Onkel „Papa" gesagt, weil sie als Tochter ihren Vater eben mit Papa bezeichnete und ihr Neffe zu seinem Vater nun mal auch Papa sagte. Es wäre also alles kein Problem – ihrer Meinung nach.

Monika Nienstedt und Arnim Westermann, zwei Psychologen, die aufs Pflegekinderwesen spezialisiert sind, beschreiben:
Wenn ein kleines Kind auf Dauer in einer Pflegefamilie lebt, bleiben die früheren Eltern-Kind-Beziehungen nicht bestehen. Ähnlich wie bei Scheidungskindern immer wieder verleugnet wird, dass ein Kind Vater und Mutter als Eltern verloren hat, wird der Verlust der Eltern bei Pflegekindern verleugnet und so getan, als hätten die leiblichen Eltern nicht ihre Elternrolle verloren.

Und folglich begegnet man dem Umstand, daß ein Kind einen Mann zu seinem Vater und eine Frau zu seiner Mutter macht, auch wenn es nicht die leiblichen Eltern sind, mit einer gänzlich unbewiesenen Theorie, dass ein Kind zwei Mütter haben könnte. Diese Zwei-Mütter-Theorie berücksichtigt aber nicht das kindliche Erleben.

Die Zwei-Mütter-Theorie übersieht nicht nur die Wünsche und Bedürfnisse eines Kindes, sondern verspricht den Eltern eine Illusion, dass sie die Elternrolle gar nicht verlieren könnten. Schließlich wird diese Theorie auch noch mit vermeintlichen Entwicklungsnotwendigkeiten des Kindes gerechtfertigt, das die Tatsache akzeptieren müsste, zwei Mütter zu haben, um eine realistische Selbstvorstellung zu entwickeln. Aber das Kind gewinnt so keine realistische Vorstellung von sich selbst. Es muß sich geradezu verdoppeln.

Bezüglich des „Abgebens" von Anna beim Umgang erklärte Frau Neumeier, dass Anna mit 1,5 Jahren schon alleine bei anderen, also auch beim Umgang mit ihrer Mutter, bleiben müsste. Wenn Anna Trennungsprobleme hätte, wäre dies doch ein deutliches Zeichen, dass ihre Bindung zur Pflegefamilie schlecht sei. Man muss diese Aussage doch in Frage stellen, wenn man die Ergebnisse der Bindungsforschung kennt.

Dr. Hermann Scheuerer-Englisch, Diplom-Psychologe und Leiter einer Erziehungsberatungsstelle, erklärt (auch bei Marvin 2002, Brisch 2008):
Dem Bedürfnis nach Bindung steht das Bedürfnis nach Exploration, Erkundung und die Neugierde gegenüber. Das Kind hält eine Balance zwischen den beiden Bedürfnissen Bindung und Erkundung. Bei Belastung, Unsicherheit, Krankheit oder Überforderung des Kindes wird das Bindungssystem aktiviert. Fühlt das Kind sich sicher und wohl, dann wird das Bindungssystem deaktiviert und das Erkundungssystem wird aktiviert.
Ist das Kind z.B. in einer fremden Umgebung, so wir des sich näher zu seiner Bezugsperson orientieren (Bedürfnis nach Bindung überwiegt).

Ist das Kind in einer vertrauten Umgebung, so wird es seiner Neugierde und seinem Erkundungsdrang nachgeben (Bedürfnis nach Exploration überwiegt).

Für das Kleinkind ist die Bindungsperson die „sichere Basis", von der aus es erkunden kann und bei Unsicherheit Rückhalt bekommt.

Im Laufe seiner Entwicklung lernt jedes Kind Trennungen von den Bindungspersonen als natürliches Ereignis kennen und einzuschätzen. Im Rahmen der Autonomieentwicklung und der Exploration stellt das Kind diese Trennungen sogar selbst her. Es wird aber immer darauf achten, dass die Verfügbarkeit der Bezugsperson erhalten bleibt. Beim Kleinkind (bis zum 3. Lebensjahr) sind das Zeitgefühl und die kognitiven Fähigkeiten jedoch nur wenig ausgeprägt und Trennungen, die das Kind nicht kontrollieren kann, stellen grundsätzlich eine große Belastung und Verunsicherung für das Kind dar.

Bei der abschließenden Hausbegehung schlug Frau Neumeier den Pflegeeltern dann überraschenderweise vor, ein weiteres Pflegekind aufzunehmen. Sie versuchte mit der Mitteilung, dass man für Bereitschaftspflege viel Geld bekommen würde, zu werben. Die Pflegeeltern lehnten ab. Ab diesem Zeitpunkt gab es keine weiteren Hausbesuche und Kontakte von Seiten des Amtes mehr.

1;7a   Verhandlung des Sorgerechts

An der Anhörung Ende Januar waren Frau Loose mit ihrem Anwalt sowie Frau Neumeier beteiligt. Frau Klein, Umgangsbegleitung, war nicht anwesend, obwohl sie die Begleiterin in der Praxis war. Frau Loose erklärte sich im Gespräch bereit, ihre erzieherischen Defizite zu bearbeiten und beraterische wie psychotherapeutische Hilfe in Anspruch zu nehmen. Sie nahm angeblich unmittelbar Kontakt zur Erziehungsberatungsstelle auf und bemühte sich zeitgleich um eine psychotherapeutische Betreuung.

An einer Positionierung des Amtes zum Wohle des Kindes fehlte es schon zum damaligen Zeitpunkt. Trotz der ausschließlichen Bindungen des Kindes an die Pflegeeltern zog das Amt in Erwägung, dass es eine Rück-

bzw. besser Zuführung geben könne. Es wurde nicht aus Sicht des Kindes argumentiert, sondern es sollte gegen alle Erkenntnisse der Bindungsforschung und der kritischen Persönlichkeitsstruktur der Mutter der Versuch unternommen werden, das Kind durch Umgänge an die Mutter zu gewöhnen und hierdurch noch eine Bindung aufzubauen. Das Amt war nicht bereit für eine Perspektive im Sinne des dauerhaften Verbleibes einzutreten und vermittelte dem Gericht keine pädagogischen Richtlinien.

Der Kinderarzt hatte im Rahmen der Vorsorge von Annas Situation erfahren und nahm in Eigeninitiative schriftlich Stellung zum Verfahren. Er bat um eine kindzentrierte Entscheidung.

Der Beschluss erfolgte im März. Es wurde der Entzug der Teilbereiche der elterlichen Sorge bestätigt. Nach Auffassung des Gerichtes konnte eine Rückführung nicht in Erwägung gezogen werden, da das Kind ansonsten Gefährdungen im Sinne des §1666 BGB ausgesetzt gewesen wäre.

In diesem Sorgerechtsverfahren wurde auch der Bereich der Umgangskontakte besprochen. Der Richter wies mit allem Nachdruck auf Artikel 6 Grundgesetz hin.

```
Artikel 6 Grundgesetz
(1) Ehe und Familie stehen unter dem besonderen Schutze
der staatlichen Ordnung.
(2) Pflege und Erziehung der Kinder sind das natürliche
Recht der Eltern und die zuvörderst ihnen obliegende
Pflicht. Über ihre Betätigung wacht die staatliche
Gemeinschaft.
(3) Gegen den Willen der Erziehungsberechtigten dürfen
Kinder nur auf Grund eines Gesetzes von der Familie
getrennt werden, wenn die Erziehungsberechtigten versagen
oder wenn die Kinder aus anderen Gründen zu verwahrlosen
drohen.
```

Den Umgangsturnus von 6-8 Wochen hielt er daher nicht für ausreichend. Er erläuterte, dass die Sachverständige 3-4 Wochen vorgeschlagen hätte, ihm erschien ein Turnus von etwa zwei Wochen sinnvoll. Die Umgangskontakte würden letztendlich nicht davon abhängen, ob und wie lange sich ein Verbleib des Kindes in der Pflegefamilie ergeben würde.

Der Richter vermerkte jedoch, dass er es nicht für ausgeschlossen halte, dass die Kindesmutter bei einer intensiven Bearbeitung ihrer Defizite mit fachlicher Unterstützung sich in die Lage versetzen könne, eine Betreuung des Kindes aufzunehmen. Das Gericht hielt im Beschluss fest, dass es daher eine Ausweitung der Umgangskontakte auf einen Turnus von etwa zwei Wochen für geboten hielt, damit eine grundlegende Mutter-Kind-Beziehung aufgebaut werden könne. Dies beinhaltete auch, dass der Kindsmutter Umgänge mit dem Kind ohne Anwesenheit Dritter, insbesondere ohne die Anwesenheit der Pflegeeltern ermöglicht werden sollten.

Carola Partale, Diplom-Psychologin und tätig bei der GWG (Gesellschaft für wissenschaftliche Gerichts- und Rechtspsychologie) München erklärt hierzu:

Ein Kind welches unmittelbar nach der Geburt bzw. im Säuglingsalter in die Pflegefamilie kommt, entwickelt zwangsläufig Bindungen an die es versorgenden Pflegeeltern. Diese Bindungen sind existenziell. Die Pflegeeltern werden, eine entsprechende Eignung und Bereitschaft vorausgesetzt, die „psychologischen" Eltern des Kindes. Diese Rolle vermögen die Herkunftseltern auch dann nicht auszufüllen, wenn - etwa wöchentlich oder 14-täglich - ein jeweils einige Stunden dauernder Besuchskontakt stattfindet.

In der Regel reagieren Herkunftseltern mit Trauer, Angst, Eifersucht und Empörung, wenn sie realisieren, dass „ihr" Kind zu den „fremden" Pflegeeltern eine deutlich engere Beziehung als zu ihnen unterhält (es die Pflegeeltern z.B. mit „Mama" und „Papa" anspricht, sich primär diesen zuwendet, bei ihnen Rückhalt und Schutz sucht, sich von diesen besser steuern lässt). In der Konsequenz betonen sie gegenüber den Pflegeeltern und auch dem Kind ihren Elternstatus, verlangen vom Kind sie mit „Mama" und „Papa" anzusprechen. Sie kündigen dem Kind an, dass es ohnehin bald zu ihnen zurückkehren werde, beschuldigen die Pflegeeltern, ihnen das Kind „weggenommen" zu haben.

Diese Situation bedeutet für das Kind zwangsläufig eine erhebliche Bedrohung seines Bindungserlebens und damit seiner emotionalen Sicherheit, auf die es über kurz oder lang mit Auffälligkeiten in seinem Verhalten und Erleben reagiert. Sein Vertrauen in die Pflegeeltern wird erschüttert, wenn diese es immer wieder derartigen Situationen aussetzen (müssen), ihm hier keine Sicherheit vermitteln können. Erfahrungsgemäß entwickeln Kinder unter diesen Bedingungen massive Trennungsängste in Bezug auf die Pflegeeltern, die sich unter anderem in anklammerndem Verhalten, Zurückfallen auf frühere Entwicklungsstufen, aber auch in Form von Wut und Aggressionen äußern können. Das Kind widersetzt sich häufig zunehmend den Besuchskontakten oder bringt seinen Widerstand auf der körperlichen Ebene, etwa durch psychosomatische Symptome, zum Ausdruck.

Unter diesen Umständen wird das Kind zweifellos nicht nur keine Bindung, sondern auch keine positive Beziehung zu seinen Herkunftseltern aufbauen können.

Über den Inhalt der Anhörung wurde Familie Schneider sehr unzureichend informiert. Es erfolgte auf Nachfrage eine knappe mündliche Berichterstattung durch das Jugendamt. Umfassendere Kenntnisse erlangten sie erst, als sie zu einem viel späteren Zeitpunkt auch einen Anwalt einschalteten.

1;7b   Umgangssteigerung

Das Jugendamt wertete die Hinweise aus dem Sorgerechtsverfahren zum Umgang nicht als Empfehlung sondern als Maßgabe, obwohl es sich nicht um ein Umgangsverfahren gehandelt hatte. Es wurden vierzehntägige Umgänge „angeordnet".

Wenn Umgänge aufgrund von Urlaub ausnahmsweise im dreiwöchigen Abstand abgehalten werden sollten, wurde dies zuvor durch die Einholung des Einverständnisses vom Gericht genehmigt.

Bezüglich des Umgangsortes wurde als Zugeständnis eingeräumt, dass jedes zweite Treffen in der Mitte stattfinden könne und Anna nicht der gesamte strapaziöse Weg zugemutet werden musste. Die Pflegeeltern waren unerfahren und befolgten in gutem Glauben, was man ihnen und vor allem Anna auflastete.

1;10a   Die Pflegefamilie bekommt Unterstützung

Durch das Jugendamt am Wohnort der Familie Schneider wurde ihnen die Teilnahme an einer Gruppensupervision ermöglicht. Da das für Anna zuständige Jugendamt keine Unterstützung anbot, waren sie hierüber sehr dankbar. Durch andere - zum Teil langjährige und erfahrene - Pflegeeltern erfuhren sie viel Rückhalt und Beratung. Da sie die Termine der Gruppensupervision ab September nicht mehr wahrnehmen konnten, durften sie bei der Supervisorin weiter in Einzelsupervisionsstunden gehen. Von der Supervisorin war auch eine gemeinsame Sitzung als Krisensupervision zur Bereinigung der Spannungen mit dem Amt angesetzt. Hierzu war das Amt jedoch nie bereit.

Die Supervisorin verfasste eine Einschätzung

ANLAGE A

1;10b   Die Mutter teilt aus

Frau Loose ließ ihren Anwalt viele Schriftstücke bei Gericht einreichen. Die haltlosen Vorwürfe bezogen sich sowohl auf das Verhalten der Pflegeeltern als auch auf das Verhalten von Frau Klein als Umgangsbegleitung.

Das Jugendamt nahm Ende April für das Gericht hierzu Stellung. Es wurde betont, dass man in der ganzen Arbeit nicht gegen sondern mit der Kindsmutter arbeite. Warum Frau Loose es als bewusstes Entgegenarbeiten empfände, könne nicht nachvollzogen werden, da es in der Realität ein miteinander arbeiten sei. Es wurde beschrieben, dass die Pflegeeltern sich in den Umgängen wunschgemäß sehr zurückhielten und nur auf Anna reagierten, wenn sie sie aufsuchte. Als Kritik wurde die mangelnde Kommunikation von Frau Loose mit den Pflegeeltern aufgeführt. Sie hätte sehr ablehnend auf den Vorschlag reagiert, die Pflegeeltern etwas zu Anna zu fragen. Sie hätte entgegnet, dass man ihr dies nicht zumuten könne.

Es wurde von Seiten des Amtes darauf hingewiesen, dass sich diese
angespannte und unnatürliche Situation ändern müsse, da sie in dieser
Form für Anna nicht förderlich sei.

1;10c   Spontangeburt II

Ende April brachte Frau Loose ein zweites Kind zur Welt. Auch diese
Schwangerschaft blieb von ihr unbemerkt oder wurde ignoriert. Trotz
regelmäßiger Kontakte hatte auch keine der Betreuerinnen die
Schwangerschaft gesehen. Das Jugendamt wurde durch die Geburtsklinik
über die Entbindung informiert. Nach Rücksprachen mit vielen
Hilfeeinrichtungen konnte Frau Loose das Kind mit nach Hause nehmen.

Ein Gutachten bezüglich der Erziehungsfähigkeit zum zweiten Kind
wurde vom Jugendamt als nicht notwendig erachtet. Das Amt sah auch
keinen Handlungsbedarf ein Verfahren einzuleiten.

Frau Loose hatte strengstens untersagt, dass Familie Schneider etwas von
der Geburt des Kindes mitgeteilt würde. Auch Anna sollte nichts von
ihrer Schwester erfahren. Da Frau Loose jedoch ungewöhnlich schnell
Gewicht verlor, ahnten Herr und Frau Schneider schon, dass Frau Loose
Annas Geschwisterchen zur Welt gebracht hatte.

1;10d   Erster Hilfeplan

Drei Tage nach der Entbindung des zweiten Kindes wurde der erste
gemeinsame Hilfeplan vom Jugendamt erstellt. Bis zu diesem Zeitpunkt
hatten neun Umgänge stattgefunden.
Frau Neumeier, Frau Reiter, Frau Klein, Frau Loose und die Pflegeeltern
trafen sich. Frau Loose verhielt sich unauffällig. Der Hilfeplan lag bereits
vorbereitet für alle vor, so dass kein Gespräch geführt wurde. Das Amt
verlas den Plan, den anschließend alle unterschreiben sollten und dies
auch machten.

Für die Pflegefamilie war eine „altersentsprechende Fürsorge und
Erziehung für Anna in einem stabilen familiären Rahmen" sowie die
„tägliche liebevolle Versorgung, Fürsorge, Erziehung und Förderung von
Anna" als Ziel festgehalten.
Bezüglich der Umgänge waren vierzehntägige begleitete Treffen von einer
Stunde mit einem Wechsel zwischen den Umgangsorten festgehalten.

Da Anna stets die Anwesenheit eines Pflegeelternteils einforderte, waren sich Amt und Frau Klein als Umgangsbegleitung einig, dass man Anna nicht alleine lassen könne. Daher wurde aufgenommen: „Ein Pflegeelternteil ist mitanwesend - so lange wie für Anna notwendig." Für Frau Loose war festgehalten: „Inanspruchnahme der Hilfe gemäß richterlichem Beschluss."

Es wurden keine weiteren Ziele besprochen oder vereinbart. Zuvor war immer wieder die Diskussion um eine gemeinsame Brotzeit aufgekommen, die bei dem Gespräch geklärt werden sollte. Frau Loose hatte jedoch auch auf Nachfrage keine Anregungen oder Wünsche. Die Perspektive des Pflegeverhältnisses war zu keinem Zeitpunkt Inhalt des Treffens. Man ließ weiterhin einfach alles offen.

1;11   Gemeinsamkeit ist möglich

Die Besuchskontakte wurden ab Mai entspannter. Frau Loose begegnete allen wohlgesonnener, war auch zur vorsichtigen Kommunikation mit den Herr und Frau Schneider bereit. Durch die entspanntere Atmosphäre und da Frau Loose im Spiel unverkrampfter auf Anna zuging, gefiel es Anna zunehmend besser. Es ergaben sich schöne gemeinsame Erlebnisse.

Die Räumlichkeiten des Kinderschutzbundes bestehen aus mehreren Zimmern. Es existieren Spielzimmer, ein Büroraum, eine Teeküche sowie ein Vorraum mit Tisch und Stühlen. Dadurch war auch eine Rückzugsmöglichkeit für alle gegeben.

Wahrnehmung der Pflegemutter

Ich gebe Anna einen Umschlag, in dem wir Frau Loose zwei aktuelle Fotos mitgebracht haben. Anna bringt diesen nach meiner Aufforderung zu „Karin". Sie schauen miteinander die Bilder an. Frau Loose bedankt sich dafür. Anna wendet sich zwei Puppen im Puppenwagen zu. Frau Loose fragt, ob Anna die Puppen wickeln möchte. Ich hole eine Windel von Anna, damit sie mit Frau Loose die Puppen wickeln kann. Da ich mich hierzu in den Vorraum begeben hatte, bleibe ich dort, um mich zurückzuziehen. Nachdem die Puppen gewickelt sind, bringt Anna die Puppen zu mir. Frau Loose folgt ihr, bezeichnet mich Anna gegenüber als „Mama" und wir betten gemeinsam die Puppen in den Puppenwagen. Frau Klein hält sich im Spielzimmer auf. Anna geht wieder zurück, Frau Loose folgt ihr. Sie spielen mit einem Telefon, das Anna zu mir bringt. Anna bewegt sich frei und unbefangen durch die Räumlichkeiten. Dabei akzeptiert sie die Anwesenheit von Frau Loose, sucht mich jedoch immer wieder schnell auf, möchte auch zeitweise hochgenommen und gedrückt werden. Als Anna signalisiert, dass ihre Windel voll ist, wickele ich sie. Beim Suchen des Mülleimers folgt mir Anna und ruft „Mama, Mama." Ebenso folgt sie mir sehr schnell, als ich im Vorraum etwas trinke.

Sie deutet mehrmals zum Ausgang und macht „Brumm, Brumm" (möchte fahren), lässt sich aber durch meine Aussage: „Wir bleiben noch zum Spielen" wieder im Spiel binden. Als Anna etwas trinkt, ergibt sich ein Gespräch mit Frau Loose über die Getränke. Als Anna sich auf eine Decke am Boden legt, rege ich an, gemeinsam mit Frau Loose Anna zu schaukeln. Frau Loose ist einverstanden und wir schaukeln Anna, der es sichtlich Freude bereitet. Anna spielt anschließend mit einer Kugelbahn und fordert Frau Klein zum Mitspielen auf.

2;0a   Krank zum Umgang

Anna bekam Anfang Juni Windpocken. In der darauf folgenden Woche war ein Umgangstermin vereinbart. Anna hatte die Windpocken gerade überstanden, war jedoch noch sehr angeschlagen. Auf Nachfrage und Bitte der Pflegeeltern, den Umgang ausfallen zu lassen bzw. zu verschieben, bestand Frau Loose auf den Umgang. Auch die Bitte ausnahmsweise auf den näheren Umgangsort auszuweichen, wurde ausgeschlagen. Frau Loose nahm bewusst in Kauf, dass es Anna nicht gut ging. An die Gefahr einer Übertragung auf ihr zweites Kind wurde nicht gedacht.

Herr und Frau Schneider wurden aufgefordert ihren Pflichten nachzukommen und Anna den Umgang mit ihrer Mutter zu ermöglichen.

Wahrnehmung der Pflegemutter

Schon die Fahrt ist eine Belastung für Anna. Sie ist abgespannt und nörgelig. Sie möchte vom Parkplatz aus getragen werden und braucht ihre Schnuller. Frau Loose wartet schon. Wir begrüßen uns. Anna möchte sie nicht begrüßen, dreht ihren Kopf weg. Auf die Frage von Frau Loose: „Möchtest Du mal runter?" antwortet Anna: „Mama halten".

Frau Klein trifft um 15.20 ein. Wir betreten gemeinsam die Räumlichkeiten. Mein Mann verabschiedet sich. Anna fragt: „Mama bei?" woraufhin ich ihr bestätige „Ja Mama bleibt dabei." Ich setze mich aufs Sofa und unterhalte mich mit Frau Klein. Frau Klein informiert sich über den Verlauf der Windpocken. Als Frau Weiß klingelt schaut Anna mit Frau Loose nach. Anna weist Frau Weiß an, ihre Schuhe auszuziehen und bezieht sie ins Spiel ein. Vor allem als sie in Gegenwart von Frau Loose unterm Hochbett spielen möchte und sich dabei den Kopf anstößt, wendet sie sich aktiv Frau Weiß zu. Dass Anna nicht weint, obwohl sie sich kräftig gestoßen hat, zeigt mir, dass Anna sehr angespannt ist. Etwas später wechselt Anna mit Frau Loose den Raum. Sie kommt nach einiger Zeit und sagt: „Mama mit". Frau Weiß informiert sich über die Windpockenerkrankung. Frau Loose zeigt daran kein Interesse. Anna fragt mehrmals nach dem Papa. Sie legt sich ungewöhnlich oft hin, z.B. auf dem Hochbett, am Sofa. Sie wirkt einerseits aufgedreht, teilweise fast überdreht, andererseits sehr müde, da sie sich auch selbst immer wieder ihre Schnuller holt und diese nicht abgeben möchte.

Als Anna ihren Papa durchs Fenster sieht, läuft sie zur Tür und begrüßt ihn überschwänglich. Sie weist auch ihn an, die Schuhe auszuziehen, möchte dann in den hinteren Spielraum und ruft mehrmals „Papa mit, Mama mit". Vor der Tür möchte Anna zum Auto getragen werden. Sie fängt bereits auf dem Weg zum Auto an zu weinen. Anna ist sehr entkräftet, bricht förmlich zusammen. Sie ist nicht mehr zu beruhigen und weint und schreit trotz sämtlicher Ablenkung den gesamten Heimweg. Dieser dauert aufgrund des Feierabendverkehrs, zahlreicher Baustellen und eines Wolkenbruchs 70 Minuten, so dass wir erst um 18.00 Uhr zuhause sind. Anna braucht zwei Stunden um sich beruhigen zu lassen und lässt sich erst um 20.00 Uhr ins Bett bringen.

2;0b   Zurück zum Start

Mitte Juni beantragte der Anwalt von Frau Loose bei Gericht, das Sorgerechtsverfahren wieder aufzunehmen. Vorgebracht wurde, dass Frau Loose zum Zeitpunkt der Begutachtung schwanger gewesen sei, so dass die Begutachtung unter falschen Voraussetzungen stattgefunden hätte. Es wurde ein neues Gutachten beantragt. Die Sachverständige wurde jedoch mit der Begründung abgelehnt, dass sie Verbindungen zum Jugendamt hätte und das Gutachten in die Hände Dritter gelangt wäre. Das Gericht holte eine Stellungnahme der Gutachterin ein, die die Vorwürfe dementierte. Sie wurde beauftragt, ein Gutachten zu der Frage zu erstellen, ob „die damals unerkannte Schwangerschaft der Kindsmutter während der Begutachtung auf das Ergebnis des erstellten Gutachtens Einfluss gehabt hat bzw. dies nicht auszuschließen sei. Hierbei sei insbesondere der Aspekt von aus einer möglichen hormonellen Beeinflussung der Kindsmutter resultierenden Stimmungsschwankungen zu betrachten." So lautete die Formulierung.

Annas drittes Lebensjahr

2;1a   Keine Geheimnisse mehr

Da die Pflegeeltern nach ihren Beobachtungen davon ausgingen, dass Frau Loose bereits im April ein weiteres Kind entbunden hatte, sie jedoch nach drei Monaten auch das Jugendamt nicht in Kenntnis setzte, wurden sie misstrauisch. Sie beauftragen daher im Juli einen Anwalt, der aufs Pflegekinderwesen spezialisiert und im gesamten Bundesgebiet tätig ist. Herr Dorner beantragte Akteneinsicht, wodurch sie nun die Informationen erhielten, die ihnen offiziell niemand mitteilen wollte.

2;1b   Frau Rottmann oder neue Besen kehren (nicht) gut

Zur Betreuung und Überprüfung der Situation mit dem neugeborenen Kind stellte man Frau Loose eine Familienhilfe der Caritas zur Seite. Frau Rottmann bezeichnet sich als systemische Familientherapeutin und arbeitet als Honorarkraft für freie Träger. Damit nicht zwei Betreuerinnen für Annas Mutter zuständig wären, ersetzte man die bisherige Beraterin Frau Weiß durch Frau Rottmann. Frau Rottmanns anfänglicher Zuständigkeitsbereich wurde ohne Erläuterungen von der sozialpädagogischen Familienhilfe zur zweiten Umgangsbegleitung erweitert. Auf die Nachfrage von Familie Schneider zu diesem Vorgang erhielten sie die Antwort: „Das geht Sie nichts an." Ab diesem Zeitpunkt „wehte ein anderer Wind." (Zitat der Umgangsbegleiterin Frau Klein)

2;1c   Orkan Stärke 7

Frau Rottmann war ohne vorherige Übergabe und Verabschiedung von Frau Weiß Ende Juli zum ersten Mal in einem Umgang anwesend. Sie war nur unzureichend in den Fall eingearbeitet und hatte ihre Informationen fast ausschließlich von Frau Loose. Dennoch griff Frau Rottmann ab diesem Tag aktiv in die Umgangsgestaltung ein. Sie hielt sich nicht wie die anderen Fachkräfte zunächst im Hintergrund und beobachtete, um sich selbst ein Bild zu verschaffen, sondern intervenierte vom ersten Moment an. Sie übernahm selbst nicht mehr die Rolle der beratenden Erziehungshilfe sondern die der leitenden Umgangsbegleitung. Sie griff in das sensible Gesamtgefüge ein, ignorierte dabei die bisherige Entwicklung und die Vorgehensweise von Frau Klein. Sie attackierte die Pflegeeltern bereits in den ersten Umgängen, führte Diskussionen, die in Umgängen nichts zu suchen haben.

Ihre Einstellung und Haltung gegenüber der Pflegefamilie, die sie auch in den Umgängen demonstrierte, war voreingenommen und vom ersten Moment an negativ. Frau Rottmann war bekennend parteiisch für die Belange der Kindesmutter.

Wahrnehmung der Pflegemutter des ersten Umgangs mit Frau Rottmann

Als Frau Loose klingelt, öffnet Frau Klein mit Anna die Tür. Anna läuft zu mir und möchte Frau Loose nicht begrüßen. Die Begrüßung von Frau Loose mir gegenüber ist deutlich nüchterner als bei den letzten Treffen. Wir begeben uns ins Spielzimmer, Anna sagt: „Mama mit." Ich folge, Frau Rottmann bleibt vor dem Raum sitzen. Anna ist beim Spielen mit Spielgeld und einer Holzstapelpuppe noch sehr auf mich fixiert. Ich versuche, dass Anna „Karin" mehr einbezieht. Als sich Anna einen kurzen Augenblick abwendet, winkt mich Frau Rottmann aus dem Zimmer. Draußen sagt sie mir, dass sie testen möchte, wie lange Anna alleine verweilt. Noch während sie mit mir weggehen möchte, kommt Anna schon hinterher und zieht mich an der Hand wieder ins Spielzimmer. Ich frage Frau Rottmann, ob ich Anna folgen darf. Sie bejaht dies. Im Spielzimmer frage ich nach, ob wir nach dem kürzlich geäußerten Wunsch von Frau Loose heute auf den Spielplatz gehen sollen. Frau Loose äußert sich nicht. Man bleibt indifferent und geht nicht. Als Anna sich auf ein Dreirad setzt, rege ich an, dass Karin sie schiebt. Sie lässt sich durch den Vorraum schieben, fragt draußen nach „Mama". Frau Loose antwortet: „Wir fahren wieder da rein, da ist die Frau Klein". Anna möchte, dass ich mit ihr Dreirad fahre, lässt sich jedoch schnell wieder auf eine neue Spielsituation ein. Nach einiger Zeit begibt sich Anna zur Tür und möchte gehen (schaukeln, Spielplatz). Sie lässt sich ablenken, indem Frau Loose und ich sie in einer Decke schaukeln. Danach möchte sie etwas trinken, setzt sich mit Frau Loose an den Tisch. Anna sucht mich, als ich mir kurz die Hände wasche.

Frau Rottmann beginnt im Vorraum unvermittelt mit mir ein Gespräch über konfrontative Themen wie zwei „Mamas", Umgewöhnung der Bindung. Abschließend weist sie mich noch darauf hin, dass wir beim kommenden Treffen zum Wohnort der Mutter kommen müssten, damit der Turnus wieder stimme. Ich entziehe mich den geballten Angriffen und trinke etwas. Anna ruft nach mir und kommt wieder herein. Gegen 16.30 Uhr regt Frau Klein an, zum Ende zu kommen. Anna gibt jedem die Hand und winkt noch einmal zum Abschied.

Wahrnehmung des Pflegevaters des zweiten Umgangs mit Frau Rottmann

Nach dem Ausziehen der Schuhe rennt Anna gleich in das vordere Spielzimmer, vergewissert sich, dass ich bleibe, und winkt meiner Frau zum Abschied. Frau Loose folgt Anna zum Schaukelpferd, ich bleibe noch kurz im Raum, um Anna Sicherheit zu geben. Nach wenigen Minuten nimmt mich Anna an der Hand und zieht mich ins hintere Spielzimmer: sie möchte mit den Puppen spielen. Frau Loose kommt hinzu, sie spielen Puppen füttern. Ich ziehe mich unaufgefordert in den Essbereich zurück als Frau Rottmann von mir verlangt, mich mit ihr in die Teeküche zu setzen.

Ich entgegne, ich werde mich wie bisher nach meinem Ermessen stufenweise zurückziehen. Anna wechselt mit Frau Loose in den vorderen Spielraum und spielt dort lange, Frau Rottmann folgt, ich bleibe mit Frau Klein im anderen Raum. Später spielt Anna mit Frau Loose ausgelassen im Sandkasten und mit dem Ball. Frau Klein setzt sich zu ihnen, während ich und Frau Rottmann drinnen bleiben.

Im völligen Widerspruch zu dem offensichtlich guten Gelingen des Umgangs, das Frau Klein mir bestätigte, fordert mich Frau Rottmann zweimal im Befehlston auf, mich in die Teeküche zu setzen. Mein Verweilen in Hör- oder Sichtweite von Anna sieht sie als „Anbieten" an, um Anna von Frau Loose wegzuholen und bezeichnet mich als „austauschbar". Im Verhörstil drängt sie mich vorwurfsvoll ihr zu sagen, wer uns denn verraten hätte, dass Frau Looses Tochter Maria heißt. Im weiteren unterstellt mir Frau Rottmann, es falle mir schwer, Anna mit Frau Loose glücklich zu sehen, und versucht zum zweiten Mal mir eine Mitschuld an der gegenwärtigen Situation einzureden. Ich kann mich den Anschuldigungen nur schwer entziehen.

Die heuchlerische Nachfrage nach unserer Adoptionsbewerbung nutzt Frau Rottmann, um zu betonen, dass sie die Vermittlungszeit für ungewöhnlich kurz halte. Erst als Frau Klein wieder den Raum betritt, endet dieses (nicht nur für eine Fachkraft) skandalöse Frage-Antwort-Spiel.

Nach einer Stunde kehrt meine Frau aus der Stadt zurück. Frau Rottmann empört sich vor Anna lautstark über die pünktliche (!) Rückkehr meiner Frau.

Im 3. Jahrbuch der Stiftung zum Wohl des Pflegekindes ist zu lesen:

Aus der Psychologie neurotischer und psychosomatischer Störungen kann man lernen, dass Menschen nicht an der Wahrheit, sondern an Illusionen und Selbstbetrug krank werden. Wenn man etwas für leibliche Eltern tun will, dann sollte man ihnen helfen, ihre eigene Realität anzuerkennen. Voraussetzung dafür ist, dass man nicht selbst an Illusionen festhält.

Das Festhalten an solchen Illusionen ist nur möglich, wenn man die Augen davor verschließt, dass es Eltern gibt, die nicht in der Lage sind, Eltern zu sein, dass sie, wenn sie ein Kind vernachlässigen oder misshandeln, nicht erziehungsfähig sind.

Was sich hier zeigt, ist ein Mangel an kritischer Distanz der professionellen Helfer gegenüber den leiblichen Eltern. Diese mangelnde Distanz beruht häufig auf einer Identifikation der Helfer mit den leiblichen Eltern.

Wenn sich aber schon der professionelle Helfer nicht von den leiblichen Eltern kritisch distanzieren kann, dann kann er weder die traumatischen Erfahrungen des Kindes, noch das elterliche Versagen, ihre Rücksichtslosigkeit und Verantwortungslosigkeit sehen und darüber ein klares Urteil haben, das auch einen Richter überzeugt. Folglich kann er sich nicht in das Kind, seine Ängste und Ohnmachtserfahrungen einfühlen. Wenn der Helfer nicht realistisch das elterliche Versagen sieht, kann auch eine Mutter oder ein Vater nicht das eigene elterliche Versagen begreifen und dafür Verantwortung übernehmen.

2;4 Die Gutachterin begutachtet schon wieder

Frau Klein informierte die Pflegeeltern Anfang Oktober per E-Mail, dass die Gutachterin am nächsten Umgang ein weiteres Mal zur Erstellung eines Gutachtens teilnehmen würde. Sie sollten sich zurückziehen, um zu zeigen, dass sie Anna loslassen können. Ansonsten gab es keine Beratung.

Der Umgang konnte nicht in den gewohnten Räumlichkeiten durchgeführt werden, da Frau Klein keine passenden Schlüssel hatte. Man musste daher auf einen Büroraum ausweichen. Es gab dort Spielsachen, räumlich waren die Möglichkeiten jedoch begrenzt. Die Begutachtung wurde trotz der außergewöhnlichen Konstellation durchgeführt.

Wahrnehmung des Pflegevaters

Frau Loose zeigt sich von Anfang an sehr aktiv um Anna bemüht, fordert schon im Treppenhaus „Bekomm ich etwas von dir? Einen Kuss?" und zieht ihr heute im Unterschied zu den bisherigen Umgängen Jacke und später Schuhe alleine aus. Sie möchte Anna Hausschuhe anziehen, was Anna ablehnt.
Meine Frau verabschiedet sich in die Stadt, Anna umarmt meine Frau innig. Die Gutachterin, Frau Rottmann und Frau Klein nehmen auf einer Couch Platz, ich ziehe mich mit einem Sofakissen als Unterlage am Rand des Raumes hinter einem Schreibtisch auf den Boden zurück. Anna spielt bereitwillig mit Frau Loose, bezieht v.a. Frau Klein aber auch Frau Rottmann gelegentlich in ihr Spiel ein. Frau Loose ist häufig mit sich oder dem Spiel (z.B. Holzklötzeturm) und weniger mit dem Dialog mit Anna befasst. Gelegentlich bleiben Äußerungen von Anna unverstanden. Als Anna einen Holzklotz auf der Hand zum Streicheln anbietet, erläutert die Gutachterin Frau Loose, dass Anna möchte, dass sie den „Hase streicheln" soll. Erst nach einiger Zeit sucht Anna zweimal mich als Anlaufstelle und Ruhepol, indem sie sich als Katze an mich schmiegt. Durch die vorangegangenen Vorwürfe von Frau Rottmann des „Anbietens" bin ich in dieser Situation sehr verunsichert. Daher ermuntere ich Anna schnell, sich wieder dem Spielen mit „Karin" zu widmen, was dazu führt, dass sie sich noch mehr an mich drückt.

Es dauert einige Zeit bis sie sich wieder löst.

Frau Rottmann unterbricht den Spielfluss, als sie unvermittelt den Raum verlässt, was natürlich Annas Interesse weckt. Als sie nach einigen Minuten zurückkommt, klingelt Frau Rottmann an der Zimmertür. Anna schreckt auf und meint, ihre Mama komme. Frau Klein nimmt Anna mit zur Tür, zeigt ihr, dass es Frau Rottmann ist, und tröstet sie, ihre Mama komme auch bald.

Gegen Ende des Treffens wird Anna etwas knatschig und will unbedingt, dass ich mich zu ihr und Frau Loose an die Bodenmatte setze und mit ihnen mit den Bauklötzen spiele. Ich spiele zunächst mit, kann mich dann aber dadurch entziehen, dass ich anrege, Anna solle doch mit der Hilfe von Frau Loose Purzelbäume machen. Anna nimmt dies begeistert auf.

Als meine Frau aus der Stadt zurückkehrt, begrüßt Anna sie schon im Treppenhaus euphorisch. Als Anna sich an der Tasche meiner Frau zu schaffen macht, reagiert Frau Loose sehr ruppig „Was machst du denn jetzt da, komm wieder her." Beim Aufräumen fragt Frau Loose Anna „Wie heißt denn du?" Anna antwortet. „Anna Schneider". Frau Loose entgegnet Anna, dass dies nicht stimme, woraufhin Anna bekräftigt: „Doch, Anna Schneider." Frau Loose erklärt ihr, sie heiße Anna Loose. Anna schaut mich irritiert an. Da niemand etwas hinzufügt, ergänze ich aus der Not: „Papa und Mama heißen mit Nachnamen Schneider."

Frau Loose zieht Anna heute alleine an bis Anna sagt, Frau Klein solle ihr auch einen Schuh anziehen. Man verabschiedet sich freundlich, Anna umarmt Frau Klein und Frau Rottmann, der Gutachterin gibt sie die Hand. Bereits während des Umgangs hatte sie mehrmals mit Deutung auf die Gutachterin gefragt: „Frau is?"

Herr und Frau Schneider wurden im Nachgang von den Umgangsbegleiterinnen und dem Jugendamt sehr kritisiert. Nach deren Auffassung hätten sie direkt im Umgang Anna gegenüber richtig stellen müssen, dass sie nicht den Nachnamen der Pflegeeltern trägt. Im Gegenzug vertraten Fachkräfte des Pflegekinderwesens die Auffassung, dass es sicherlich in diesem Rahmen und auch in Annas Alter nicht der richtige Zeitpunkt gewesen wäre. Es hätte Anna verunsichert, weil sie sich der Pflegefamilie zugehörig fühlte. Genau dies hatte sie mit der Benennung ausgedrückt.

2;5a   Qualifizierte Beratung

Aufgrund eines Zeitungsberichtes wurden die Pflegeeltern auf eine Erziehungsberatungsstelle aufmerksam, die auf die Themen „Umgangsbegleitung" und „Betreuter Umgang" spezialisiert ist. Sie hatten Anfang November nach einem Informationsaustausch per E-Mail ein erstes Beratungsgespräch.

Hierzu verfasste der beratende Psychologe einen Beratungsbericht

ANLAGE B

Sie suchten die Beratungsstelle in der Folge immer wieder auf. Der beratende Psychologe erklärte, dass es für seine psychologischen Stellungnahmen keine differenzierende Rolle spiele, wie detailliert er sie als Pflegeeltern sowie das Kind individuell kennen gelernt hatte. Ein positiver Allgemeineindruck von ihnen und ein guter Entwicklungseindruck von der Pflegetochter sollte natürlich da sein. Dies wäre jedoch der positive Normalfall. Wirklich entscheidend war für ihn auf der Basis einer positiv gesehenen Beziehung zwischen Pflegeeltern und der Pflegetochter die *prinzipielle methodische Frage*, ab welcher Verweildauer und welchem Lebensdauer man eine Rückführung aus Bindungsgründen nicht mehr diskutiert.

Dabei ginge es um die Relation von Verweildauer und Lebensalter.
Beispiel 1: Überwiegende Präsenz eines 2- bis 3-jährigen Kindes in einer Pflegefamilie ist enorm viel. Da würde er keine Rückführung mehr diskutieren.
Beispiel 2: Wenn hingegen ein 12- bis 13-jähriges Kind bis 10 Jahren bei den eigenen Eltern gelebt hat und war dann ebenfalls zwei bis drei Jahre in einer Pflegefamilie, dann wird man in der Regel eine Rückführung anstreben.

Er erläuterte, dass im ersten Fall die Grundbindung des Kindes deutlich zu den Pflegeeltern entwickelt wäre. Im zweiten Fall wäre die Grundbindung zu den Eltern entwickelt und die Pflegeeltern hätten einen „Auftrag auf Zeit" erfüllt.

Die gesamte Situation bezeichnete er als beachtlich komplizierte "Sachlage" zur Frage des Kindeswohls von Anna. Er empfahl aus der Sicht einer Supervision eine „Krisensupervision", da hier so viele Ebenen miteinander verwoben wären.

Er betonte stets, dass er auch nicht perfekte leibliche Eltern im Zweifel eher unterstütze, weil es nun mal „deren/ihre Kinder" seien.

45

Andererseits war ihm wichtig, dass der Profi auch die Grenzen dieser Großzügigkeit erkennen müsse, vor allem geleitet von der Bindungsforschung und dem Kindeswohl zugunsten konstanter Beziehungen.

Später stellte er nochmals klar: An der übereinstimmenden fachlichen Einschätzung des Teams der Beratungsstelle kombiniert mit den hiesigen Profis vom Pflegekinderdienst hätte sich nichts geändert:
Insbesondere bei der Konstellation "Kind ab Geburt bei Pflegeeltern" würde bereits ab einer Verbleibezeit und einem Lebensalter von acht Monaten bis einem Jahr eine Rückführung unwahrscheinlicher als ein Verbleiben des Kindes. Ab dem Lebensalter 1;0 bis 1;6 würde eine Rückführung im Regelfall ausgeschlossen.

2;5b   Pflegeelternvereinigung

Anfang November nahmen die Pflegeeltern erstmals an einem Seminar der Pflegeelternvereinigung teil. Dort wurden Konzepte zum gewinnbringenden Umgang und Verhältnis zur Herkunftsfamilie vorgestellt. Außerdem wurde praxisnah erklärt, wie man auf die speziellen Bedürfnisse der Pflegekinder eingehen könne. Die leitenden Referenten waren Prof. Weber, ein ehemaliger Dozent an der Hochschule im Bereich Soziales, Gesundheit und Pflege und Frau Dr. Schulze, Kinder- und Jugendärztin. Beide haben selbst Pflegekinder großgezogen und setzen sich ehrenamtlich für Pflegekinder und Pflegefamilien ein.

Im Rahmen des Seminars sollten Herr und Frau Schneider ihre momentane Situation und Situation des Pflegekindes darstellen. Prof. Weber erklärte sofort, dass er ihnen gerne als Beistand nach § 13 SGB 10, Abs. 4 zur Seite stehen möchte, da seiner Meinung nach die Situation in dieser Weise nicht richtig wäre. Sie vereinbarten daher, dass er ihnen beim nächsten Hilfeplangespräch „beistehen" würde.

§13 SGB X
(4)Ein Beteiligter kann zu Verhandlungen und Besprechungen mit einem Beistand erscheinen. Das von dem Beistand Vorgetragene gilt als von dem Beteiligten vorgebracht, soweit dieser nicht unverzüglich widerspricht.

Prof. Weber stellte in dem Seminar auch sein Umgangskonzept vor. Er betonte, dass es hierbei vorallem um die Freiwilligkeit der Kinder ginge. Wenn zwei Familien sich begegnen würden, an einem schönen Ort und etwas gemeinschaftlich unternehmen, dann könne das Kind wählen, wem es sich zuwende. Es könnte ein freudiges Miteinander erleben und die Treffen hätten etwas Besonderes mit einem festlichen Charakter.

In der Folgezeit wurde Familie Schneider telefonisch aber auch durch einen Wochenendbesuch von Frau Dr. Schulze beraten. Sie gab sehr viele hilfreiche Tipps zum Umgang mit Annas Problemen und zu Verhaltensweisen bezüglich der Umgänge. Hier erhielten die Herr und Frau Schneider den fachlichen und seelischen Rückhalt, der ihnen von Seiten des Amtes nicht geboten wurde.

2;5c   Anna hat Angst

Am Morgen in der Krabbelgruppe bei der Erwähnung des Tagesprogramms (Umgang am Nachmittag) sagte Anna weinend: „Nicht nach xxxx fahren."
Nach einer Beruhigungsphase sagte sie: „Frau Klein da, Frau Loose da. Anna keine Angst haben, Mama is bei dir, Mama schützt Anna."
Anna ließ sich anschließend nur mit Mühe zu einem Mittagsschlaf hinlegen, nachdem die Pflegemutter sie vorher beständig beruhigen musste („Mama is? „- „Ich bin schon da.") Anna wachte nach nur einer Stunde weinend wieder auf und sagt als erstes: „Anna Angst hat."
Die Pflegeeltern beschlossen daher für den Umgang am Nachmittag sich nicht wie immer zurückzuziehen, sondern für Anna verfügbar zu sein. Sie besorgten etwas weihnachtliches Gebäck und bereiteten einen Kinderpunsch zu, damit sie, nach dem Umgangskonzept von Prof. Weber, ein freudiges Miteinander erleben könnten.

Wahrnehmung der Pflegemutter
Als wir gegen 15.15 Uhr eintreffen, wartet Frau Loose vor der Tür, wendet sich als sie uns kommen sieht ab und geht vor dem Nachbarhaus auf und ab. Frau Rottmann parkt mit dem Auto gleich vor der Tür, begrüßt uns, ruft Frau Loose herbei, die auf ihre Uhr deutet und den Kopf schüttelt. Frau Rottmann sperrt uns auf, wir legen an der Garderobe ab und bereiten die Teeküche vor. Frau Rottmann geht nach draußen, um Frau Loose zu holen. In der Zwischenzeit trifft Frau Klein ein und begrüßt uns. Wir erzählen ihr von den Gegebenheiten des Vormittags. Anna legt die Sitzordnung fest und möchte erst nicht neben Frau Loose sitzen, wir ermuntern sie aber dazu. Frau Rottmann wendet im Beisein von Anna ein, dass unsere Idee vom gemeinsamen „Adventskaffee"

nicht abgesprochen sei und nicht von der Stunde abgehen dürfe, die Frau Loose mit Anna alleine gehöre. Mein Mann erklärt, dass wir die Teeküche als Anlaufstelle sehen und das Spielen von Anna mit Frau Loose keinesfalls stören wollen. Alle sitzen um den Tisch, trinken, essen etwas Gebäck oder Mandarinen. Ich gebe Anna einen Umschlag für Frau Loose mit zwei aktuellen Bildern von ihr. Anna überreicht ihn und Frau Loose öffnet ihn gleich zusammen mit Anna. Mein Mann erklärt Anna, dass sie jederzeit zum Spielen aufbrechen könne, „Karin" würde gern mit ihr spielen. Anna geht darauf ein und geht mit Frau Loose zum Spielen, auch Frau Klein und Frau Rottmann folgen. Frau Rottmann kommt kurze Zeit später zurück, holt noch Spielsachen von der Terrasse und schließt die Tür dann ganz. (Sie knallt sie lautstark zu.) Nach etwa einer halben Stunde kommt Anna in die Teeküche und setzt sich wieder an den Tisch, Frau Loose folgt. Auf unsere Anregung isst Anna eine weitere Mandarine, Frau Loose hilft ihr dabei, wir unterhalten uns zwanglos über die aktuellen Trends beim Weihnachtsschmuck. Anna gibt Frau Loose von ihren Plätzchen, bricht aber schnell wieder ins Spielzimmer auf, Frau Loose folgt. Gegen 16.30 Uhr leitet Frau Klein das Ende ein. Anna kommt in die Teeküche und man beginnt gemeinsam aufzuräumen, Anna wird von Frau Loose und Frau Rottmann angezogen. Wir schlagen Frau Loose vor, beim nächsten Umgang den Weihnachtsmarkt zu besuchen. Frau Loose lehnt ab, es gebe keinen gültigen Hilfeplan, deshalb möchte sie sich an die Vorgaben des letzten halten und plädiert daher für eine Stunde begleiteten Umgang in den Räumen des Kinderschutzbundes. Ich biete nochmals an, dass der Zeitrahmen nach den Möglichkeiten von Frau Loose auch gerne ausgedehnt werden könne, Frau Loose lehnt dies ab.

2;5d   Das zweite Gutachten liegt vor

Zur Erstellung des zweiten Gutachtens wurde weder das Amt noch Frau Klein durch Frau Loose von der Schweigepflicht entbunden. Lediglich für Frau Rottmann erteilte sie ihre Zustimmung. Frau Loose verweigerte der Gutachterin einen Hausbesuch und ihr zweites Kind in die Begutachtung einzubringen.

Wie schon beim ersten Gutachten wurde Anna lediglich in einem einstündigen Umgang mit ihrer Mutter beobachtet. Mit den Pflegeeltern fand kein Gespräch statt, ebenso wenig eine Interaktionsbeobachtung.

Das zweite Gutachten erschien am 23. November.
Es wurde festgestellt, dass die Schwangerschaft während der ersten Begutachtung auf das Ergebnis keinen erheblichen Einfluss gehabt hatte. Im Wesentlichen wurden die Ergebnisse des ersten Gutachtens bestätigt. Es sei weiterhin von einer Einschränkung der Erziehungsfähigkeit auszugehen.

Hervorgehoben wurden die nach wie vor unbearbeiteten Persönlichkeitsdefizite. Vorallem die Mechanismen der Mutter, Verantwortung immer abzugeben und Schuld stets anderen zuzuweisen, wurden hier ausgeführt. Die Kindsmutter spalte ihre eigenen Emotionen ab. Auch wurden paranoide Wesenszüge festgestellt.

Es wurde empfohlen, Anna „noch nicht" in den mütterlichen Haushalt rückzuführen. Obwohl der Auftrag ausschließlich die Feststellung der Erziehungsfähigkeit umfasste, gab es im Gutachten wieder Ausführungen zum Umgang. Die Gutachterin empfahl die Umgangskontakte auszuweiten. Für sie beinhaltete es, die Umgänge ohne Gegenwart der Pflegeeltern durchzuführen, sowie eine zeitliche Ausweitung und eine zeitnahe Reduzierung der Umgangsbegleitung zu erwirken. Sie erklärte, dass das Kind ausreichend physisch und psychisch robust erscheine, um eine Umgangserweiterung unbeschadet zu verarbeiten. Sie stellte dar, dass diese jedoch unter der Voraussetzung sei, dass die Pflegeeltern in der Lage seien müssten, ihre eigenen emotionalen Reaktionen vom Kind fernzuhalten.

Wodurch die Gutachterin ihre Erkenntnisse zum Umgang erhielt, ist nicht klar. Sie sah Anna nur einmal in einem Umgang und redete mit niemandem außer der Kindsmutter und eventuell Frau Rottmann. Die Personen, die Anna und die Pflegefamilie nicht nur aus den Umgängen kannten, beispielsweise Frau Klein, konnten aufgrund der fehlenden Schweigepflichtsentbindung von der Gutachterin nicht befragt werden. Daher waren ihre Beurteilungen zu Annas physischer und psychischer Stabilität und der emotionalen Reaktionen der Pflegeeltern sehr gewagt und nicht belegt.

Dass die Kindsmutter eine Einbeziehung des jüngeren Kindes nach der Vorgeschichte mit Anna nicht zuließ, war zwar menschlich nachvollziehbar, weil sie Angst haben musste, dass man ihr womöglich das zweite Kind auch "wegnehmen" würde. Dieses Verhalten zeigte aber nicht, dass für sie das Kindeswohl an erster Stelle stand, sondern nur ihre eigenen "Besitzinteressen". Die Tatsache, dass nun ein Kind im Haushalt der Mutter lebte, bedeutete nicht, dass die gewichtigen Defizite, die zur Fremdplatzierung von Anna geführt hatten, nicht mehr bestanden.

Selbst wenn alles behoben worden wäre, hätte bei einer Rückführung Annas immer noch das Risiko bestanden, dass die Mutter vielleicht mit einem Kind klarkommt, nicht jedoch mit zweien. Anna hatte sich in der Pflegefamilie entwickelt und mit einer Herausnahme von Anna wäre wegen des Beziehungsabbruchs mit erheblichen Schwierigkeiten zwischen Mutter und Kind zu rechnen gewesen.

Unter Bindungsgesichtspunkten war es auch egal, ob die Mutter im Umgang mit Anna keine "Fehler" macht: Wenn ein Kind über so lange Zeit, vor allem am Anfang seines Lebens, in einer Pflegefamilie lebte und diese Familie sich nicht als "ungeeignet" gezeigt hatte (indem dort z.B. das Kind vernachlässigt, misshandelt oder missbraucht wurde oder wenn dort keine Bindungen entstehen konnten), konnte eine Rückführung nicht mehr erfolgen, ohne mit sehr hoher Wahrscheinlichkeit schwere psychische Schäden beim Kind anzurichten. Dass die Gründe, die zur Herausnahme führten eventuell nicht mehr bestanden, ist unter psychologischen Gesichtspunkten weit nachrangig gegenüber den Risiken eines Bindungsabbruchs zur Pflegefamilie.

Bei einer alleinerziehenden Mutter hätte auch bedacht werden sollen, warum Anna in eine Teilfamilie mit Risiken und großem Hilfebedarf wechseln sollte, wo sie ohne Vater wäre, wenn sie in einer intakten und vollständigen Familie leben konnte: Die Forschung der letzten ca. 20 Jahre hat gezeigt, dass Väter eine wichtige Rolle für ein gesundes Aufwachsen von Kindern haben.

Es wirkte zynisch, wenn laut Gutachterin der Umstand, dass ein Pflegekind eine sichere Bindung zu den Pflegeeltern aufbauen konnte, dazu dienen könnte, diese ruhig abzubrechen und das Kind ohne Schaden zu „verpflanzen".

Grundsätzlich geht es um die Abwägung zwischen dem Grundrecht leiblicher Eltern auf die Erziehung ihrer eigenen Kinder und dem Grundrecht von Kindern auf ein körperlich, psychisch und sozial gesundes Aufwachsen. Diese Abwägung ist sicher nicht leicht, aber das Kriterium bleibt das Kindeswohl.

2;6a   Annas Situation

Anna hatte zu diesem Zeitpunkt ein festes soziales Umfeld durch Nachbarschaft, Freunde der Krabbelgruppe und der Pflegeeltern, Verwandtschaft sowie durch die „Pflegegroßeltern". Einmal wöchentlich besuchte sie mit der Pflegemutter ein Mutter-Kind-Treffen vor Ort, das Kinderturnen und einen Musikgarten. Sie hatte eine stabile Bindung zu ihren Pflegeeltern aufgebaut.

Da Anna schon ab der Geburt bei den Pflegeeltern lebte, hatte sie keine negativen Vorerfahrungen mit ihrer Mutter. In dieser Situation lag eine große Chance: Es wäre kein Entweder-Oder wie bei manchen Scheidungskindern nötig gewesen. Es wäre möglich gewesen, dass Anna ihre Mutter und die Pflegeeltern in einem harmonischen Miteinander erleben würde. So wäre für sie die gegenseitige Wertschätzung spürbar gewesen, sie wäre nicht verunsichert worden und man hätte Loyalitätskonflikte umgangen.

Angeregt durch das Konzept von Herrn Prof. Weber war es das Bestreben der Pflegeeltern, baldmöglichst unbegleitete gemeinschaftliche Unternehmungen zu gestalten, bei denen Anna auch ihre Schwester kennenlernen sollte. Das Gelingen dieser Umgänge hing nach Aussage von Prof. Weber von einer festen Regie der Umgangsbegleiterin, einer hohen Sensibilität für das Befinden von Anna und von einer konstruktiven Nachbesprechung ab. Durch die professionelle Anleitung wäre es möglich gewesen, Umgänge auf Dauer ohne Unterstützung durchzuführen. Jede anwesende Fachkraft stellte eine viel stärkere Ablenkung für Anna von ihrer Mutter dar, als die ihr wohlvertrauten Pflegeeltern, die ihr gleichzeitig die Sicherheit zum Explorieren gaben. Gerade dann hätten Anna und ihre Mutter sich in Treffen ihren Raum suchen und Anna sich nach ihren Bedürfnissen zwischen allen bewegen können. Die starre Anordnung der praktizierten Umgangskontakte stellten für Anna eine äußerst unnatürliche Situation dar. Nach Auffassung von Prof. Weber hätten Zusammentreffen stattfinden müssen, an die sich alle Beteiligten später einmal gerne erinnern, vor allem jedoch Anna, damit sie ein positives Bild von ihrer Mutter haben kann. Voraussetzung wäre ein Verständnis des Begriffes "Kindeswohl" dahingehend gewesen, dass Umgänge für das Kind einen pädagogischen Nutzen erwirken und nicht danach bemessen werden, ob sie für ein Kind erträglich sind.

Die Pflegeeltern starteten Initiativen nach der Besuchszeit gemeinsam mit Frau Loose ohne Umgangsbegleiterinnen etwas zu unternehmen (Kaffee trinken, Eis essen, Weihnachtsmarkt besuchen). Frau Loose willigte anfangs ein, lehnte dann jedoch durchgängig ab.

Eine langfristige Perspektive hätte Entspannung in die Umgangskontakte gebracht. Für Annas emotionale Stabilität war es das Wichtigste, die Kontinuität, Sicherheit und Verlässlichkeit ihrer Primärbindungen zu erleben. Bei der Art der Durchführung der Umgänge bestand ein hohes Risiko, dass Anna sich von ihren Pflegeeltern verraten fühlen oder ihre Mutter ablehnen würde.

Das Bestreben der Pflegeeltern galt einem positiven und dauerhaften Kontakt von Anna zu ihrer Mutter. Sie regten an, dass man sich um eine langfristige Planung kümmern sollte, damit die Treffen auch über einen langen Zeitraum durchgehalten werden könnten. An Nachhaltigkeit war das Amt jedoch nicht interessiert.

2;6b   Hilfeplan in Raten - erster Termin
Der erste Gesprächstermin für einen gemeinsamen Hilfeplan fand Anfang November statt. Frau Loose begann die Gespräche mit der Klarstellung, dass sie eine Rückführung wolle. Frau Rottmann und Frau Neumeier saßen schützend neben ihr, während sich Frau Klein seitlich mit einem Computer zur Protokollierung gesetzt hatte. Die Pflegeeltern saßen gegenüber. Es erinnerte an ein Tribunal. Hauptsächlich redete Frau Rottmann auf die Pflegeeltern ein. Diese hatten die Aufgabe, Annas Bedürfnisse zu verteidigen, da es sonst niemand tat. Frau Rottmann erklärte hier, dass Anna alles mitmachen würde, wenn die Pflegeeltern nur offen wären. Ein Kind empfände immer das als normal, was die Erwachsenen ihm als normal präsentieren würden.
Die Pflegeeltern beschrieben ihre Idee, gemeinsame Unternehmungen mit Frau Loose und Annas Schwester ohne Umgangsbegleitung zu machen. Sie waren der Meinung, für Anna wäre es schön und wichtig, alle in einem Miteinander zu erleben. Aufgrund der fortgeschrittenen Zeit an diesem Tag wurden weitere Gespräche vertagt. Bei der Verabschiedung zeigte sich Frau Loose im direkten Gespräch mit den Pflegeeltern sehr aufgeschlossen. Sie schien dem Vorschlag gegenüber nicht abgeneigt. Pflegeeltern und Mutter waren sich einig: „Das kriegen wir doch gemeinsam hin."

2;6c   Hilfe unerwünscht - zweiter Termin

Herr Prof. Weber wollte als Beistand am weiteren Gespräch teilnehmen. Die Pflegeeltern teilten dies dem Amt und der Umgangsbegleitung im Vorfeld schriftlich mit. Als sie ihn nach drei Stunden Zugfahrt gerade vom Bahnhof abholten, erhielten sie einen Anruf des Jugendamtes, dass das Hilfeplangespräch entfiele, da Frau Loose kurzfristig den Termin abgesagt hätte. Herr Prof. Weber wollte dennoch gerne ein Gespräch mit den Mitarbeitern des Amtes führen. Frau Rottmann nahm den Termin aus Solidarität mit Frau Loose nicht wahr. Anwesend waren Frau Krieger, Frau Neumeier und Frau Klein. Sie waren abschließend sehr angetan von den Ausführungen des Professors. Es wurden von Seiten des Amtes dort Zusagen gemacht, dass schnellstens eine Perspektive geschaffen werden würde. Frau Krieger erklärte, dass eine Dauerpflege schon nach zwei Jahren hätte festgelegt werden müssen. Sie stellte auch dar, dass die Probleme mit Frau Rottmann bekannt seien und man schon „daran arbeiten" würde. Abschließend kam der Kommentar: „Schade, dass Herr Karl nicht dabei gewesen ist."

2;6d   Wo ist Frau Loose? – dritter Termin

Wie bereits im Treffen gegenüber den Mitarbeiterinnen des Jugendamtes vorgebracht, wollte Prof. Weber ein persönliches Gespräch mit Frau Loose führen. Es wurde ein Termin vereinbart. Auf die Nachfrage der Pflegeeltern beim Amt, ob der Termin zustande käme, erhielten sie keine Antwort. Frau Rottmann meldete sich jedoch bei Prof. Weber und bestätigte den Termin. Er reiste wiederum die lange Strecke an, im Glauben, er würde ein Gespräch mit der Kindsmutter führen. Frau Rottmann holte ihn vom Bahnhof ab und nahm ihn zu seiner Verwunderung mit zu sich nach Hause. Angeblich waren sämtliche Räume des Jugendamtes belegt gewesen. Dort führte Frau Rottmann zwei Stunden lang ihre Wahrnehmungen aus. Sie machte ihre ablehnende Haltung den Pflegeeltern gegenüber klar. Aus Prof. Webers Sicht war sie mit Frau Loose emotional sehr verstrickt. Anschließend fuhr sie Prof. Weber wieder zum Zug, der sehr verwundert bei den Pflegeeltern anrief, weil er doch mit der Kindsmutter reden wollte. Es wurde später auch von Seiten des Amtes so dargestellt, dass dies nie die Absicht gewesen sei.

2;6e   Immer noch Hilfeplan - vierter Termin

Beim weiteren Gesprächstermin brachte Frau Loose ihren Anwalt mit. Die Pflegeeltern wurden im Vorfeld nicht davon unterrichtet.

Frau Neumeier war der Meinung, dass durch die Anwesenheit eines pädagogischen Beistandes ein Gleichgewicht herrsche. Sie dankte daher am Ende auch gleichermaßen Herrn Prof. Weber und dem Anwalt für seine Anwesenheit.

Im Gegensatz zu den Aussagen beim zweiten Termin mit Herrn Prof. Weber erklärte Frau Neumeier, dass über eine Perspektive nicht gesprochen würde. Frau Loose war den Pflegeeltern nicht mehr zugewandt und reagierte äußerst feindselig. Sie erklärte, dass Anna sie nun mit Mama benennen solle, weil es ein Problem für ihre zweite Tochter werden würde, wenn Anna sie bei Besuchen nur mit Karin anreden würde. Sie forderte, dass die Umgänge ab sofort wöchentlich sein sollten. Sie stellte klar, dass sie ab sofort Anna in den Umgängen wickeln werde. Diese Forderung überraschte, da Frau Loose sich bei den vorangegangenen Umgängen in den Wickelsituationen bewusst ferngehalten hatte.

Herr und Frau Schneider baten darum, dass Anna der weite Weg zum Wohnort der Mutter nicht länger zugemutet werde. Anna belastete die lange Fahrt (zeitweise 1,5 Stunden einfach, Dunkelheit im Winter) sehr. Sie schlugen vor, dass sie als Kompromiss Anna zu den Treffen den halben Weg bringen würden. Frau Rottmann stellte dar, dass Frau Loose Vorschläge hätte, auf die Belastungen ihrer Tochter durch die lange Fahrt einzugehen. Der erste war, dass man den Umgangsort belasse und dafür den Umgang auf den Vormittag verlegen könne. Der zweite war, dass man Umgang in der Mitte durchführen würde, dafür aber wöchentlich. Gemeinsam beschloss man eine zeitliche Ausweitung der Umgänge auf zwei Stunden.

In den Hilfeplan wurde abschließend aufgenommen:
„Altersentsprechende Fürsorge und Erziehung für Anna durch die Pflegefamilie in einem stabilen familiären Rahmen. Regelmäßige erweiterte Umgangskontakte." Bezüglich einer Perspektive wurde aufgenommen: „Lebensmittelpunkt von Anna ist noch zu klären. Anna bleibt bis zu einer Klärung in der Pflegefamilie."
Bezüglich des Wickelns wurde festgehalten: „Bei Bedarf wird Frau Loose Anna wickeln. Windeln bringen die Pflegeeltern mit." Es wurde nicht auf Annas Bedürfnisse eingegangen und in Erwägung gezogen, dass Anna dies nicht zulassen könnte. Es wurden keine pädagogischen Überlegungen angestellt, wie in der Praxis gute Übergänge für Anna geschaffen werden könnten.

Die gemeinsamen Unternehmungen von Frau Loose mit Anna und der Pflegefamilie wurden zusätzlich im monatlichen Rhythmus vereinbart. Frau Loose wünschte sie jedoch begleitet. Es wurde festgehalten, dass Frau Loose sich um die Gestaltung kümmert.

Bezüglich des Umgangsortes befürwortete das Jugendamt die langen Fahrten für einen Monat auszusetzen, sie dann jedoch wie gewohnt weiterzuführen. Daraufhin stellten die Pflegeeltern mit Hilfe ihres Anwaltes klar, dass sie grundsätzlich nicht verpflichtet seinen, Anna zum Umgang zu fahren.

Der Hilfeplan wurde weder von Frau Loose noch von Herr und Frau Schneider unterzeichnet.

2;6f   Die Mutter teilt weiter aus

Der Anwalt von Frau Loose nutzte seine Anwesenheit im Hilfeplangespräch nicht für bereichernde Beiträge zum Wohl von Anna. Er hatte Munition gesammelt, um erneut diffamierende Schriftsätze bei Gericht einzureichen. Er stützte seine Vorwürfe durchgängig mit der Aufforderung, die „Zeugin" Rottmann hierzu anzuhören.

Annas Mutter erklärte durch ihren Anwalt, dass sie vom Jugendamt von Beginn an hintergangen worden sei. Man hätte sie bei den Terminen auf ihren Wunsch hin nie beraten sondern ihr gleich die vorbereiteten Adoptionspapiere auf den Tisch gelegt.

Es wurde beschrieben, dass das Jugendamt bei Kontrollen bezüglich des zweiten Kindes keinen Anlass gefunden hätte, fachlich einzuschreiten. Frau Rottmann attestierte Frau Loose einen guten Umgang mit dem Kind. Es fanden daher keine weiteren Überprüfungen statt. Dies wurde vom Anwalt als Argument angeführt, dass Frau Loose erziehungsfähig sei. Anna könne daher zu ihr.

2;7a   Frau Rottmann stellt klar

In einem Schriftsatz lehnte der Anwalt von Frau Loose Anfang Januar nochmals die bestellte Gutachterin ab. Er führte Voreingenommenheit an.

Zudem legte er in Abschrift ein „Klarstellungsschreiben" von Frau Rottmann vor, in dem zum begutachteten Umgang vom Oktober Stellung genommen wurde. Dieses Schreiben lag in einem Rohentwurf bei.

Es war von Frau Rottmanns Fax an den Anwalt gesendet worden. Handschriftlich waren von Frau Loose noch diffamierende Ergänzungen gegen die Pflegeeltern eingefügt worden.

Frau Rottmann versuchte Darstellungen der Gutachterin bezüglich des Umgangs zu beschönigen. Sie erläuterte unter anderem, dass die Aussagen im Gutachten sich nicht mit ihren Beobachtungen decken würden. Sie konnte keine Hilflosigkeit von Frau Loose feststellen, wenn Anna sich von ihr abwandte bzw. ihren Vorgaben nicht folgen wollte. Ebenso hätte sie „rigide Erziehungseinstellungen" der Mutter dem Kind gegenüber nicht feststellen können. Bezüglich des Vorfalls „Nachname" (Anna hatte sich mit dem Nachnamen der Pflegeeltern benannt und Frau Loose gesagt: „Nein, so heißt du nicht, du heißt Loose.") wären für sie keine erkennbaren Irritation bei Anna zu spüren gewesen. Die Gutachterin hatte hier angemerkt, dass Frau Loose empfindlich getroffen reagiert hätte, was zu Irritationen beim Kind führte.

Frau Rottmann dokumentierte hierdurch ihr mangelndes Einfühlungsvermögen und den fehlenden Willen, sich in die Lage des Kindes zu versetzen. Dafür konnte man ihre Parteilichkeit und idealisierende Haltung zu Frau Loose herauslesen.

Frau Rottmanns Schreiben wurde im Nachgang begründet als ein Schriftsatz, der sowieso durch das Jugendamt eingereicht werden sollte (und im Februar dann auch wurde). Es wurde angeblich auf Aufforderung des Jugendamtes von Frau Rottmann erstellt. Bei der verfrühten Einreichung bei Gericht hätte es sich um ein Versehen gehandelt.

Herr und Frau Schneider wendeten sich bezüglich des unprofessionellen Vorgehens mehrfach ans Amt. Zunächst wurde ihnen erklärt, dass hier der freie Träger zuständig sei und man veranlasst hätte, dass dieser mit ihnen Kontakt aufnehmen würde. Es meldete sich jedoch niemand bei ihnen. Sie wurden mit den Problemen im Stich gelassen. Die Konflikte und Spannungen wurden bewusst ignoriert.

2;7b Das Jugendamt will auch klarstellen

Das Jugendamt stellte gegenüber dem Gericht dar, dass Frau Loose sich durch die Anwesenheit der Pflegeeltern in Nebenräumen gestört fühle.

Wenn Anna sie aufsuchen würde, würde dauernd der Beziehungsaufbau gestört. Anna sei außerhalb ihrer Sichtweite ein komplett anderes Kind. Frau Loose und Anna hätten dann ein inniges und liebevolles Aufeinandertreffen. In Gegenwart der Pflegeeltern sei Anna verängstigt. Frau Loose stellte dar, dass sie von Anfang an ihren Wunsch nach Rückführung geäußert hätte. Sie forderte eine sofortige Rückübertragung des Sorgerechts.

Monika Nienstedt und Arnim Westermann erläutern:
Wenn leibliche Mütter und Väter glauben oder in dem Glauben gelassen und darin bestärkt werden, dass sie für das Kind Mutter oder Vater bleiben, wenn sie es für längere Zeit in eine andere Familie geben, ist das eine Illusion. Diese Illusion beruht in der Sozialarbeit wie in der Rechtsprechung auf einer Verwechslung von Pflegekindern mit Scheidungskindern.

Gegen die schmerzliche Wahrnehmung der Bindung des Kindes an andere Eltern wird oft der Anspruch formuliert, dass das Kind ihr Kind sei und dass es eines Tages zu ihnen zurückkehren werde, auch wenn dies in absehbarer Zeit völlig unrealistisch erscheint. Auch fordern die Mütter offenbar gerade zu diesem Zeitpunkt oft, dass sie während der Kontakte zum Kind nicht ständig unter der Kontrolle der Pflegeeltern stehen wollen…..
Wenn diesen Wünschen nachgegeben wird, insbesondere dann, wenn sie ein Versuch sind, den Besitzanspruch auf das Kind zu dokumentieren, wird der illusionäre Anspruch der leiblichen Mutter bestätigt. Ihre emotionalen Forderungen und Erwartungen an das Kind werden unterstützt und verstärkt. Dies kann das Kind nur als Bedrohung und Infragestellung der Sicherheit seiner Eltern-Kind-Beziehung erleben und darauf mit verstärkter Abwehr reagieren, was wiederum die Mutter nur um so mehr kränkt und den Konflikt verschärft……

Eine Entschärfung der Konfliktlage wird für das Kind nicht dadurch erreicht, dass die Pflegeeltern sich mit den Ansprüchen der Mutter an das Kind identifizieren.

Eine solche Haltung kann leicht dazu führen, dass sich das Kind nicht nur von der leiblichen Mutter angegriffen, sondern auch noch von den Pflegeeltern verraten und verlassen und zu wenig geschützt fühlt.

Es zeigt auch, dass unter diesen Bedingungen das Ziel, dass das Kind zur leiblichen Mutter positive, freundliche Beziehungen aufbauen soll, völlig verfehlt wird. Das Kind lernt die Mutter zu hassen, auch wenn es diesen Haß aus Angst und Unsicherheit nicht offen zeigt.

Bezüglich der Anwesenheit der Pflegeeltern bei den Umgängen merkte das Amt an, dass es ein Spannungsverhältnis gäbe, weil Frau Loose deren Anwesenheit als störend erlebe. Dieses Spannungsverhältnis sei für eine weitere positive Entwicklung der Umgänge nicht förderlich. Auch für Anna würde dies eine Verunsicherung bedeuten. Als Lösung schlug das Amt nicht etwa vor, dass Frau Loose an ihrer Einstellung arbeiten solle. Das Amt stellte dar, dass es keinerlei Anhaltspunkte für die Anwesenheit der Pflegeeltern in den Umgängen gäbe. Es wurde ausgeführt, dass Anna zu den Umgängen „abgegeben" werden solle und dass bei Herr und Frau Schneider Beratungsbedarf bestehe, wie sie ein „gelingendes Pflegeverhältnis" gestalten könnten.

Das Amt wertete aufgrund der Darstellung von Frau Rottmann, dass die Besuchskontakte seit Mai sehr positiv verlaufen würden. Frau Loose würde auch bei ihrer zweiten Tochter gute mütterliche Kompetenzen zeigen. Sie versorge die Tochter pflegerisch und emotional gut. Sie hätte eine stabile und sichere Bindung aufgebaut. Worauf diese Einschätzungen gründeten, wurde nicht erläutert. Es wurde jedoch nie eine Diagnostik durchgeführt.

Es wurde weiter erklärt, dass Frau Loose bezüglich der erzieherischen Kompetenz große Fortschritte gemacht hätte. Es wurde empfohlen, die Frage des Sorgerechts in einem halben Jahr erneut zu überprüfen.

Abschließend wurde klargestellt, dass Frau Rottmann in ihrer Vorgehensweise vom Amt vollstes Vertrauen besäße.

Es ist in Frage zu stellen, ob man eine Verbesserung der Erziehungsfähigkeit bescheinigen konnte, weil die leibliche Mutter (unter fachlicher Beobachtung!) ein bisschen besser mit ihrem Kind spielen konnte als früher. In ihrer Grundeinstellung und in ihrem Verhalten hatte sich nichts geändert. Sie machte "nach Lust und Laune" was sie wollte, aber nichts davon, was dringend notwendig gewesen wäre, beispielsweise eine Therapie. Wie wenig feinfühlig sie ist, zeigte sich daran, dass sie die Bindungen von Anna an die Pflegeeltern weder erkannte noch berücksichtigte, beispielsweise ihre Forderung als "Mama" angesprochen zu werden oder die Forderung nach häufigeren, längeren Kontakten ohne die Anwesenheit der Pflegeeltern. Fachkräfte bezeichneten das Verhalten als mangelnde "Bindungstoleranz".

Zu hinterfragen ist auch, was das Jugendamt mit "mütterlicher Kompetenz" überhaupt meinte. Es wurde nie transparent gemacht, anhand welcher Kriterien und welcher Diagnostik diese als „hoch" bezeichnet wurde. Vom Jugendamt wurde nie konkret beschrieben, wie die Mutter mit ihrem jüngeren Kind, vorallem in kritischen Situationen umging, also in belastenden Situationen für das Kind (beispielsweise wenn das Kind müde oder hungrig ist, wenn die Mutter sich vom Kind entfernt und wiederkommt u.ä.). Diese Frage hätte nur durch eine fachgerecht durchgeführte psychologische Bindungs- und Entwicklungsdiagnostik beantwortet werden können.

2;7c   Gehirnwäsche für Anna

Frau Rottmann übernahm die Aufgabe, Anna der Kindsmutter in die Arme zu treiben, damit diese ihre passive Rolle beibehalten konnte. Sie ging dabei mit viel Druck und Zwang für Anna vor. Ihr Ziel war, Anna auf ihre „richtige" Mama zu fixieren und sie von den Pflegeeltern abzulösen.

Sie begann in den Umgängen ab Dezember Frau Loose Anna gegenüber als Mama zu bezeichnen. Dies geschah fernab jeglicher Normalität. Schon bei der Ankunft sagte sie: „Jetzt schau mal, wo die Mama Karin ist." Hatte Anna eine Bitte an die Pflegeeltern sagte Frau Rottmann sofort: „das macht die Mama Karin." Beim gemeinsamen Spiel spielte Frau Rottmann immer Frau Loose zu und bezog sie mit „Mama" ein, während sie die Pflegeeltern auch namentlich ignorierte.

Die Bezeichnung steigerte sich auch durch die Befehle, die Anna gegeben wurden: „Geh zur Mama", „Mach das mit der Mama", „Die Mama Karin geht mit."

Nienstedt und Westermann erklären:
Den Eltern sollten keine falschen Hoffnungen gemacht und Illusionen nicht verstärkt werden durch Sätze wie: „Aber es bleibt doch Ihr Kind". Überhaupt vermeiden wir es im Gespräch mit Eltern von „Ihrem Kind" oder „Ihrem Sohn" zu sprechen, sondern nennen das Kind immer bei seinem Namen. Die Eltern sollten auf die Ablösungsschritte des Kindes und die Verhaltensweisen, die auf die Entwicklung von Eltern-Kind-Beziehungen zu den Ersatzeltern hinweisen, vorbereitet werden. Man müßte also rechtzeitig mit ihnen besprechen, dass das Kind zu den Pflegeeltern „Papa" und „Mama" sagen wird, dass es nicht dadurch verunsichert werden darf, dass die Mutter protestierend sagt: „Aber ich bin doch deine Mutter.", dass und warum das Kind diesen Satz nicht verstehen wird.

Da über die Benennung der Kindsmutter keine Einigung bestand, bezeichnete Frau Klein sie als „Karinmama", die Pflegeeltern als „Karin" und Frau Rottmann mit „Mama" bzw. „Mama Karin". Es hatte zur Folge, dass Anna weiterhin „Frau Loose" zu ihr sagte. Es gab eine Begebenheit bei der Anna ihre Mutter wieder einmal mit „Frau Loose" bezeichnete und Frau Rottmann daraufhin erwiderte: „Jetzt sag halt endlich mal Mama zu ihr."

Bezüglich des im Hilfeplan geforderten Wickelns startete man im Januar den ersten Versuch, dass Frau Loose Anna wickelte. Anna ließ dies beim ersten Mal unter der Bedingung zu, dass die Pflegemutter dabei wäre. Anna bestand bei einem weiteren Mal an diesem Tag darauf, dass Frau Schneider sie wickelt.

Abends beim Windelwechseln ergab sich folgender Dialog:
Anna zu Frau Schneider: „Mama, Frau Loose sagt Stinker."
Frau Schneider: „Karinmama hat dir die Windel gewechselt."
Anna: „Nein Mama, du machen sollst."

Beim folgenden Umgang holte Frau Klein mit Anna eine Windel bei den Pflegeeltern im Nebenraum, damit Frau Loose Anna ohne sie wickeln konnte. Nach diesem Versuch stellte das Amt dar, dass Anna es ohne Probleme zulassen würde, sich von Frau Loose wickeln zu lassen. Anna aber begann in der Folge zu verheimlichen, wenn sie eine volle Windel hatte. Sie umging damit in den Umgängen gewickelt zu werden, hatte jedoch regelmäßig einen wunden Po.

Bereits ab Oktober hatte Frau Loose am Ende des Umgangs einen Kuss von Anna eingefordert. Sie ging dann vor ihr auf die Knie, hielt sie an beiden Armen fest und sagte: „Ich bekomm noch was von dir." Teilweise drehte Anna den Kopf weg, was Frau Loose jedoch nicht akzeptierte. Sie beharrte stets auf ihrem Anliegen bis sie einen Kuss erhielt. Anna gab dann immer allen einen Kuss, auch Frau Rottmann und Frau Klein. Die Fachkräfte sahen hierin kein Problem. Erst auf mehrmalige Bitte der Pflegeeltern, die Anna eigentlich dazu erzogen, dass sie niemand küssen muss, wenn sie nicht möchte, erklärten die Fachkräfte Frau Loose, dass sie dies nicht mehr machen solle. Sie begründeten es jedoch nicht pädagogisch, sondern argumentierten, dass die Pflegeeltern es nicht wünschten.

Wahrnehmung der Pflegemutter

Frau Loose begrüßt mich äußerst distanziert. Anna geht zu Frau Loose, fasst ihre Hand an und sagt: „Die ist kalt." Daraufhin reagiert Frau Loose schroff, zeigt offen ihre Verärgerung, weil sie schon seit geraumer Zeit draußen warte und ihr nicht geöffnet worden sei. Anna weicht etwas zurück.
Später lässt sie Frau Loose und Frau Klein Obst schneiden und gibt es dann in die Schale. Dabei erfindet sie eine Verlegenheitsfloskel: „Schwuppdiwupp". Sie wirkt verunsichert. Immer wenn Frau Loose etwas von ihr möchte, sagt sie: „Nein, ich sag dann: Schwuppdiwupp, alles weg." Anna fragt Frau Klein, ob sie ihren Tee pusten soll. Frau Klein lehnt ab und sagt: „Du kannst den von Karinmama pusten." Daraufhin sagt Anna: „Nein, das kannst du."
Anna will dann zum Spielen. Ich sage ihr gleich, dass ich dann drüben sitze und Anna kommentiert dies mit: „Und ich komm dich dann holen". Sie geht mit Frau Loose ins Spielzimmer. Frau Klein und ich bleiben noch in der Küche und unterhalten uns. Ein viertel Stunde später kommt Anna wieder rein und bringt mir etwas. Sie zieht mich am Arm, ich soll mitspielen. Ich sage Anna, dass sie wieder spielen kann und ich dann drüben sitze. Als Anna mit möchte, sagt Frau Klein, dass Anna sich noch anschauen könne, wo ich sitze. Anna geht noch mit und bekräftigt wieder, dass sie dann rüberkomme. Ich sage ihr, dass sie nun spielen kann und kommen darf, wenn sie möchte. Frau Klein nimmt noch Spielsachen aus dem Raum mit.

Später kommt Anna mit Frau Loose und holt mich ab. Als ich nach drüben komme, versteckt sich Anna gerade und möchte, dass Frau Loose sich mit ihr versteckt. Ich soll sie suchen. Ich spiele mit, suche überall. Irgendwann sagt Frau Loose zu Anna: „Die Mama hat jetzt schon so oft hier in die Nähe geschaut, ich kann mir nicht vorstellen, dass sie uns nicht schon längst gesehen hat." Also „finde" ich Anna, die kichert und sich freut.

Frau Klein regt dann an, dass Frau Loose und ich Anna in einer Decke schaukeln. Als Frau Klein anschließend anleitet aufzuräumen, weil es schon das Ende ist, sagt Anna überraschend: „Nein, ich will bei Frau Loose schlafen". Ich bin sehr erstaunt über diese Aussage: alleine woanders zu übernachten zählt nicht zur Lebenswelt von Anna. Auch hatte sie diese oder eine ähnliche Formulierung noch nie in ihren Leben verwendet. Da Frau Klein und Frau Loose die Situation nicht kommentieren, antworte ich: „Aber Frau Loose wohnt doch gar nicht hier".

Wir räumen auf. Anna äußert den Wunsch zu singen. Nach dem Abschiedslied soll Anna angezogen werden. Anna läuft Frau Loose davon. Frau Loose greift daraufhin so fest nach Annas Arm, dass Anna stürzt. Sie rappelt sich auf und läuft gleich wieder davon. Dabei wirkt sie sehr verschreckt. Frau Klein greift ein, indem sie Anna durch eine Umarmung einfängt, sich auf den Schoß setzt und sagt, dass Karinmama ihr nun die Schuhe anziehen kann. Als Anna fertig ist, geht sie zur Türe. Wir gehen gemeinsam die Treppe nach unten.

Vor der Haustüre gibt Anna Frau Klein die Hand, an Frau Loose geht sie vorbei. Ich appelliere an Anna, noch mal „Auf Wiedersehen" zu sagen. Sie winkt und wendet sich zum Gehen. Frau Loose kommt hinterher, hält Anna am Arm fest und moniert: „Moment, Moment mal, ich krieg noch was von dir." Anna versucht sich abzuwenden. Frau Loose geht auf die Knie und möchte Anna ein Bussi geben, doch Anna dreht den Kopf zur Seite. Frau Loose bedrängt sie weiter: „Ich krieg noch was von dir." Daraufhin gibt Anna ihr ein schnelles Bussi. Anna wirkt verunsichert. Sie geht wie benommen und stürzt. Sie streckt mir die Arme entgegen, drückt sich fest an mich und möchte getragen werden. Dabei vergräbt sie ihr Gesicht in meine Schulter, blickt nicht mehr zurück.

Anna sprach ab diesem Zeitpunkt über Jahre immer wieder davon, dass Frau Loose sie „packen" und festhalten würde und ihr wehtue. Sie äußerte, dass sie daher Angst vor ihr habe.

Anna wurden die Treffen stets mit der unmäßigen Gabe von Gummibärchen, Schokolade und Keksen „versüßt". Diese Konditionierung hatte zur Folge, dass Anna die Umgänge und vor allem ihre Mutter mit unbändigem Schlecken verband. So war oft die erste Frage von Anna an ihre Mutter: „Hast Du was zum Naschen dabei?" oder sie ging direkt zum Korb und bediente sich. Die „gesunde Brotzeit", die zu einem festen Zeitpunkt stattfinden sollte, wurde auch von den Umgangsbegleiterinnen nicht weiter verfolgt.

Stellten die Pflegeeltern diese Praxis in Frage, wurde ihnen unterstellt, dass sie es der Mutter missgönnen würden, ihrer Tochter etwas Süßes zu schenken.

Um Anna bei Laune zu halten, hatten die Umgangsbegleiterinnen immer ein Repertoire an Bespaßungen vorbereitet. Sie verhinderten damit, dass Ruhepausen entstanden. Es erinnerte oft an einen Kindergeburtstag. Ein Feuerwerk an Unterhaltung wurde gezündet. Anna reagierte meist mit Überdrehtheit und verausgabte sich physisch und psychisch, teils bis zur totalen Erschöpfung.

Frau Loose wurde in den Umgängen fordernder. Sie verhielt sich Anna gegenüber oft sehr bedrängend, den Pflegeeltern gegenüber auch vor Anna zunehmend ablehnend. Durch die strikten Anweisungen von Frau Rottmann unter Druck und Zwang wurde Anna das freie Explorieren unmöglich gemacht. Eine gelegentliche Rückversicherung bei den Pflegeeltern wurde ihr erschwert.

Wahrnehmung des Pflegevaters
Frau Klein und Frau Rottmann sind bereits vor Ort. Sie haben – wie auch die letzten Male – schon Spielsituationen vorbereitet, die es Frau Loose erleichtern sollen ohne große eigene Anreize Anna zu beschäftigen.
Anna ist sehr zurückhaltend und verschüchtert, sie macht auf ihre schicke Kleidung aufmerksam. Sie zieht meine Frau ins Spielzimmer, ich folge.
Später klingelt Frau Loose. Frau Rottmann fordert Anna auf, nachzusehen, wer denn da geklingelt hat. Anna kommt aus dem Treppenhaus gerannt, versteckt sich erst hinter den Beinen meiner Frau, dann in der Ecke des Zimmers. Frau Rottmann interpretiert: „Willst du gleich wieder fangen spielen?" Anna nickt pflichtbewusst. Frau Loose begrüßt Anna freundlich, uns ablehnend. Frau Loose möchte Anna die Schuhe wechseln, sie lässt es nicht zu. Anna äußert den Wunsch, auf einen Spielplatz zu gehen (es ist tolles Wetter). Der Vorschlag wird übergangen. Wir singen das Begrüßungslied. Anschließend fragt Frau Klein in die Runde, was man nun mit dem Vorschlag von Anna machen wolle. Frau Rottmann überredet Anna, erst einmal Tee zu trinken und Brotzeit zu machen. Nach einiger Zeit fordert Frau Klein Anna auf, die Murmeln mit denen sie gerade spielt in einem Gefäß zu sammeln und mit Karinmama zum Spielen zu gehen. Anna folgt. Gegen 16.05 Uhr geht Anna mit Frau Loose nach hinten in die Küche. Beim Zurückgehen möchte Anna in den Büroraum zu uns schauen. Frau Loose zieht sie von der Tür weg und sagt: „Geh weg, da dürfen wir nicht stören". Ich gehe daraufhin nach draußen und sage zu Anna: „Wir sitzen hier im Büro und du darfst jederzeit zu uns kommen, wenn du möchtest." Anna schaut hin und wieder zu uns ins Büro und geht dann wieder. Frau Rottmann kommt anschließend und schließt die Türen wieder druckvoll.

Als es nach 16.45 Uhr ist und uns noch niemand für ein gemeinsames Ende holt, gehen wir selbst nach vorne. Alle sitzen im Vorraum und zeigen sich überrascht. Frau Klein bemerkt: „Ist es schon so spät, ich habe keine Uhr." Meine Frau zeigt Anna einen (echten) Marienkäfer, der sich in den Räumen befand. Anna möchte Frau Loose, Frau Klein und Frau Rottmann den Käfer zeigen. Diese sind jedoch mit aufräumen beschäftigt. Anna spielt währenddessen mit uns. Frau Rottmann sagt: „jetzt räumen wir erst auf, dann spielen wir noch gemeinsam." Es ist bereits 16.55 Uhr als meine Frau an Frau Klein die Frage richtet: „machen wir denn noch etwas gemeinsam?". Frau Klein antwortet: „Nein, Frau Loose möchte pünktlich gehen!"

Anna konzentriert sich auf den Marienkäfer und möchte sich nicht weiter verabschieden. Frau Klein kritisiert, dass wir uns nicht beim Aufräumen beteiligen.

Schon vor dem Haus beginnt Anna zu weinen, möchte zum Auto getragen werden. Dort angekommen schluchzt sie: „Nicht hinsetzen, Schiss in der Hose!" Es stellt sich heraus, dass Anna – offenbar schon länger, denn sie ist ganz wund – die Windel ordentlich voll hat. Wir wickeln sie im Kofferraum.

2;7d Annas Kinderarzt

Der Kinderarzt von Anna gab weiterhin in Eigeninitiative Stellungnahmen fürs Gericht ab. Vor allem sprach er sich gegen Maßnahmen, die dem Ziel der Rückführung dienen sollen, aus.

ANLAGE C

2;8a Das Amt stellt dann nochmal klar

Es wurde erneute eine Stellungnahme des Amtes bei Gericht eingereicht.

Das Amt wies noch einmal darauf hin, dass eine Darstellung der Sichtweise des Amtes nicht in die Begutachtung einfließen konnte, da eine Schweigepflichtsentbindung durch Frau Loose fehlte.

Hier wurde nun das „Klarstellungsschreiben" von Frau Rottmann offiziell eingereicht.

Das Amt stellte außerdem bezüglich der Hilfeplangespräche dar, dass von „beiden Seiten" Rückführung bzw. Dauerpflege angesprochen worden seien, dies jedoch von Seiten des Amtes nicht thematisiert wurde, da eine Rückführung zu diesem Zeitpunkt nicht befürwortet wurde bzw. die Kindsmutter in der letzten Verhandlung ihre Zustimmung zum Aufenthalt des Kindes bei der Pflegefamilie gegeben hatte.

Es wurde der Vorwurf zurückgewiesen, dass Frau Loose ihr Kind vorenthalten worden war. Ein ausführlicher Fallverlauf stellte die Unentschlossenheit der Kindsmutter dar und die daraus resultierende Verhinderung früherer Zusammentreffen.

Wörtlich wurde beschrieben: „Die Pflegeeltern verhinderten nie Umgänge."
Bezüglich des Umgangsortes wurde geschrieben, dass Frau Loose zum Wohle von Anna einem Treffen in der Mitte zugestimmt hätte.

2;8b   Theater um´s Theater

Anfang Februar erhielten die Pflegeeltern folgende E-Mail von Frau Klein:
„Sehr geehrte Familie Schneider,
von Frau Rottmann habe ich nun einen Wunsch von Frau Loose für ein zusätzliches Treffen von Anna erhalten. Sie schlägt vor, am Wochenende mit Anna ins Puppentheater Wusch zu gehen. Dort wird ein Kasperltheater gespielt. Beginn: 15.30 Uhr. Frau Loose braucht bis Dienstagnachmittag eine Rückmeldung. Sie hat fünf Karten reservieren lassen. Das Puppentheater Wusch ist bekannt – ich war aber selbst noch nie dort. Ich denke, es findet sich im Internet darüber etwas. Frau Loose möchte dies (vor allem eine Absage) nicht beim Umgangstreffen besprechen. Ich bitte Sie daher, mich zu informieren, damit ich es dann an Frau Loose weitergeben kann."

Herr und Frau Schneider antworteten:
„Liebe Frau Klein,
wir freuen uns grundsätzlich, dass Frau Loose nun eine zusätzliche Unternehmung vorgeschlagen hat. Diesen sehr kurzfristigen Termin können wir jedoch leider nicht wahrnehmen.
Sollte der Vorschlag wirklich ernst gemeint sein, ist er zudem unserer Meinung nach vollkommen an Anna vorbei geplant: Von uns Zum Puppentheater Wusch sind es 75 km einfach. Am kommenden Samstag ist Ferienbeginn und man weiß, was dies auf der Autobahn zu bedeuten hat. Die Witterungsverhältnisse sind sehr unbeständig. Der Beginn um 15.30 Uhr ist kombiniert mit einer langen Heimfahrt zu spät. Aus der Beschreibung im Internet ist nicht ersichtlich, ob das Puppentheater überhaupt für Kleinkinder gemacht ist.
Da diese Argumente Frau Loose sicher nur verärgern, bitten wir Sie, ihr einfach mitzuteilen, dass wir keine Zeit haben.
Deutlich geeigneter fänden wir beispielsweise das Figurentheater "Mauser, Hahn und Ferkelschwein" für Kleinkinder ab 3 Jahren am nächsten Wochenende."

Frau Loose war nicht bereit den Alternativvorschlag anzunehmen.

2;8c   Kindermund
Dialog 1
Anna spielt telefonieren.
Sie spricht: „Nein, ich kann nicht kommen. Mama, Papa und Anna fahren zu Opa und Oma. (Pause) Nein, tut mir leid. Ich kann nicht zur Hochzeit kommen. Ich fahr zu Opa und Oma. Also tschüss." Auf Nachfrage wer am Telefon war, sagt sie nach einigem Zögern: „Frau Loose".

Dialog 2
Im Bad schließt Anna die Türe zu. Frau Schneider fragt sie, warum sie dies mache.
Anna: „Draußen ist ein großes Monster."
Frau Schneider: „Es gibt doch gar keine Monster."
Anna flüstert: „Doch. Bei der Frau Loose."
Frau Schneider: „Was könnte es machen?"
Anna schweigt.
Frau Schneider: „Du könntest zu mir kommen."
Anna schreit: „Nein, das darf ich doch nicht."

2;8d   Anna belagern Monster
Anna begann sich sehr außergewöhnlich und auffällig zu verhalten.

Sie war sehr anhänglich und forderte beständig die Präsenz von Frau Schneider, vor allem nun auch in Situationen, die ihr bisher vertraut waren. Sie weinte und schrie, warf sich auf den Boden und brüllte, wenn die Pflegemutter wegging. Zeitweise ließ sie sich nicht beruhigen und schrie solange bis sie sich erbrach.

Wahrnehmung der Pflegemutter
Anna bleibt bei meinem Mann, weil ich zu einem Termin muss. Als ich fahre, schreit Anna hysterisch: „ich will meine Mama, Mama soll kommen". Nach Bericht meines Mannes lässt sie sich nur mit viel Ablenkung einigermaßen stabilisieren, bleibt aber die ganze Zeit über launisch, angespannt, lacht nur selten. Sie ist schnell frustriert, dann jähzornig und bockig. Sie verlangt die gesamte Zeit über immer wieder nach Süßigkeiten. Als er ihr diese nicht gibt, wirft sie sich jedes Mal wütend auf den Boden und schlägt den Kopf auf den Boden, weint dadurch noch mehr und schreit sich in Rage. Immer wieder sagt sie weinerlich: „ich will zu meiner Mami, wo ist meine Mami, Mami muss heimkommen bevor es dunkel wird! Ich will Schnullis!"

Als ich nach zwei Stunden zurückkomme, begrüßt mich Anna schon an der Haustüre überschwänglich. Sie ist wie verwandelt, zeigt sich fröhlich, ausgelassen und weicht nicht mehr von meiner Seite. Wie auch in den folgenden Tagen äußert sie ihre Angst, ich könnte wieder fahren. Sie nimmt mir aus diesem Grund dauernd meine Armbanduhr, meine Kette ab, zieht mir meine Weste aus: „dann kannst du nicht mehr in die Arbeit fahren".

Sie wachte immer häufiger weinend und schreiend auf, teils auch mit Panikattacken, ließ sich immer schlechter beruhigen und blieb nachts nicht mehr in ihrem Bett. Auch verweigerte sie oft den Mittagsschlaf. Dabei sprach sie von „Angst" und „Monstern". Die Pflegeeltern sollten sie „beschützen" und „retten".

Annas Spielverhalten hatte sich verändert. Sie schwankte zwischen einerseits Unruhe und Unbeständigkeit und andererseits extremem Rückzug (Verstecken im Spielhaus, Verkriechen im Schaukelsack, Höhle bauen).

Anna schlug sich Gegenstände (Kinderlöffel, Spielzeug, Schuhspanner) auf den Kopf oder an die Stirn. Sie biss sich selbst in den Arm oder Finger, teils bis sie blutete.

Anna berichtete immer wieder aus dem letzten Umgang. Beispielsweise saß Anna bei ihrer Oma auf dem Schoß. Als diese Tee trank, sagte Anna unvermittelt: „Bei Frau Rottmann trink ich auch immer Tee." (Anna mag sonst keinen Tee). Oma sagte: „Frau Rottmann kenn ich nicht." Daraufhin krallte sich Anna in Omas Unterarm und sagte mit verzerrtem Gesicht: „Frau Loose hat so gemacht und mir weh getan."

Anna klagte immer wieder über Bauchweh. Der Kinderarzt konnte jedoch keine körperlichen Symptome feststellen.

Anna war nicht mehr fröhlich, offen und unbeschwert, sondern zurückhaltend, verschlossen, teils verängstigt.

Paula Zwernemann erklärt:
In der Praxis des Pflegkinderwesens ist zu beobachten, dass ein Kind, solange die Herkunftseltern tatsächlich mit dem Verbleib in der Pflegefamilie einverstanden waren, freiwillig und gern zu Umgangskontakten mitging.

Ab dem Zeitpunkt aber, an dem es spürte, dass es von den Pflegeeltern getrennt werden soll, änderte es das Verhalten und verweigerte die Besuche. Diese Protesthaltung des Kindes ist eine normale Reaktion und ein Ausdruck von Trennungsangst. Bis heute habe ich noch nie erlebt, dass durch Umgangskontakte eine Bindung hergestellt werden konnte. Vielmehr haben sich in allen Fällen, in denen das Kind erlebt oder erspürt hat, dass es aus der Pflegefamilie herausgelöst werden soll, existentielle Trennungsängste entwickelt. Wenn die Besuche erzwungen werden, kommt das Kind in immer größere Not, und wenn es die Aussichtslosigkeit seines Protestes erlebt, gerät es in die Resignation und scheint sich tatsächlich den Gegebenheiten anzupassen. Diese Resignation wird nicht selten für eine erfolgreiche Umgewöhnung gehalten. Wenn die Fachkräfte der Jugendhilfeträger diese Kindeswohlgefährdung nicht erkennen, weil sie die biologische Elternschaft höher bewerten als das Kindeswohl, ist es Aufgabe der Pflegeeltern, für das Kind Hilfe zu holen.

2;8e   Das Jugendamt taucht ab

Anna ging es nicht gut. Dies war für die Pflegeeltern schwer zu ertragen, weshalb sie Annas Verhalten dem Jugendamt mitteilten und um ein gemeinsames Gespräch noch vor dem nächsten Hilfeplan baten. Zunächst erhielten sie keine Reaktion.
Sie wandten sich erneut an das Amt mit der Bitte um schnelle Reaktion. Sie wiesen zudem darauf hin, die mitgeteilten Informationen bis auf weiteres vertraulich zu behandeln. Nach den Vorfällen konnten sie keine Schweigepflichtsentbindung gegenüber Frau Rottmann erteilen.

Das Jugendamt erklärte, dass sie umgehend sowohl Frau Rottmann als auch Frau Loose von Annas Reaktionen berichten mussten. Frau Acher, die als Ergänzungspflegerin des Jugendamtes Teile des Sorgerechts hatte, wurde als Inhaberin der Gesundheitssorge nicht informiert.

Die Schweigepflicht wurde grob verletzt. Wenn Informationen, im Vertrauen auf die Verschwiegenheit der beratenden Fachkraft im Jugendamt anvertraut wurden, genießen diese den besonderen Vertrauensschutz des § 65 SGB VIII und sind nur unter sehr engen

Voraussetzungen des § 65 Abs. 1 Nr. 1 bis 5 SGB VIII zur Weitergabe freigegeben. Erwägt die Fachkraft eine Weitergabe dieser Daten bedarf sie dafür grundsätzlich des Einverständnisses der Anvertrauenden.

Es sollte dann noch Zeit vergehen bis das Amt reagierte.

2;8f   Hilfe für Anna
Der Kinderarzt hielt bei Annas Vorstellung eine kinderpsychologische Behandlung aufgrund der Verhaltensauffälligkeiten für indiziert und überwies Anna zu einer Kindertherapeutin vor Ort. Die Therapeutin Frau Wunderlich nahm telefonisch Kontakt zur Amtspflegerin Frau Acher auf. Diese stimmte der Therapie zu und stellte dar, dass sie diese Entscheidungskompetenz ohnehin in einem Schriftstück der Pflegemutter übergeben hätte. Nach einigen Therapiestunden nahm Frau Wunderlich Kontakt zum Jugendamt auf, stellte dort ihre Beobachtungen dar und bat um Gesprächstermine für eine umfassende Diagnostik.

Sie hatte in den ersten Sitzungen folgendes festgestellt:
„Die Patientin zeigt nach schon entwickelter Bindungssicherheit (sichere Objektkonstanz; Urvertrauen, Entwicklung stabiler Repräsentanzen guter Objekte, vitales Wohlbefinden, Selbstwertstabilisierung und damit verbundene Autonomieschritte…) in der Beziehung zu den Pflegeeltern nun eine Dekompensation dieser Entwicklung an.
Zunächst zeigt die Patientin, dass ihr eine zunächst schon entwickelte Autonomie (Überwindung von Trennungsangst) nicht mehr möglich ist. Anklammerungsverhalten und der Versuch der Patientin die Mutter von der Therapeutin weg zu holen um in einer symbiotischen Beziehung zu bleiben, zeigen zum einen die Trennungsängste der Patientin an, aber auch die Angst, Dritte würden die Beziehung zur Mutter gefährden. Erst als die Patientin erfährt, dass die Therapeutin diese nicht gefährdet, wird eine Beziehungsaufnahme zu dieser möglich, mit häufigen Rückversicherungen um die Beziehung zur Pflegemutter.
In der Testsituatin (Sceno) zeigt sich deutlich der innere Konflikt der Patientin und deren Überforderung. Als primäre Bezugspersonen stellt sie die Pflegeeltern auf, folgend die Großeltern. Als sie nun die zweite Mutter und das zweite Mädchen dazustellt, zeigt sich die innere Angst und Spannung in der Patientin deutlich. Ihr erster Lösungsversuch - wie auch später im Sandspiel - ist die Verleugnung des Konflikts (Das Baby wird zugedeckt).

Einen zweiten Lösungsversuch deutet die Patientin in ihrem Rückzug auf die Beziehung zum Pflegevater an.

Im Sandspiel zeigt die Patientin die Überforderung im Konflikt mit einer weiteren Mutterbeziehung. Sie reagiert zum einen autoaggressiv (vergräbt das Baby wütend), zum anderen somatisierend (Bauchweh) wie auch abwehrend (setzt einen Zaun zwischen den Muttertieren und dem Baby) und regradiert auf eine frühere Entwicklungsstufe (Flasche trinken). Die hohe emotionale Belastung verleugnend („Das tut doch gar nicht weh") versucht die Patientin in hoher Anpassungsbereitschaft die Beziehung zur Pflegemutter nicht zu gefährden und lenkt so aggressive Impulse auf sich selbst. Die erlebte Bedrohung der primären Mutterbindung fantasiert die Patientin in der Angst vor „dem großen Monster"."

Stellungnahme von Frau Wunderlich:

„Meiner Ansicht nach stellt der Versuch, Anna von den Pflegeeltern zu lösen für Anna eine so gravierende seelische Belastung dar, dass eine gesunde seelische Entwicklung der Patientin nicht zu erwarten ist. Bereits jetzt zeigt sie sich sehr verängstigt und unsicher und gibt eine altersgerechte Entwicklung auf. Eine Hinführung zur leiblichen Mutter bedeutet für die Patientin das Aufgeben einer primären Elternbindung, ohne diese wieder herstellen zu können, da der Bindungsprozess in diesem Alter abgeschlossen ist. Damit einher geht der Verlust von Urvertrauen und stabilen guten Objektrepräsentanzen, sowie die Entwicklung von Schuldgefühlen und starken Minderwertigkeitsgefühlen.

Ich empfehle zum Wohle des Kindes eine gutachterliche Stellungnahme in Auftrag zu geben.

Für die Umgänge zwischen Anna und ihrer leiblichen Mutter empfehle ich, diese so zu gestalten, dass die primäre Bindung zu den Pflegeeltern nicht gefährdet ist. Die Häufigkeit der Umgänge sollte zur sofortigen Entlastung der Patientin reduziert werden (Umgang alle 6 Wochen), wie auch in Zielsetzung und Handhabung überprüft werden. Nur so ist es für Anna m. E. möglich, einen freundschaftlichen Kontakt zur leiblichen Mutter aufzubauen ohne die eigene Entwicklung zu gefährden.

Zur seelischen Genesung von Anna und zur Wiederaufnahme einer ihr altersgerechten Entwicklung empfehle ich eine psychotherapeutische Behandlung in einem analytischen oder tiefenpsychologisch fundierten Verfahren mit Einbeziehung aller Bezugspersonen, sowie zeitweise auch einer Begleitung bei den Umgängen."

2;9a   Durch alle Instanzen

Da das Amtsgericht die Ablehnung der Gutachterinnen durch die Kindsmutter als unzulässig verwarf, wurde durch Frau Looses Anwalt Beschwerde beim Oberlandesgericht eingereicht. Die Beschwerde wurde Mitte April durch das OLG zurückgewiesen. Vorallem wurde auf die unklare Verwendung der Begrifflichkeiten „Ungeeignetheit" und „Voreingenommenheit" eingegangen.

Anschließend sah sich Frau Looses Anwalt aufgrund der fehlenden Entscheidung auf Prozesskostenhilfe „gezwungen, das Mandat niederzulegen."

2;9b   Kindermund

Dialog 1

Anna wird gewickelt, Oma steht daneben.

Anna: „Oma M., Opa H., Oma R., Opa O."

Oma: „Ja du hast zwei Omas und zwei Opas."

Anna: „EINE Mama, EIN Papa." [Pause] „Und ein Monster."

Dialog 2

Anna sagt zu Oma am Telefon: „Ich will dir was erzählen. Frau Loose hat mich festgehalten und mir weh getan und dann hat sie mich nicht mehr festgehalten. Kommst du mit zum Treffen mit der Frau Loose? Opa du auch?"

Anna sagt am Nachmittag zu Frau Schneider: „Bei Oma und Opa ist kein Monster."

Frau Schneider: „Was für ein Monster?"

Anna: „Bei der Frau Loose".

Frau Schneider: „Wie sieht es denn aus?"

Anna antwortet nicht.

Frau Schneider: „Was macht es denn?"

Anna flüstert: „Das macht so (sie umklammert den Arm der Pflegemutter) und nimmt mich weg."

Frau Schneider: „Dann kommst du einfach zu Mama und Papa."

Anna schaut sie lange an und sagt: „Frau Loose sagt: du darfst nicht zu Mama und Papa gehen."

2;9c Herr Karl: „Ober sticht Unter"

Nach den Schreiben ans Jugendamt bezüglich Annas Verhaltensauffälligkeit, wurden die Pflegeeltern zu einer Besprechung in „großer Runde" (Sozialraumteam) aufgefordert. Ihnen wurde ein bestimmter Termin im Amt als einzig möglich zur Koordinierung der Teilnehmer genannt. Der Pflegevater nahm sich hierfür frei.

Am Tag vor dem Gespräch erhielten sie eine E-Mail, dass die Teilnehmer lediglich die zuständige Sachbearbeiterin Frau Neumeier und der Regionalleiter Herr Karl sein würden. Frau Klein teilte mit, dass sie nun kurzfristig ausgeladen worden sei und sich das „Gesprächssetting auf Jugendamt und Pflegefamilie" reduziert hätte.

Gedächtnisprotokoll des Pflegevaters

Herr Karl stellt sich kurz in seiner Funktion als Regionalleiter des Sozialraumteams Nord vor. Er sei gelegentlich in Pflegevorgänge mit erhöhter Komplexität eingebunden, werde aber nicht im gesamten Verlauf des Verfahrens eingreifen. Herr Karl bittet mich die Reaktion von Anna nochmals kurz zu schildern. Er stimmt zu, dass die Reaktionen von Anna massiv und sehr ernst zu nehmen seien. Herr Karl fragt, ob ich mir die plötzliche Verhaltensänderung von Anna erklären könne. Ich verneine - die Lebenswelt von Anna habe sich nicht verändert. Ich merke noch an, dass wir bereits vor einem Jahr dem Jugendamt berichtet hatten, dass Anna den Kopf auf den Boden schlägt. Frau Neumeier bestätigt dies.

Herr Karl erzählt, man habe im Team bereits über Annas Verhalten beraten und habe keinen Aspekt bzgl. der Umgänge gefunden, der dies auslösen könne, sodass diese weiter wie gehabt gestaltet werden könnten. Er fragt, ob ich denn an den Umgängen etwas zu kritisieren hätte. Ich berichte, dass wir in jedem Umgang für Anna verunsichernde Situation wahrnehmen würden. Ich erläutere, dass wir die schönsten Umgänge wohl vor etwa einem Jahr gehabt hätten, da sich die Mutter von Anna sehr offen und in den Umgängen einfühlsam gezeigt hätte. Jetzt komme es mir so vor, als ginge ihr alles nicht schnell genug und dies mache sie sehr fordernd.

Nach Frau Neumeier hinken wir aber schon im Zeitplan des Gerichts hinterher. Ich berufe mich auf Prof. Weber, der im Hilfeplangespräch klar gesagt hatte, dass ein Jugendamt unter pädagogischen Gesichtspunkten nicht an einen juristischen Zeitplan gebunden sei, im Gegenteil: hier hätten dem Familiengericht entsprechende Vorschläge gemacht werden müssen. Frau Neumeier sagt, dies hätte man getan.

Ich beklage mich über das offensive und uns gegenüber feindselige, ja hinterhältige Vorgehen der Familienhilfe Frau Rottmann, die seit einiger Zeit den Umgängen beiwohnt. Herr Karl fragt nach, ob wir denn Vertrauen in die Umgangsbegleitung hätten. Ich sage ganz klar: in die Umgangsbegleiterin Frau Klein ja, nicht aber in die Familienhilfe der Mutter, Frau Rottmann.

Ich betone mehrfach, wir würden Anna in dem Bewusstsein erziehen, dass sie nicht unser leibliches Kind und Frau Loose ihre „Bauchmama" sei, dass ich Frau Loose keine Schuld an den Reaktionen von Anna zuweisen möchte, sondern dass wir sie sehr wertschätzen.

Herr Karl regt an, dass die Reduzierung der anwesenden Erwachsenen ein Ziel sein müsse, dass diese Umgänge eine völlig konstruierte Situation darstellen, die es schnellstens zu ändern gelte. Ziel müsse die normale Situation sein, nämlich dass wir das Kind der Mutter übergäben, evtl. noch durch ein Handy erreichbar wären, aber keine Drittpersonen mehr anwesend seien.

Ich weise auf das Konzept der gemeinsamen Gestaltung hin. Herr Karl tut dies als mögliche Ergänzung ab, aber der Normalfall sei nunmal, dass Frau Loose Anna beispielsweise das Wochenende alleine habe, so wie bei Scheidungskindern auch beide Eltern ein Recht auf viel Zeit mit dem Kind hätten. Ich wehre mich gegen den Vergleich mit Scheidungskindern. Herr Karl sieht ihn aber weiter als gelungen, da auch in Familien häufig z.B. der Vater die ganze Woche in der Arbeit sei und so nicht die gleiche Bindung zu den Kindern hätte wie die Mutter. Dass das Jugendamt in allen Stellungnahmen die Bedeutung eines gemeinsamen Weges von Pflegeeltern und leiblicher Mutter herausgestellt hatte, sei so zu verstehen, dass man an einem gemeinsamen Bewusstsein für diese Situation arbeite, nicht aber an einer Gemeinsamkeit im Alltag interessiert sei.

Sollten wir weiter von massiven Reaktionen Annas berichten, droht Herr Karl damit, meine Frau mit Anna stationär einweisen zu lassen.

Ich merke an, dass - wie dem Jugendamt bekannt - Anna vom Kinderarzt zu einer Therapeutin überwiesen worden war, hier bereits in Behandlung sei, und diese auch sehr lieb gewonnen habe. Dies wurde von Frau Neumeier und Herrn Karl als nicht angemessen abgetan. Man sei der Überzeugung, dass hier ohne gründliche Diagnostik herumtherapiert werde. Herr Karl erklärt, er kenne diese Methoden schon, wo etwas herumgespielt würde, das sei sicherlich nicht das Richtige. Meine Frau müsse sich mit Anna für zwei bis vier Wochen stationär behandeln lassen. Es würden dann dort auch die Umgänge in dieser Zeit stattfinden, die dann dort beobachtet würden. Ich werfe ein, dass die Therapeutin gerne einen Umgang besuchen würde. Hierauf wird nicht weiter eingegangen. Überdies sähe man den eigentlichen Therapiebedarf auch nicht bei Anna. Herr Karl erklärt mir, das Kind könne sich ja nicht selbst verunsichern, also müsse es ein Erwachsener sein! Da die Pflegemutter Anna ja zu 99% der Zeit betreue, seien die anderen Beteiligten irrelevant.

Herr Karl will mir dann nochmals den gesetzlichen Rahmen darlegen: Anna lebe bei uns in Vollzeitpflege, dies bedeute, wir seien als Dienstleister der Jugendhilfe ihren Entscheidungen verpflichtet. Klares Ziel sei die schnellstmögliche Rückführung von Anna in den Haushalt der leiblichen Mutter. Hierfür sei es wichtig, dass Anna ein bestmöglicher Beziehungsaufbau zu ihrer

Mutter gewährt werde. Dies sei allein unsere Aufgabe, da wir Anna ja zu 99% betreuen. Herr Karl sieht die leibliche Mutter auf einem sehr guten Weg, die Entwicklungskurve sei immens. Die Versorgung der Schwester Annas laufe bestens und inzwischen völlig eigenständig. Ich gebe zu bedenken, dass ich die Vermischung der beiden Töchter als unglücklich erachten würde, dass Erziehungsfähigkeit kindbezogen sei und dass zwei Gutachten vorlägen, die Frau Loose bzgl. Anna als eingeschränkt erziehungsfähig mit massiven überdauernden Defiziten beschrieben und bzgl. der Schwester von Anna die Gutachterin explizit betont hatte, keine Aussagen machen zu können. Herr Karl erwidert, er gehe von einer grundlegenden generellen Erziehungsfähigkeit aus. Für Herrn Karl steht fest, Frau Loose könne – so wie er das Gutachten lese - durch eine „to do Liste", auf der er nur noch kleine Ecken unerfüllt sähe, die Erziehungsfähigkeit erreichen. Wann Frau Loose dies freilich erreiche, wisse niemand. Bis dahin sei aber die Rückführung das klare Ziel und unsere Aufgabe in einem gelingenden Pflegeverhältnis, im vollen Vertrauen auf die Fachkompetenz und die sich daraus ergebenden Entscheidungen der Jugendhilfe dies mitzutragen. Eine Dauerpflege sei daher ausgeschlossen, denn man würde der leiblichen Mutter ja absprechen, dies irgendwann erreichen zu können.

Herr Karl fragt mich wiederholt, ob wir uns als Pflegeeltern und somit Dienstleister des Jugendamtes in der Rolle sähen, auf eine Rückführung hinzuarbeiten und letztlich für Anna in einigen Jahren eine Art Paten zu sein. Ich erklärte, ich könne seine Argumentationskette Dauerpflege – Rückführung nachvollziehen, dies sei aber nach meiner Überzeugung nicht die optimale Lösung im vorliegenden Fall.
Ich sage deutlich, dass nach meiner Einschätzung und der Darstellung in der entsprechenden Fachliteratur Anna nach dieser langen Zeit bei uns und dem ersten Lebensjahr der Primärbindung ohne jeden Kontakt zur leiblichen Mutter durch eine Rückführung ruiniert würde. Frau Loose müsse für eine Rückführung weit mehr als „nur" erziehungsfähig sein, da sie dann ein traumatisiertes Kind versorgen müsse.
Herr Karl ist der Auffassung, dass Anna eben nicht traumatisiert werde, sofern wir nur zu einer sanften Rückführung über einige Monate bereit wären. Er habe diesbezüglich gute Erfahrungen. Bindungen seien dynamisch!

Paula Zwernemann schreibt:

Wenn Pflegeeltern das Verhalten des Kindes beschreiben, so wird das nicht selten als Übertragung der eigenen Angst auf das Kind interpretiert. Pflegeeltern wird manchmal sogar Therapie anempfohlen, damit sie lernen das Kind „loszulassen" und von ihren „Besitzansprüchen" weg zu kommen.

Schon Rudolf Klußmann schreibt in den 1970iger Jahren, dass man sich die Mühe machen müsste, Erwachsene zu befragen, welche Not eine Trennung von den engsten Bezugspersonen mit sich gebracht hat. Wenn man auf diese Weise das Leid der Kinder an sich herankommen ließe, wäre es nicht mehr möglich, fest gebundene Kinder aus Pflegefamilien herauszureißen. Er schreibt von der Legende der „leichten Umgewöhnung", die durch keinen wissenschaftlichen Beleg zu halten ist, und dass nach humanwissenschaftlichen Erkenntnissen ausschließlich das Gegenteil belegt ist.

Ich gebe zu bedenken, dass viele Rückführungen nachweislich scheitern. Herr Karl will mich beruhigen: Man habe hier eine hohe Erfolgsquote, da man bereits bei der Auswahl der Pflegeeltern hier hohe Maßstäbe gerade hinsichtlich der Bereitschaft zur späteren Rückführung anlege. Ich frage nach, wie viele Kleinkinder sie denn in Pflegeverhältnissen hätten. Nach langer Pause antwortete Frau Neumeier, dass sie gerade im Alter von etwa zwei Monaten immer wieder Fälle hätten. Auf weitere Nachfragen zeigt sich jedoch, dass keiner der Fälle wirklich vergleichbar ist.
Herr Karl führt weiter aus, dass Anna dann in beiden Lebenswelten zuhause wäre. Kinder könnten so etwas verkraften, ja Kinder bräuchten geradezu solche seelisch herausfordernden Situationen, in denen sie sich beweisen müssten, sie würden in solchen Fällen „seelische Muskeln" entwickeln. Er führte den Vergleich an, dass ja auch nicht alle Lehrer gleich begabt seien und ein Kind dies trotzdem hinnehmen müsse.
Ich sage, dass sich dieser Weg der Jugendhilfe doch als eher exotisch präsentiere, während andere Jugendämter oft schon nach einem halben Jahr eine Dauerpflege einrichten würden. Für Herrn Karl ist dies nicht nachvollziehbar, da es eben nicht ausgeschlossen sei, dass Frau Loose irgendwann ihre Erziehungsfähigkeit erreichen werde und ihr Sorgerecht zurück bekämen. Ich bemerke, dass aber doch die überwiegende Zahl leiblicher Eltern, deren Kinder aus irgendwelchen Gründen in einer Pflegefamilie leben, erziehungsfähig sind und ihr Sorgerecht behalten. Herr Karl verneint vehement, denn dann hätte man doch gar keine rechtliche Handhabe.

Herrn Karl interessiert, warum uns denn eine Dauerpflege so wichtig sei. Ich erkläre, dass die Dauerpflege nicht für uns wichtig sei, sondern dass wir durch diesen Status eine Reihe von Chancen sähen. Es wäre die Gelegenheit für uns, die Mutter und vor allem für Anna, sich unter geklärten Vorzeichen auf die Situation ganz neu einzulassen.
Herr Karl berichtigt mich, man würde – wenn sie den Zeitpunkt für eine Rückführung gekommen sähen – freilich mit allen Beteiligten in den Dialog treten und nicht am „Grünen Tisch" entscheiden. Ich füge an, dass wir diesen Eindruck leider schon haben. Herr Karl bekräftigt, dass dies immer fachlich fundierte Entscheidungen zum Wohle Annas seien, denen wir voll und ganz vertrauen könnten und müssten. Wir hätten all dies nicht zu entscheiden.

An dieser Stelle äußere ich mein Bedauern darüber, dass die Gesprächsrunde doch sehr klein ausgefallen ist. Wir hatten nicht zuletzt deswegen auch einem Gespräch im Jugendamt zugestimmt um die Terminabsprache für die vielen Beteiligten zu erleichtern. Frau Neumeier führt hierzu aus, dass ja letztlich nur Themen zur Sprache gekommen waren, die das Jugendamt im engeren Sinn beträfen.

Ich will nach all dem theoretischen Überbau gerne wieder zur konkreten Situation zurückkehren und betone, dass eine Rückführung ja auch vom Jugendamt nicht zur Diskussion gestellt werde und damit im Moment einer vertrauensvollen Zusammenarbeit nichts im Wege stehe. Bislang hätten wir alle Vorgaben des Jugendamtes nach Möglichkeit umgesetzt. In diesem Zusammenhang weise ich darauf hin, dass nunmehr wieder die Situation eingetreten ist, dass wir als Pflegeeltern keinen wirklichen Berater zur Seite haben. Frau Rottmann ergreife offen Partei für Frau Loose, Frau Klein möchte nur für das Wohl von Anna verantwortlich sein. Herr Karl sieht hier kein Problem. Es sei keine Beratung der Pflegeeltern vorgesehen, da diese als Dienstleister des Jugendamtes dies gar nicht benötigen.

Herr Karl zielt im Weiteren auf eine ganz andere Fragestellung ab: er ist der festen Überzeugung, wir würden durch diesen Spagat zwischen dem Wunsch nach Dauerpflege und den Vorgaben der Vollzeitpflege doch förmlich zerrissen! Ich zeige mich enttäuscht darüber, dass diese angebliche Verunsicherung von Anfang an als einziger Grund für ein verstörtes Verhalten von Anna herangezogen wird. Jede Fachkraft, die mit uns eng zusammenarbeitet, bestätigt uns stets hohe Gelassenheit, Wertschätzung für die Mutter und kritische Loyalität. Herr Karl lässt meine Einwände nicht gelten, kaut genervt auf der Vokabel „kritisch loyal" herum und beschließt dann: aufgrund seiner Erfahrung spüre Anna unsere vermeintlichen Ängste.

Das Gespräch neigt sich dem Ende und ich frage Frau Neumeier, warum sie gegenüber der Therapeutin etwas verstimmt ob unseres Vorgehens reagiert hatte. Sie bestreitet dies und bestätigt, dass unser Vorgehen angesichts der dramatischen Situation völlig korrekt gewesen sei, wenngleich das Amt eben dies für unzureichend erachte und als nächsten Schritt – bei unverändertem Verhalten - die Einweisung vorsähe. Dies werde man so der Amtspflegerin Frau Acher mitteilen.

Herr Karl fragt mich, welche Wünsche bzgl. der Umgänge wir denn noch hätten: Ich nenne eine klare Positionierung des Amtes. Die Mutter müsse an unserer Wertschätzung zweifeln, solange sie den Eindruck habe, dass nicht das Jugendamt, sondern die Pflegeeltern ihren Vorstellungen Grenzen setze. Herr Karl gibt vor, dies ähnlich zu sehen. Weder die Mutter noch wir seien am Entscheidungsprozess zu beteiligen. Es genüge wenn alle die Festlegungen der Jugendhilfe zum Wohle Annas umsetzen. Man habe sich auch juristisch erkundigt und es sei nicht nötig, dass wir den Hilfeplan unterzeichnen. Es genüge, wenn dies die Amtspflegerin täte. So sei es auch nicht nötig alle an einen Tisch zu holen, sondern das Team werde den Lösungsplan erarbeiten.

Neben den Bestimmungen des SGB VIII § 36, die die Hinzuziehung von Pflegepersonen erklärt, ist in SGB X § 12 festgelegt, dass die Behörde bei einem Sozialverwaltungsverfahren diejenigen, deren rechtliches Interesse berührt wird (Leistungserbringer), als Beteiligte hinzuziehen müssen.

2;9d   Schlingerkurs der Ergänzungspflegerin

Annas Therapeutin Frau Wunderlich wurde Ende März tatsächlich die Weiterbehandlung durch die Amtspflegerin Frau Acher untersagt. Sie stellte nun dar, dass eine „ambulante kindbezogene Therapie nicht iniitiert" sei und stattdessen eine stationäre Abklärung gewünscht würde. Sie schrieb an Frau Wunderlich, dass mit dem Pflegevater bei einem gemeinsamen Gespräch im Jugendamt vereinbart worden wäre, dass zunächst eine Veränderung der Umgänge zu einer Beruhigung von Annas Situation beitragen solle.

Der Kinderarzt und die Therapeutin sprachen sich gegen eine belastende stationäre Diagnostik aus.

Ein Anruf in der Klinik ergab, dass diese eine Aufnahme nicht befürworten würden, wenn der Kinderarzt und die Therapeutin dies nicht unterstützen. Es wurde in Frage gestellt, wie Sozialarbeiter eines Amtes, die keinerlei medizinische bzw. psychologische Ausbildung hätten, entscheiden wollten, was das Richtige sei. Das Motto der Klinik lautete: „Man unterbricht eine laufende Therapie nicht ohne Not." Es wurde zudem darauf hingewiesen, dass nach einer Diagnostik in der Klinik ohnehin zu Therapeuten vor Ort überwiesen würde.

Nach einigem Zögern stellte sich die Amtspflegerin Frau Acher in ihrer Entscheidung gegen Herrn Karl und genehmigte die Fortführung der Therapie.

2;9e   Befehlskette statt Dialog

Die Pflegeeltern erhielten zu ihrer großen Verwunderung am Tag vor dem nächsten Umgang folgende E-Mail von Frau Klein:

„Sehr geehrte Familie Schneider,

Morgen Nachmittag ist der nächste Umgang von Anna mit Frau Loose.

Von Seiten der Jugendhilfe (Hr. Karl, Fr. Wiendl) bekamen Frau Rottmann und ich nun die Anweisungen, wie wir den Umgang gestaltet werden sollen.

Die Vorgabe ist, dass nach dem gemeinsamen Beginn (15 bis 20 Minuten) sie das Haus verlassen. Frau Rottmann wird ebenso weggehen.

In der Umgangssituation verbleiben damit nur Frau Loose, Anna und ich. Sie kommen um 16.45 Uhr für den gemeinsamen Abschluss wieder zurück, ebenso Frau Rottmann.

Sollte Anna sie dringend brauchen, werde ich Sie selbstverständlich am Handy anrufen.

Es wäre schön, wenn Sie diese Regelung mittragen könnten und Anna gut in der Obhut von Frau Loose und mir lassen könnten.

Am Beginn möchte ich morgen nach dem Lied doch die gemeinsame Brotzeit belassen. Dies kennt Anna.

Wenn Sie wieder kommen werde ich kurz sagen, was Anna gespielt oder gemacht hat. Ich möchte wieder das Ballspielen aufgreifen vor dem Abschiedslied.

Können Sie bitte auch nach einem Termin zur Nachbesprechung des Treffens und des Gespräches im Jugendamt schauen. Ich habe in der nächsten Woche noch keine Abendtermine.

Außerdem haben wir keine weiteren Umgangstermine. In zwei Wochen sind bereits Osterferien. Ist in dieser Zeit ein Umgang möglich?

Wir sehen uns morgen und ich hoffe auf ein gelingendes Treffen für Anna."

Es gab keine weitere Absprache oder Beratung durch einen Anruf. Die Pflegefamilie machte sich also am nächsten Tag zum Umgang auf.

Wahrnehmung der Pflegemutter
Als wir Anna mitteilen, dass wir losmüssen, weint Anna und weigert sich zu fahren. Sie möchte auf den Spielplatz. Wir überreden sie, dass wir zum Spieltreffen fahren und Karinmama fragen, ob wir auf den Spielplatz gehen. Damit ist Anna dann einverstanden.

Anna möchte den Weg getragen werden, vergräbt ihr Gesicht in der Schulter meines Mannes. Wir treffen um 14.55 Uhr ein. Frau Loose kommt uns entgegen. Anna sagt: „Da ist Frau Loose." Frau Loose wendet sich jedoch gleich ab und geht vor uns zur Türe hinein. Wir klingeln. Anna gibt Frau Klein und Frau Rottmann etwas vorsichtig die Hand. Sie geht ins Spielzimmer, wo Frau Loose sie begrüßt. Zusammen kommen sie heraus. Da Anna sich nicht gleich traut, ermutigt mein Mann Anna, ihren Wunsch zu äußern. Bei der zweiten Aufforderung sagt Anna leise: „Ich will auf den Spielplatz." (Frau Klein hatte uns in der Nachbesprechung des letzten Umgangs mit einer ähnlichen Situation darum gebeten, für Annas Wünsche deutlich einzutreten.) Daraufhin zieht sich Frau Loose ins Spielzimmer zurück.

Frau Klein und Frau Rottmann diskutieren, ob dies möglich sei, weil sie für diesen Umgang andere Vorgaben hätten. Frau Rottmann sagt zu Frau Klein: „Wenn wir das jetzt machen, trägst du die Verantwortung!"

Anna geht zwischenzeitlich schon zum Ausgang. Sie wiederholt mehrmals ihren Wunsch. Ich hole sie von der Treppe ins Zimmer zurück. Frau Klein sagt uns, dass sie nun leider andere Vorgaben hätte. Wir teilen ihr mit, dass wir es bedauerlich fänden, wenn Wünsche von Anna so wenig Beachtung fänden und Vorgaben wichtiger seien als pädagogische Entscheidungen. Wir singen das Begrüßungslied und Frau Rottmann fordert auf, in die Teeküche zu gehen. Anna möchte nicht. Frau Loose zieht sich sofort wieder ins Spielzimmer zurück. Ich frage sie mit Anna nochmals, ob wir nicht auf den Spielplatz gehen. Frau Loose antwortet Anna: „Nein, da gibt es klare Vorgaben!" Voller Unverständnis nörgelt Anna weiter, dass sie aber auf den Spielplatz möchte. Da keine der Fachkräfte Position beziehen will, liegt es an mir, Anna klar zu machen, dass ihr Wunsch nicht in Erfüllung gehen wird. Hierdurch wird sie noch grantiger und sie schreit: „Ich will aber gehen." Frau Klein sagt Anna daraufhin zu, dass wir beim nächsten Umgang gehen würden. Anna marschiert hinaus. Mein Mann bleibt im Vorraum. Ich setze mich zu Frau Loose und frage sie, ob sie sich nicht doch einen Ruck geben könne. Wir würden uns auf dem Spielplatz zurückziehen und sie hätte trotzdem freie Hand. Frau Loose antwortet, dass sie ihre Richtlinien hätte und außerdem solle mir klar sein, dass das nicht ginge, nach allem was wir mit ihr machen würden. Ich frage nach, was sie meine. Sie antwortet: „Sie behaupten, meine Tochter hasst mich!". Ich versuche ihr zu erklären, dass dies unsere Angst sei, wenn wir alles hier so weitertreiben. Frau Loose antwortet: „Steht das auch in Ihrem schlauen Buch?" Ich sage ihr, dass ich mir wünschen würde, dass wir uns einmal ohne Anna unterhalten, weil wohl eine Menge Missverständnisse existieren. Sie lehnt ab. Da Anna ins Zimmer kommt, möchte ich nicht weiterdiskutieren und betone nur nochmals, dass wir uns mal in Ruhe zusammensetzen sollten.

Anna bringt vier Töpfe mit Knetmasse an. Wir hatten dies in der Vorbesprechung mit Frau Klein für den gemeinsamen Beginn vorgeschlagen, den Frau Klein dann aber kurzfristig doch wieder in Form der Brotzeit gestalten wollte. Die Knetmasse hatte man wohl für die Zeit allein mit Anna besorgt. So soll ich sie nun aber öffnen und Anna möchte mit mir kneten. Mein Mann kommt hinzu, Anna möchte, dass er auch mitknetet. Mein Mann schlägt vor, dass wir dies als gemeinschaftlichen Beginn nutzen. Frau Rottmann und Frau Klein richten einen Spieltisch her. Frau Loose verlässt das Zimmer. Sie kommt etwas später wieder und setzt sich dazu. Frau Rottmann knetet eine Figur mit blauen Augen und sagt, es wäre Anna. Ich greife dies auf und versuche Frau Loose einzubeziehen: „Die Figur hat blaue Augen wie Anna und Frau Loose." Diese wendet ihren Blick jedoch nicht vom Tisch ab. Als Frau Klein Anna fragt, was es alles auf dem Spielplatz gäbe, möchte Anna wieder gehen. Mein Mann kann Anna ablenken. Frau Loose sitzt gegenüber und bringt sich nicht ein. Anna geht auch nicht auf Frau Loose zu.

Nach einiger Zeit sagt mein Mann zu Anna: „Mama und Papa setzen sich jetzt nach nebenan". Anna will dies nicht und geht mit. Sie kommt zu mir zurück und sagt, dass sie Durst hätte. Frau Rottmann regt an, in die Küche zu gehen. Anna sagt zu mir: „Komm mit" und zieht mich an der Hand. Auf dem Weg zur Küche lässt sie diese los und ich ziehe mich in den Nebenraum zurück. Frau Klein, Frau Rottmann und Frau Loose machen mit Anna Brotzeit.

Anna kommt nach vorn gelaufen und ruft uns: „Wo bleibt ihr denn?" Nachdem sie kurz schaut wo wir sitzen, geht Anna ohne uns zum Spielen.

Mein Mann sagt Frau Klein, dass ich gerne bereit bin in die Stadt zu gehen, wenn auch Frau Rottmann gehen möchte. Wir hatten auch beim Jugendamt angeregt, dass eine Reduzierung der anwesenden Erwachsenen in der Spielsituation von Anna mit Frau Loose sicherlich hilfreich wäre. Frau Klein erwidert, dass Frau Rottmann sicher irgendwann in die Stadt geht, aber die Vorgaben für heute so waren, dass sie die Räume zusammen mit uns verlassen soll. Frau Rottmann bleibt daher beim Spielen bei Frau Klein, Frau Loose und Anna während wir uns in den Nebenraum zurückziehen.

Nach einer Weile kommt Anna weinend, weil sie sich den Kopf angestoßen hat und nur Mama pusten soll. Frau Klein folgt. Ich tröste Anna, sie sagt: „Ich will bei dir bleiben." Sie trinkt etwas und ist danach bereit wieder zum Spielen zu gehen. Ich wollte mich eigentlich im Sinne der Vorgaben gerade in die Stadt verabschieden, wir entscheiden dann aber, die frisch stabilisierte Spielsituation nicht zu unterbrechen. Nach einiger Zeit kommt Anna wieder. Frau Klein folgt ihr. Ich nutze die Gelegenheit und sage Anna, dass ich nun in die Stadt gehen würde. Anna will mit. Ich sage ihr, dass ich was mitbringen könnte. Sie will mit. Damit Anna wieder zum Spielen geht, bleibe ich da.

Anna kommt nach einiger Zeit (ca. 16.00 Uhr) weinend zu uns gelaufen. Frau Klein folgt ihr. Anna möchte ihren Spielrucksack. [Anna bekam bereits am Montag (drei Tage zuvor) beim Bäcker einen Lutscher geschenkt. Diesen packten Anna und ich noch dort in ihren Kinderrucksack. Dort befand er sich seither. Der Rucksack lag die Woche über unbeachtet im Flur. Als wir zum Treffen aufbrachen, wollte Anna den Rucksack genauso wie ihre Puppe und zwei Bücher mitnehmen. Dass sich darin noch der Lutscher befindet, stand nie im Raum und war selbst mir nicht mehr bewusst. Wir haben den Rucksack dann vergessen, weil sich auch nichts Wichtiges darin befand.]

Sie verlangt den Lutscher. Ich sage Anna, dass wir den Rucksack und damit den Lutscher nicht dabei hätten. Sie möchte nun los und ihn holen. Sie weint und kauert sich auf meinen Schoß. Ich ermuntere sie, dass Karinmama sicherlich etwas für sie dabei habe. Frau Klein erklärt, dass Anna dies schon gegessen hätte. Frau Klein und ich können sie in der Küche mit Physalis ablenken, die ich ihr als Lutscher präsentiere. Frau Rottmann kommt hinzu, Frau Loose bleibt im Spielzimmer.

Anna läuft zum Ausgang. Sie öffnet die Türe und verlässt die Räumlichkeiten. Niemand folgt. Ich renne hinter ihr her. Sie lässt sich nicht aufhalten, eilt die Treppe hinab, sagt, sie wolle heim. Vom Lutscher ist hier nicht mehr die Rede! Frau Klein folgt uns. Ich stoppe Anna an der unteren Haustüre. Sie weint furchtbar und möchte nach Hause. Ich frage Frau Klein, was nun zu tun sei. Sie schlägt Anna vor, dass ich in die Stadt ginge und ihr etwas mitbringen könne. Anna weint daraufhin noch bitterlicher, sie wolle mit. Ich sage Anna, dass wir oben wenigstens den Papa holen müssten. Wir gehen wieder hoch. Frau Rottmann empfängt uns mit den Worten: „Ich denke, wir lassen es für heute gut sein."

Frau Klein möchte das Abschiedslied singen, dies will Anna aber nicht. Sie möchte doch noch spielen, ich soll aber mit. Wir kneten wieder gemeinsam. Anna zeigt mir, was vorher gebastelt wurde (Osterei). Mein Mann bleibt die gesamte Zeit im Nebenraum. Anna entwickelt zusehends Freude. Mit einer Knetblume entsteht ein ausgelassenes Riechen-Niesen-Spiel mit Frau Klein. Frau Klein unterhält sich mit mir, ob Anna schon Farben kenne und dass sie gewachsen sei. Frau Loose sitzt unbeteiligt daneben. Anna sucht keinen Kontakt zu ihr. Ich versuche zwischendurch mich zurückzuziehen. Anna sagt: „Nein du bleibst hier". Als Frau Klein zu Anna sagt: "Was knetet denn die Mama?" erklärt Anna: „Nein, das ist nicht die Mama (sie zeigt auf Frau Loose), das ist die Mama Karin. Das da ist doch meine Mama" (sie zeigt auf mich). Als Anna zum Kaufladen wechselt, kann ich den Raum verlassen und setze mich zu meinem Mann ins Nachbarbüro. Um 16.30 Uhr fordert Frau Klein zum gemeinsamen Ende auf. Wir spielen Ball. Ich versuche Frau Loose einzubeziehen. Frau Loose hält sich sehr zurück. Anna ist ausgelassen und fröhlich. Frau Klein regt an, dass wir Anna in einer Decke schaukeln. Erst schaukeln Frau Loose und ich, dann mein Mann mit Frau Klein. Frau Loose stellt sich dabei uninteressiert an einen Stehtisch und bringt sich selbst nach Aufforderung durch Frau Rottmann nicht ins Spielen ein.

Anna ist gut gelaunt und möchte um 17.00 Uhr noch gar nicht gehen. Frau Klein fordert mehrmals zum Singen des Abschiedsliedes auf. Anna verabschiedet sich von allen mit Händeschütteln. Selbstbewusst stapft sie die Treppe herunter.

Anna äußert sofort wieder ihren Wunsch, auf den Spielplatz zu gehen. Wir verbringen noch eine Stunde auf den Spielplatz. Der Lutscher war kein Thema mehr.

Frau Dr. Schulze von der Pflegeelternvereinigung nahm in ihrer Funktion als Beistand der Pflegefamilie im Anschluss mit Frau Klein Kontakt auf:

„Sehr geehrte Frau Klein,
vielen Dank nochmals für das Telefonat. Offensichtlich ist dann Ihr Akku leer gewesen. Aber wir hatten ja Einiges klären können.

Aus meiner Erfahrung sind in Konfliktsituationen Gespräche immer hilfreich, um etwas zu klären - wenn es auch im Nachhinein ist. Alle wollen, dass es Anna gut geht - nur gibt es verschiedenen Haltungen dazu, WAS für Anna gut ist. Die Haltung des Jugendamtes, dass bei Vollzeitpflege immer Rückführung in der Planung ist - das ist einfach nicht richtig. Das Gesetz gibt vor, wenn in einer angemessenen Zeit - d.h. entsprechend dem kindlichen Zeitverständnis! - eine Rückführung nicht möglich ist, muss eine AUF DAUER ANGELEGTE PERSPEKTIVE eingerichtet werden. Danach richten sich auch die Häufigkeit und die Zeitspanne der Kontakte - und beim Kleinkind allemal immer in

Begleitung der Bindungsperson. Aus diesem falschen Verständnis heraus sind die Probleme für Anna entstanden. Und für die Pflegeeltern. Und in Folge für alle Beteiligten.

Ich sehe absolut Ihr Bemühen, für Anna eine geschützte Atmosphäre zu ermöglichen. Und dass ihr nichts "Schlimmes " passiert beim Umgang ist für mich gar kein Diskussionspunkt. Allerdings ist für ein Kleinkind die öfters völlig andersartige Reaktion der Mutter schon etwas "Auffallendes" und Befremdendes. Anna hat z.b. noch länger als eine Woche von sich aus immer wieder gesagt, dass die Mutter sie am Arm festgehalten hat... Irritationen, die zu Hause Folgen haben.

Es sind die Vorgaben des JuA, die nicht stimmen. Nur die Pflegeeltern wissen - denn es sind Eltern! - wie es einem kleinen Kind geht, wo die Ängste des Kindes sind, was man zumuten kann. Und Familie Schneider erlebt seit Monaten ein verzweifeltes Kind, über dessen Befinden von "oben" bestimmt wird. Dass sie selbst darüber auch verzweifelt sind - wer mit Kindern konkret zu tun hat versteht die Not der Eltern und der Kinder.

Beim letzten Umgang hatte das JuA bestimmt, dass die Eltern zu gehen haben - hier liegt ein völlig fehlendes Verständnis für die aktuelle Situation des Kindes vor. Im Nachhinein haben Sie erfahren, welches Problem das Kind vor dem Besuch hatte und was für eine große Not für das Kind und die Familie entstanden war. Meine Überlegung dazu ist, dass Sie und Familie Schneider jeweils im Vorfeld auf Handykontakt bleiben, um eventuell eine Planung gemeinsam kurzfristig zu besprechen. Und im Augenblick würde ich keine Vorgaben machen, dass die Eltern gehen - wenigstens ein Teil muss dableiben - und kann es nach eigenem Ermessen versuchen, mit Anna zu klären, wenn die Atmosphäre es zulässt.

Als Vergleich für die Not des Kindes, dass die enormen Spannungen während des Besuchs erlebt, sehe ich Kinder, die aus gesundheitlichen Gründen ins Krankenhaus müssen - und mit allen Mitteln dagegen kämpfen, weil sie dort nicht hinwollen, weil sie wissen, dass dort alles anders ist als zu Hause und Angst haben, sich an die Eltern klammern - äusserlich und innerlich. Ein Kleinkind kann nur dann kooperativ sein, wenn die Atmosphäre kindgerecht ist und keine Trennung von der Bindungsperson erfolgt.

Anna bräuchte kein Angst zu haben - aber was sie erlebt sind immer wieder Unstimmigkeiten und ungute verbale und nonverbale Momente - Irritationen...

Mit Frau Schneider habe ich auch nochmals besprochen, KEINERLEI Äusserungen der Kritik im Beisein von der Mutter zu machen. Sie wird sich mit Ihnen noch vor dem nächsten Umgang telefonisch in Verbindung setzen. Vor dem letzten Umgang war ein Treffen aus Krankheitsgründen nicht möglich, danach war ein Urlaub. Familie Schneider möchte grundsätzlich Gespräche führen, vor und nach dem Umgang - das ist ja auch sinnvoll, damit Sie ausführliche Informationen haben und die Pflegeeltern sich verstanden fühlen. Und dies alles Annas wegen.
Vielleicht gelingt es irgendwann, dass Frau Loose auch sehen kann, dass Anna Einverständnis der Erwachsenen braucht. Familie Schneider möchte ihr Vertrauen gewinnen. Solange aber das Jugendamt auf Rückführung arbeitet, bleibt es eine Zerrissenheit für alle und am meisten schädlich für Anna. Die Mutter möchte ihr Kind zu sich nehmen - jeder versteht ihren Wunsch. Aber für Anna mussten neue Eltern gefunden werden, von denen das Kind nicht mehr getrennt werden kann. Sie kann neue Bindungen eingehen, aber die prägende Bindung und das Urvertrauen sind bleibend zu den Pflegeeltern gewachsen.
Jetzt ist es etwas länger geworden, als ich wollte. Für Ihr Verständnis, dass ich mit Familie Schneider in Kontakt bin, möchte ich mich sehr bedanken. Ich melde mich nach dem nächsten Kontakt - es kann mit guter Vorabsprache leichter werden."

2;9f   Klarheit muss her
§ 1632 BGB (4)
Lebt das Kind seit längerer Zeit in Familienpflege und wollen die Eltern das Kind von der Pflegeperson wegnehmen, so kann das Familiengericht von Amts wegen oder auf Antrag der Pflegeperson anordnen, dass das Kind bei der Pflegeperson verbleibt, wenn und solange das Kindeswohl durch die Wegnahme gefährdet würde.

Aufgrund der Entwicklungen stellten Herr und Frau Schneider durch ihren Anwalt Ende März einen Antrag auf Verbleib.

ANLAGE D

Gestützt wurde ihr Antrag auch durch eine Stellungnahme von Prof. Weber zu Annas Situation.

ANLAGE E

2;10a Appelle verhallen

Der Kinderarzt wendete sich schriftlich an Frau Neumeier und wies nochmals eindringlich darauf hin, dass er eine ambulante Therapie für dringend nötig ansehe, um Schaden vom Kind abzuwenden. Er merkte an, dass für ihn das Kindeswohl die Richtschnur des Handelns sei und er den Eindruck hätte, dass dies beim Jugendamt nicht immer der Fall sei. Er appellierte, sich nicht über seinen kinderärztlichen Rat hinwegzusetzen und die ambulante Therapie doch noch zu unterstützen.

Frau Neumeier antwortete, dass das Jugendamt natürlich das Kindeswohl an erster Stelle sehen würde. Eine umfangreiche Diagnostik sei aus ihrer Sicht notwendig, wenn über eine weitere Vorgehensweise im therapeutischen Bereich entschieden werden solle.

Frau Acher genehmigte Ende April die therapeutische Behandlung von Anna bei Frau Wunderlich. Frau Wunderlich wandte sich in der Folge noch zweimal an Frau Acher und bat sie um Unterstützung, in ihren Bemühungen um ein Arbeitsbündnis mit allen am Umgang Beteiligten (Frau Klein, Frau Rottmann, Frau Neumeier, Frau Loose). Frau Acher brachte sich nicht weiter ein und verwies Frau Wunderlich ans Gericht.

2;10b Kindermund

Anna plötzlich beim Abendessen: „Mama, Papa, ich will bei euch sein."
Frau Schneider: „Dann komm auf meinen Schoß."
Anna: „Also….ich will bei euch bleiben."
Frau Schneider: „Na klar."
Anna: „Ich will nicht zu Frau Loose."

2;10c Auf zum Spielplatz

Nachdem Anna immer wieder das Bedürfnis hatte, die Räumlichkeiten des Kinderschutzbundes beim Umgang zu verlassen, versprach Frau Klein Anna ein Treffen auf dem Spielplatz.

Wahrnehmung des Pflegevaters
Gegen 15.15 Uhr trifft Frau Loose ein. Sie beklagt sich erst eine Weile bei Frau Rottmann über die schlechte Verkehrssituation. Frau Rottmann leitet sie zum Sandkasten. Frau Loose begrüßt Frau Klein reserviert. Sie sagt zu Anna: „Na hallo." Anna wendet sich ohne Begrüßung ab und spielt weiter im Sand. Frau Loose begrüßt uns mürrisch. Während Anna in Hörweite steht, sagt Frau Loose zu Frau Klein: „Aber die bleiben nicht hier." und deutet auf uns. Daraufhin läuft Anna weg.

Frau Klein sagt: „Nein, die gehen dann weg." und fordert Frau Loose mit einer Geste auf, Anna nachzugehen.

Frau Klein folgt den beiden. Sie kommt zurück und informiert uns, dass wir kein Begrüßungslied singen, weil Anna nicht möchte. Auch sonst unterbleibt ein gemeinsamer Beginn. Wir ziehen uns auf eine gegenüberliegende Bank zurück, Frau Rottmann und Frau Klein sitzen auf einer Bank am Sandkasten, Anna spielt, Frau Loose folgt. Nach einiger Zeit kommt Anna zu uns gelaufen und sagt, sie habe Hunger. Wir sagen Anna, dass sie jetzt nichts bekommt, weil eine gemeinsame Brotzeit geplant ist. Anna geht wieder spielen. Sie steuert auf ein Klettergerüst zu. Meine Frau eilt hinzu, da sonst niemand sich der Aufsicht verantwortlich fühlt. Als Anna wieder mit Frau Loose spielt, kommt Frau Klein zu uns und bittet uns, wir möchten uns doch noch weiter entfernen, da sich Frau Loose gestört fühle. Wir setzen uns bereitwillig auf eine sehr abgelegene Bank. Da Anna vor dem Umgang mehrmals mitteilte, dass Frau Loose sage: „Du darfst nicht zu Mama und Papa", Frau Klein aber dann antworte: „Doch du darfst zu Mama und Papa", bitten wir Frau Klein Anna zu sagen, dass sie jederzeit zu uns kommen darf. Frau Klein ist der Meinung, dass es reicht, Anna zu sagen wo wir sind, wenn sie uns sucht.

Anna kommt nach etwa einer Stunde mit einer Banane in der Hand zu uns und fragt, ob denn Frau Loose wieder Gummibärchen dabei hätte. Wir sagen Anna, sie müsse Frau Loose da selbst fragen. Kurz darauf kommt Frau Klein und berichtet, dass es Abstimmungsschwierigkeiten gegeben hätte. Statt einer gemeinsamen Brotzeit auf der Burg- wie vorher angekündigt- habe Frau Loose die Brotzeit schon dabei gehabt. Sie hätten diesen Punkt nun schon alleine vorgezogen. Sie animiert Anna wieder mitzugehen.

Wenig später kommt Frau Klein erneut zu uns: Anna möchte nachdem sie es bei anderen Kindern gesehen hatte, ein Eis essen. Wir schlagen vor, dass wir uns gemeinsam in die nächste Eisdiele setzen. Frau Klein meint, dass Frau Loose hierzu nicht bereit wäre. Sie fragt, ob wir ihr vertrauen würden, dass sie mit Frau Loose und Anna alleine zur Eisdiele ginge. Da es uns aber nicht um ein Vertrauen in Frau Klein geht, sondern um den Rückhalt für Anna, lehnen wir ab. Als wir am Aufbrechen sind, ich gerade noch unsere Spielsachen zusammen suche und zum Auto bringe, befiehlt Frau Rottmann meiner Frau: „Die drei gehen (Frau Klein, Frau Loose und Anna) und Sie und ich bleiben hier." Meine Frau verneint und wendet sich ab.

Anna möchte Frau Rottmann die Hand geben. Frau Rottmann sagt: „Die andere Hand gibst du der Mama Karin." Anna antwortet laut und bestimmt: „Nein." und zieht ihre Hand dabei weg. Als wir uns auch hierbei im Hintergrund halten, dreht sich Anna mehrmals zu uns um und versichert sich, dass wir mitgehen. Frau Loose kauft Anna ein Eis. Anna möchte bei allen probieren. Wir laufen gemütlich wieder zum Spielplatz.

Anna und Frau Loose spielen anschließend wieder, wir halten uns wieder abseits. Anna beugt sich ein paar Mal weg, als Frau Loose ihr zu nahe kommt. Gegen Ende bewirft sie Frau Loose im Sandkasten mit Sand.

Frau Klein kommt um 16.50 Uhr zu uns und sagt, Anna möchte auch kein Schlusslied singen. Ein alternatives gemeinsames Ende (Wippen, Sandburg bauen etc.) unterbleibt. Frau Klein bittet uns, gegen 17.00 Uhr zum Verabschieden zu ihr und Frau Rottmann zu kommen. Frau Rottmann und Frau Klein fordern Frau Loose und Anna auf, zum Ende zu kommen.

Gegen 17.10 Uhr macht Frau Rottmann die Bemerkung: „Anna gefällt es so gut, die will gar nicht mehr heim." Meine Frau antwortet, dass Anna sicher noch gerne auf dem Spielplatz spielt, dass es aber ein Unterschied sei, zu sagen, dass sie nicht heim möchte. Da es Frau Loose nicht gelingt, Anna aus der Spielsituation zu lösen, holt Frau Rottmann Anna zu uns, Frau Loose folgt.

Anna gibt Frau Rottmann die Hand, geht an Frau Loose vorbei. Die Erwachsenen verabschieden sich. Anna gibt Frau Klein die Hand. Als Frau Klein sie fragt, ob sie sich denn schon von Karin verabschiedet hätte, bejaht dies Anna ohne sich umzudrehen und geht zügig zum Ausgang.

Frau Loose teilte anschließend mit, dass sie keine Umgänge mehr außerhalb des Kinderschutzbundes möchte. Sie hatte die Befürchtung, dass sie von versteckten Gutachtern beobachtet würde. Frau Neumeier sagte anschließend Frau Loose zu, dass ihr ein Umgang auf dem Spielplatz nicht noch einmal zuzumuten sei.

Frau Dr. Schulze nahm nochmals Kontakt mit Frau Klein auf:
„Sehr geehrte Frau Klein,
aus dem Gespräch mit Frau Schneider konnte ich den Rückschluss ziehen, dass die Aktion Spielplatz eine gute Lösung war und auch einen recht guten Verlauf nahm.
Vielleicht ein paar Bemerkungen :
- für Frau Loose ist die Situation sehr schwer. Trotzdem muss man "eingreifen", wenn sie sich unwirsch etc gegenüber den Pflegeeltern äußert und sie bitten, Annas wegen freundlich zu sein.- Anna registriert alles. Die Situation für Anna ist ja leider bereits "geklärt": sie gibt der Mutter nicht die Hand und verabschiedet sich nicht von ihr. D.h. hier besteht leider eine Ablehnung der Mutter, die von den Erfahrungen beim Umgang stammen. Daher war es richtig, dass Schneiders mit zum Eisessen gingen. Es ist sehr schlimm, was dem Kind zugemutet wird. Die Ermutigungen der Pflegeeltern, die Mutter positiv zu sehen, werden von den realen Gegebenheiten beim Umgang zunichte gemacht.

Das emotionale Geschehen im Kind wird durch die Begegnungen selbst gesteuert.

- wenn Schneiders sich nicht an eine Regel halten würden - Brotzeit allein einnehmen - würde man zu Recht diese Haltung anmahnen. Bei der Mutter wird eine solche Handlung toleriert. Sie und Frau Rottmann und auch Schneiders wissen, dass die Mutter ihren eigenen Bedürfnissen folgt, nicht denen der anderen, auch wenn es klare Regeln gibt. Da den Schneiders aber vom JuA massive Vorwürfe gemacht werden, sich nicht richtig zu verhalten, ist diese Aktion: Mutter macht allein Brotzeit mit Anna eine mangelnde Wertschätzung ihrer Rolle. So habe ich es herausgehört und ich denke, dass Sie das nachvollziehen können.

Frau Schneider berichtete mir dann, dass das Kind sofort beim Auto massiv geweint hat und schlimme weinende, klammernde Stunden folgten, das Kind trotz Anwesenheit von ihr fast bis Mitternacht nicht einschlafen konnte und die Stunden in den Morgen wimmerte und sich im Schlaf wälzte.

Als Erklärung ist ganz klar: nicht dass dem Kind etwas nach außen „Schlimmes" passierte - über 3 Stunden bestand eine hohe Stresssituation, wo das Kind sich anpassen konnte und keine Proteste nach außen drangen. Es könnten Zeichen einer beginnenden Resignation sein - dann wird das Kind keinen eigenen Willen mehr haben. Nach Beendigung dieser Situation brach das Kind wegen einer hohen Anforderung/Überforderung zusammen und konnte die Überforderung zulassen und zeigen, in welcher Irritation sie sich befunden hatte. Ich denke, dass Sie dieses auch so sehen können - eigene Kinder unter Druck vieler Erwachsenen in häufige schwierige Begegnungen zu zwingen: keiner würde dies zulassen beim eigenen Kind. Und diese Erschöpfungsmuster sind ja bekannt.

Vielleicht könnten Sie im Gespräch mit Schneiders ihnen Ihre mir sehr verständlichen Überlegungen mitteilen, aber unter dem Aspekt, was dieses Kind bereits für eine Traumatisierung erlebt hat, die Argumente von Familie Schneider verstehen. Die totale Bindung an Schneiders macht den "Wechsel" unmöglich - und das muss im JuA und von allen Beteiligten gesehen werden - die Psychotherapeutin hatte es ebenfalls in den Spielsituationen sehen können. Und damit ist dieser vorgeschriebene Umgang, den Sie versuchen, gut zu gestalten, einfach verhängnisvoll für das Kind und seine Entwicklung. Die Ursache: das Thema "Rückführung" hatte ich ja bereits angesprochen.

Mit vielem Dank für unsere gute Kommunikation."

2;10d   Neues vom Amt: Verleumdung statt Stellungnahme

Das Jugendamt verfasste erneut ein Schreiben fürs Gericht.

Zitat: „Anna wurde mit dem Ziel der Adoption in den Haushalt der Eheleute Schneider aufgenommen. Da sich Frau Loose im Januar immer noch nicht für oder gegen eine Adoption entscheiden konnte, erfolgte am 03.01. ein Teilentzug des Sorgerechts nach § 1666 BGB. Am 18.03. wurde von der Amtspflegerin Jugendhilfe nach §§ 27, 33 SGB Vlll beantragt. Die Eheleute Schneider erklärten sich bereit, Anna, die zu diesem Zeitpunkt bereits 9 Monate alt war, auch als Pflegekind zu betreuen. Eine Pflegeerlaubnis wurde ihnen nach einer Eignungsprüfung erteilt. Den Pflegeeltern war also bekannt, dass Vollzeitpflege Kindern eine zeitlich befristete oder auf Dauer angelegte Lebensform bietet und dass sie einen guten Beziehungsaufbau von Anna zu ihrer leiblichen Mutter ermöglichen und zulassen müssen."

Aus der Sicht von Frau Loose wurde erläutert, dass sie wolle, dass Anna irgendwann bei ihr lebe. Außerdem sehe sie eine Entwicklungsgefährdung von Anna durch die Pflegeeltern. Die Umgänge wären in der derzeitigen Form für ihre Tochter eine unzumutbare Belastung.

Ohne ein Gespräch mit den Pflegeeltern oder deren Betreuerin Frau Klein erlog das Amt deren Sichtweise: Die Pflegeeltern hätten Anna, nachdem eine Adoption nicht realisiert werden konnte, als Pflegekind betreut mit dem Ziel, dass sie dauerhaft bei ihnen bleibe. Es wurde ihnen unterstellt, dass sie als Lösung für Annas Auffälligkeiten die „größtmögliche Präsenz der Pflegeeltern oder ein Aussetzen der Kontakte" sehen würden.

Das Jugendamt befand, Anna sei aufgrund des massiven Wunsches und des aktuellen Entscheidungsdrucks der Pflegeeltern, dass Anna dauerhaft bei ihnen bleiben soll, einer hohen seelischen Belastung ausgesetzt. Die Pflegeeltern müssten lernen, einerseits eine tragfähige Eltern- Kind-Bindung aufzubauen und andererseits grundsätzlich trennungsbereit zu sein.
Zitat: „Die Pflegeeltern zeigen zwar Verständnis dafür, dass das Jugendamt gesetzlich verpflichtet ist, die Möglichkeiten einer Rückführung zu thematisieren und sorgfältig zu überprüfen, können in der Umsetzung dabei wichtige Schritte wie Umgangskontakt ohne Pflegeeltern nicht mitgehen."

Der Teil des Umgangs, den Anna mit ihrer Mutter und der Umgangsbegleitung verbringt, verlaufe gut. Trotz Spannungsverhältnis zwischen Mutter und Pflegeeltern würde Anna auf ihre Mutter zugehen und gerne mit ihr spielen. Das Amt diagnostizierte, dass dies auf die physische und psychische Grundstabilität von Anna zurückzuführen sei. In Anwesenheit der Mutter und der Pflegeeltern wäre Anna aber verunsichert, wem sie sich zuwenden solle.

Die Umgangsbegleiterin Klein erklärte den Pflegeeltern in einer anschließenden Besprechung, dass sie der Stellungnahme in vielen Punkten nicht beipflichten könne, zur Erstellung des Schreibens jedoch nicht einbezogen wurde.

Bezüglich der Mutter schrieb das Amt, dass sich die familiäre Situation von Frau Loose stabilisiert hätte. Abermals diagnostizierte man, dass sie eine gute und sichere Beziehung und Bindung zu ihrer Tochter Maria aufgebaut hätte. Sie zeige gute mütterliche Kompetenzen und versorge sie pflegerisch und emotional gut. Im Umgang würde sie auf die Bedürfnisse von Anna eingehen, Verhaltensweisen müssten nur selten nachbesprochen werden.

Daher sähe das Amt nicht, dass durch den Umgang eine seelische Belastung für Anna entstehe. Das Amt stellte kurz dar, dass es „wünschenswert" sei, dass Frau Loose manches in einer Therapie aufarbeiten würde, als Notwendigkeit wurde es nicht erachtet.
Abschließend stellte das Amt unrichtiger Weise dar, dass Frau Loose sich an die vereinbarten Vorgaben des Lösungsplanes halten würde. Sie würde in Nachbesprechungen ihr Verhalten korrigieren und reflektieren und bei weiteren Umgängen umsetzen. Als Beispiel wurde angeführt, dass Frau Loose Verständnis hätte, keinen Kuss mehr von Anna einzufordern. Die tatsächliche Einsicht konnte man im Januar in der Gesprächsrunde mit dem Gutachter (3;7a) sehen.

Den Pflegeeltern wurde unterstellt, sie hätten die Angst geäußert, Anna zu „verlieren". Dies sei nach Ansicht des Amtes die Ursache für Annas Symptome und Verunsicherungen. Sie sei davon massiv berührt. Die Pflegeeltern seien nicht in der Lage durch Beratung und Supervision Anna davor zu schützen.

Ihre Anwesenheit bei den Umgängen sorge für ein Spannungsverhältnis, das für eine weitere positive Entwicklung der Umgänge nicht förderlich sei und für Anna eine Verunsicherung bedeute. Nach Abwägung aller Aspekte *zum Wohle Annas* seien Umgänge ohne sie *durchführbar*. Es wurde auch dargestellt, dass Frau Klein die Pflegefamilie im Anschluss an die Umgänge begleiten solle, um die Interaktion zu beobachten und wenn notwendig unterstützend einzugreifen.

Zitat: „Aus Sicht des Jugendamtes erscheint eine Verbleibsanordnung nicht notwendig. Aufgrund des aktuellen Verlaufes könnte hinsichtlich einer Rückführung keine Entscheidung getroffen werden, da die Rahmenbedingungen nicht gegeben sind."

Dazu war für das Amt an erster Stelle nötig: „Die Bereitschaft der Pflegeeltern für eine gelingende Bindungsveränderung. Dazu gehören Wertschätzung und Vertrauen gegenüber der Mutter, eine wohlwollende Gestaltung eines „sanften Übergangs", eine klare Botschaft an Anna, dass dies der richtige Weg ist und eine Aufrechterhaltung der Bindung, nach dem Wechsel zur Mutter." Erst dann führte das Amt die volle Erziehungsfähigkeit der Mutter, eine stabile Mutter-Kind-Beziehung und Rahmenbedingungen, z.B. Wohnung an.

Zitat: „Den Pflegeeltern wurde in Gesprächen wiederholt zugesichert, dass zum jetzigen Zeitpunkt und auch nicht in absehbarer Zeit, keine Entscheidung über eine Rückführung getroffen werden könne, da die [....] Voraussetzungen nicht gegeben sind. Die hohe seelische Belastung Annas sehen wir ursächlich im Verhalten der Pflegeeltern."

Die doppelte Verneinung zeigt deutlich, wie undurchsichtig die Haltung des Amtes war.

Die Stellungnahme schloß mit der Feststellung, dass die Jugendhilfe an Grenzen gestoßen sei.

Helma und Bernhard Hassenstein, zwei Verhaltensforscher, schreiben:
Beim Umgang handelt es sich für das betroffene Kind um etwas grundsätzlich anderes als um den Umgang mit einem nach der Scheidung aus der Familie ausgeschiedenen Elternteil.

Das hat zwei Gründe:

1. Die Zusammenkünfte dienen in der Regel nicht dem Aufrechterhalten einer bestehenden Bindung, sondern der Stärkung einer schwachen oder Anbahnung einer zuvor überhaupt noch nicht aufgenommenen Beziehung zu den leiblichen Eltern.

2. Das Kind führt die Besuche nicht von einem Zuhause aus durch, das als Basis für seine weitere Existenz zweifelsfrei gesichert ist, sondern die Zusammenkünfte sollen in der Regel dazu verhelfen, die Möglichkeiten eines späteren Übergangs des Kindes in die Obhut der leiblichen Eltern zu überprüfen, meist mit der (dem Kind gegenüber nicht ausgesprochenen) Absicht, damit den Abschied von seinem Zuhause bei den Pflegeeltern anzubahnen.

Zu versuchen, ein Kind über den beabsichtigten, ihm drohenden Verlust seiner faktischen Eltern zu täuschen, ist aber so gut wie immer aussichtslos: Kinder sind vor dem Abschluss der Pubertät zwar im logischen Denken noch nicht so geschult wie Erwachsene; aber im Erspüren gefühlsmäßiger Zusammenhänge und im Beobachten auch unscheinbarer Anzeigen für bevorstehende Änderungen sind sie bekanntlich vielen Erwachsenen überlegen. Aus diesem Grund sind pflichtmäßige Zusammenkünfte mit den leiblichen Eltern für Kinder, die zu ihren Pflegeeltern vertrauensvolle Kind-Eltern-Beziehungen entwickelt haben, fast zwangsläufig mit existenzieller Trennungsangst verknüpft. Solche Ängste entstehen ohne jede Beeinflussung des Kindes, ja sogar entgegen verpflanzungsfreundlicher Beeinflussung seitens der Pflegeeltern.

In verhaltensbiologischer Sicht ist diese Reaktion in der Natur des Kindes verankert: Ein Kind wäre seelisch nicht gesund, wenn es auf den sich anbahnenden Verlust seiner faktischen Eltern und damit, seines Hortes der Geborgenheit nicht mit existenzieller Angst reagieren würde.

Leider aber hat man jahrzehntelang zwar die beschriebenen Leiden der Kinder wahrgenommen; doch ist es tief tragisch, dass man als deren Ursachen nicht die Trennungsängste erkannte. Statt dessen hat man, falls kindliche Verhaltensstörungen der beschriebenen Art auftraten, die Pflegeeltern dafür verantwortlich gemacht und ihnen unter anderem zur Last gelegt:

∞ Misslingen des erzieherischen Auftrags, bei den Pflegekindern nicht als Eltern, sondern nur als Eltern-Stellvertreter auf Zeit zu wirken,

∞ Versagen bei der erzieherischen Aufgabe, die künftige Aufnahme des Kindes bei den leiblichen Eltern vorzubereiten.

∞ Abneigung der Pflegeeltern gegen die leiblichen Eltern und Beeinflussung des Pflegekindes in diesem Sinne.

∞ Eigennütziges Bemühen der Pflegeeltern, das Kind an sich zu binden, um es auf die Dauer bei sich behalten zu können.

∞ Eigene Trennungsängste der Pflegeeltern aus Furcht vor dem Verlust des Kindes und Übertragung der eigenen Trennungsängste auf das Kind.

Den Hintergrund für alle diese Vorwürfe bildete die auch heute noch vorkommende Unkenntnis darüber, dass kindliche Bindungen durch prägungsähnliche Lernvorgänge bei langdauerndem Zusammenleben entstehen und nicht beliebig durch Umlernen zu verändern sind, sowie die allgemeine Vorstellung, dass kindliche Bindungen beim Bestehen von Blutsverwandtschaft selbstverständlich seien. Darum meint man: Wenn Kinder sich nicht elementar zu ihren leiblichen Eltern hingezogen fühlen und keine Liebesbande entwickeln, so müsse dies in ihrer gegenwärtigen Lebenssituation begründet sein, also auf Erziehungseinflüssen durch die Pflegeeltern beruhen.

Die Wirklichkeit sieht aber anders aus: Wenn Pflegeeltern ihre Aufgaben erfüllen, den Kindern Fürsorge und Geborgenheit zu gewähren, dann wendet sich ihnen im Lauf der Zeit das Herz der Kinder zu – dies ist ein unvermeidbares Naturgeschehen – und die nicht oder selten anwesenden leiblichen Eltern sind und bleiben für die Kinder dasselbe wie alle sonstigen Menschen: nähere oder fernere Bekannte oder Fremde. Die Pflegekinder verspüren unter diesen Umständen ebenso wenig den Drang, zu den leiblichen Eltern umzusiedeln, wie zu irgendwelchen sonstigen Bekannten oder Fremden, ja sie haben davor, wenn man es ihnen auferlegen will, die tiefste Angst. Ein anderes Verhalten oder Empfinden widerspräche der menschlichen Natur. Die Unkenntnis über diese Zusammenhänge und die falsche Zuschreibung der Verhaltensstörungen von Pflegekindern anlässlich des ihnen auferlegten Umgangs mit den leiblichen Eltern (Pflegeelternversäumnisse statt Trennungsangst) hat im Laufe der vergangenen Jahrzehnte unermessliches Leid und Unglück der Kinder und auch der beteiligten Erwachsenen zur Folge gehabt.

2;11a   Appelle an Herrn Karl
Frau Dr. Schulze suchte nach der konstruktiven Kommunikation mit Frau Klein den Austausch mit Herrn Karl. Sie verfasste daher zwei Schreiben.

ANLAGE F und G

Herr Karl reagierte verständnislos auf das erste Schreiben, das zweite ignorierte er. Zum konstruktiven Austausch war er nicht bereit.

2;11b   Opferanwältin - Wer ist hier das Opfer?
Im Mai beauftragte Annas Mutter eine neue Anwältin. Sie ist Familienrechtsanwältin und präsentiert sich vornehmlich als Opferanwältin, die sich u.a. für gepeinigte Kinder einsetzen möchte. In diesem Fall übernahm sie jedoch das Mandat für die Mutter. Sie ist bekannt durch ihre enge Zusammenarbeit mit den freien Trägern der Stadt in Form von Rechtsvorträgen über Unterhalt und Scheidungsprobleme. Es besteht eine „Duz-Beziehung" zu Frau Rottmann.

2;11c   Pflegeeltern unerwünscht
Anna forderte in Umgängen immer wieder die Anwesenheit der Pflegeeltern ein. Frau Loose und vor allem die Fachkräfte konnten dieses Bedürfnis von Anna jedoch nicht respektieren.

Es wurde Anna klar signalisiert, dass die Anwesenheit der Pflegeeltern unerwünscht ist.

Wahrnehmung der Pflegemutter

Als wir um 14.55 Uhr den Kinderschutzbund erreichen, empfängt uns Frau Klein. Wir spielen bis Frau Loose eintrifft. Die beiden Fachkräfte bleiben in der Tür stehen und beobachten uns. Es läutet. Frau Klein fordert Anna auf nachzusehen, wer gekommen sei. Anna möchte nicht. Wir hören, wie Frau Loose draußen mürrisch sagt: „Gibt's heut keinen gemeinsamen Beginn oder eine offizielle Begrüßung?" Als wir Anna begleiten, schaut sie in den Vorraum. Frau Loose demonstriert schon bei der Begrüßung wieder deutlich ihre Abneigung uns gegenüber. Anna versteckt sich erst hinter den Beinen meines Mannes, vergräbt sich dann in meinen Beinen, möchte nicht vorkommen und ist weinerlich: "nein, nein." Frau Rottmann fordert Frau Loose auf, sich hinter ihr zu verstecken und möchte so die Situation ins Lustige kehren. Anna geht darauf nicht ein, sondern fragt mich, ob Frau Loose wieder Süßigkeiten für sie hätte. Wir singen zunächst das Begrüßungslied und spielen etwas Ball. Anna möchte dann gleich wieder Süßigkeiten und bedient sich in Frau Looses Korb. Sie verzehrt diese mit Unterstützung von Frau Klein. Wir setzen uns, Frau Loose bleibt abseits stehen und sieht mit verschränkten Armen zu. Anna fragt, ob wir auf den Spielplatz gehen oder Eis essen. Frau Klein lehnt ab. Frau Loose reagiert nicht. Anna nimmt das Dreirad und es entwickelt sich ein Spiel mit meinem Mann. Frau Klein lenkt Anna, dies mit Karinmama zu spielen. Anna möchte mit Frau Klein dann aber lieber im Spielzimmer Puppenhaus spielen. Frau Klein fordert Anna unmittelbar auf, Karinmama zu holen. Anna ruft daraufhin Frau Loose und Frau Rottmann ist begeistert: „Ja, die Karinmama soll mit dir spielen." Frau Rottmann folgt sofort in den Spielraum, dafür verlässt Frau Klein diesen und zieht sich in den Vorraum zurück.

Wir begeben uns in die Teeküche. Nach 10 Minuten weint Anna lautstark: „Mama soll kommen." Sie kommt alleine zu uns gelaufen und sagt, ich solle mit ihr spielen. Da sie alleine wieder vorläuft, reagiere ich nicht gleich. Sie beginnt jedoch wieder nach mir zu schreien. Ich soll mit zum Spielen. Als wir nach vorne kommen, redet Frau Loose verärgert mit Frau Rottmann im Nebenraum. Anna fragt Frau Klein, ob sie Knete oder Luftballons dabei hätte. Frau Klein gibt Anna Luftballons. Frau Loose kommt hinzu. Anna möchte von mir Luftballons aufgeblasen bekommen. Ich versuche mich im Hintergrund zu halten. Als Anna sich einige Zeit bei mir aufhält, mischt sich Frau Rottmann ein, die vorher mit einem Notizblock am Rand saß und sagt: „Die Mama Karin hat einen roten Ballon aufgeblasen, geh mal zu der." Anna folgt. Anna pendelt zwischen uns hin und her. Als sie mir den Ballon von Frau Loose bringt, sage ich, dass sie den Karinmama zurückgeben soll. Als Anna Frau Loose meinen Ballon bringt, sagt diese: „Der gehört da rüber!" und zeigt auf mich. Es kommt keine Gemeinsamkeit auf. Anna geht in die Küche und zeigt meinem Mann ihre Luftballons. Sie möchte, dass auch er mit zum Spielen kommt. Da er sich sicher ist, dass dies jedoch als Provokation aufgefasst würde, schickt er Anna alleine wieder zurück.

Da ich spürbar unerwünscht bin, nutze ich die Gelegenheit, mich zurückzuziehen, als Anna mit den Füßen auf meinem Ballon herumtritt und gehe diesen in der Küche waschen.
Anna kommt zwanzig Minuten vor Schluss noch einmal mit einem Puppenwagen. Sie ist reserviert, geht verschüchtert in der Küche umher, antwortet nicht auf unser Gesprächsangebot, traut sich nicht zu uns, schaut sich etwas irritiert im Raum um und läuft wieder davon.

2;11d   Therapeutin unerwünscht

Um eine umfassende Diagnostik erstellen zu können, beantragte Frau Wunderlich, sich ein Bild der Umgänge machen zu können. Diese Diagnostik war unter anderem Grundlage des Genehmigungsverfahrens der Krankenkasse. Zunächst wurde ihr zugesagt, dass der 20.5. dazu ein guter Zeitpunkt wäre. Kurz zuvor wurde ihr die Teilnahme verweigert und der 2.6. als Ausweichtermin anberaumt. Die Anwältin der Mutter schrieb am 21.5., dass sie ihrer Mandantin geraten hätte, die Umgangsbeobachtungen nicht zuzulassen. Herr Karl teilte Frau Wunderlich mit, dass sie respektieren solle, dass Frau Loose mit einer diagnostischen Beobachtung nicht einverstanden sei und daher die Umgänge regulär, also ohne dem Beisein ihrer Person stattfinden würden.

Frau Wunderlich wandte sich daher ans Gericht.

ANLAGE H

2;11e   Kindeswohl eilt (nicht)

Anna ging es nicht gut und das Amt und die Kindsmutter waren nicht bereit, Anna zu helfen. Da sich die Situation um Anna immer mehr verschärfte, stellten die Pflegeeltern Ende Mai einen Eilantrag zur Mitteilung einer Kindeswohlgefährdung.
Auf diesen Eilantrag reagierte das Gericht nicht. In der späteren Anhörung wurde das Verfahren aufgrund der fortgeschrittenen Zeit und damit der Überschreitung der Fristbestimmung eingestellt.

3;0a   Der Umgang spaltet

Das dominierende Verhalten von Frau Rottmann nahm immer mehr zu. Auf Anna aber auch auf die Pflegeeltern wurde immer mehr Druck ausgeübt.
Die verharmlosende und idealisierende Sichtweise der Umgänge durch die Umgangsbegleiterinnen, führte zu Auseinandersetzungen.

Wahrnehmung des Pflegevaters

Anna möchte nicht zum Umgang. Sie verweigert den Mittagsschlaf und weint die zwei Stunden vorher. Sie wiederholt dauernd: „Ihr sollt nicht weggehen." Wir erklären Anna, dass wir wie die letzten Male in der Küche sitzen werden. Sie weint und sagt: „Ihr sollt bei mir sein, nicht in der Küche." Sie jammert, dass sie Bauchschmerzen hätte. Auf der Hinfahrt verlangt Anna, dass sich meine Frau zu ihr auf die Rückbank setzt und ihre Hand hält.

Vom Auto an möchte Anna getragen werden, vergräbt sich in die Schulter meiner Frau, auch noch als wir die Treppe hinaufgehen. Als wir um 15.00 Uhr die Räume des Kinderschutzbundes erreichen, empfängt uns Frau Klein. Anna ist sehr reserviert, vergräbt sich nach wie vor in die Schulter meiner Frau. Die Erwachsenen begrüßen sich. Erst langsam „taut" Anna auf und packt als erstes ihre mitgebrachten Spielsachen aus. Frau Klein beginnt gleich mit Anna zu spielen.

Frau Loose trifft kurz nach 15.00 Uhr ein. Anna läuft vor ihr weg, versteckt sich hinter meiner Frau und ist weinerlich. Wir singen das Begrüßungslied. Als Frau Loose danach in die Mitte des Raumes geht, läuft Anna zu ihrem Korb am Eingang und beginnt, nach Süßigkeiten zu suchen. Ich bitte Anna, erst zu fragen. Frau Loose gibt ihr ein kleines Päckchen Gummibärchen, das sie nach dem Ballspielen essen soll. Sie isst es gleich. Die Erwachsenen warten. Danach wirft man sich kurz einen Luftballon zu. Dann geht Anna ins Spielzimmer und möchte Kaufladen spielen: Papa und Mama sollen mitkommen. Wir tun dies, Frau Klein folgt, Frau Loose stellt sich in den Türrahmen, Frau Rottmann schreibt im Vorraum.

Meine Frau kauft bei Anna ein, ich frage wer nun an der Reihe sei: „Frau Klein!" ruft Anna. Es folgen Frau Loose und ich. Nach meinem Einkauf sage ich: „Papa und Mama setzen sich in die Küche." Anna spielt weiter.

Nach etwa 30 Minuten kommt Anna mit einem Dreirad in die Küche gefahren, Frau Klein folgt ihr. Anna sagt, sie habe einen Schiss in der Hose. Als sie das leere Papier eines Müsliriegels entdeckt, ist sie kurz abgelenkt. Frau Loose ruft von vorne nach ihr. Frau Klein erklärt, Anna habe die Windeln voll. Frau Loose bringt die Wickelunterlage nach hinten, woraufhin Anna weinend davonläuft. Frau Loose überrredet sie zu einem Schokokeks und kommt mit ihr wieder in die Küche. Meine Frau wickelt sie, Frau Loose wischt ihr die Finger von der Schokolade ab. Anna starrt das gesamte Wickeln über Frau Loose an, geht mit ihr anschließend wieder nach vorne zum Spielen.

Um 16.00 Uhr hören wir Anna weinend nach ihrer Mama rufen. Frau Klein sagt: „Gehst du zur Mama, oder soll die Mama kommen?". Anna antwortet unter Tränen: „Die Mama soll kommen." Da niemand meine Frau holt, schaut sie selbst kurz nach Vorne. Frau Klein erklärt, Anna habe sich den Kopf gestoßen. Frau Rottmann fällt ihr ins Wort: „Ist schon wieder gut, passt schon wieder." Meine Frau lugt kurz ins Spielzimmer, in dem Anna mit Frau Loose spielt. Aufgrund der Anweisung von Frau Rottmann nimmt sie keinen Kontakt zu Anna auf und zieht sich wieder in die Küche zurück.

Frau Klein holt uns 20 Minuten vor Ende. Anna fragt, ob wir nun schon gehen oder noch alle zusammen spielen. Als wir bestätigen, dass wir alle erst noch miteinander spielen, geht Anna wieder nach Vorne.

Als wir nach Vorne gehen, hören wir, wie Frau Rottmann Anna verbessert als diese „Frau Loose" als Anrede benutzt: „Das ist die Mama Karin. Jetzt sag halt endlich mal Mama zu ihr."
Anna spielt mit Frau Loose mit dem von uns mitgebrachten Ballspiel. Sie möchte noch weiterspielen, der Ballon interessiert sie nicht. Alle übrigen Erwachsenen sehen als Publikum zu und applaudieren.
Wir singen das Schlusslied. Frau Loose zieht Anna Schuhe und Jacke an. Frau Rottmann verabschiedet sich von Anna mit Handschlag. Dann nimmt Anna die beiden Luftballons in die Hand und winkt damit Frau Loose und Frau Klein zu. Sie verlässt mit uns zielstrebig die Räumlichkeiten ohne auf die anderen zu warten.

Auf der Heimfahrt ist Anna völlig erschöpft. Sie weint und sagt, dass sie Angst vor Frau Loose hätte. Ich frage sie, warum sie dann mit ihr spiele. Anna antwortet: „Weil sie es will."
Anna schläft noch im Auto ein. Zuhause ist sie kaum wach zu bekommen und dann völlig „durch den Wind". Sie weint und schreit hysterisch, isst nicht mehr zu Abend.
Obwohl sie sehr müde ist, will sie nicht zu Bett gehen. Sie weint und wimmert immer wieder: „Ich habe Angst". Ich biete Anna an, in meinem Arm einzuschlafen. Sie atmet erleichtert auf und wälzt sich eine Stunde bis sie endlich tief schläft.
Gegen Mitternacht wird Anna wach und schreit weinend: „Papa, Papa". Ich eile zu ihr, sie kniet im Bett und ist völlig aufgelöst. Sie schreit schlaftrunken und undeutlich vor sich hin. Ich frage sie, was denn los sei. Sie schaut mich immer nur hilfesuchend an und weint. Ich drücke sie fest und schlage vor, dass sie mit ins Bett zu Papa und Mama darf. Danach wechselt sie mehrfach zwischen erleichterter Zustimmung und panischer Ablehnung. Nach einiger Zeit des Haltens und Gut-Zu-Redens lässt sie sich mit ins Elternschlafzimmer tragen. Auf unserem Bett angekommen reagiert sie völlig panisch. Ich halte sie und rede auf sie ein. Auch meine Frau versucht, sie zu beruhigen. Anna gerät immer mehr außer sich. Sie schreit hysterisch, zittert, verkrampft am ganzen Körper, biegt sich nach hinten weg. Sie ist kaum noch zu halten. Meine Frau holt ihre Lieblingspuppe, die Anna daraufhin in die Ecke wirft. Sie schreit immer aufgelöster, reagiert nicht mehr auf unsere Ansprache und bekommt kaum noch Luft. Wir beschließen, den Notarzt zu rufen. Meine Frau geht und will das Telefon holen. Anna reißt sich aus meinem Arm, stellt sich apathisch in die Ecke neben dem Nachttischchen. Ich frage sie, ob sie etwas trinken möchte. Anna antwortet ruhig: „Eine Apfelschorle!" Ich frage, ob ich diese holen soll, oder ob sie mit nach unten gehen möchte. Sie möchte mit, ich soll sie tragen. Wir gehen nach unten, treffen dort meine Frau. Anna wirkt stabiler, fast heiter. Wir warten mit einem Notruf und trinken etwas. Wir lenken sie durch Singen etwas ab und gehen wieder ins Bett. Anna wälzt sich zwischen uns, wacht immer wieder auf und wimmert vor sich hin.
Sie schläft bis 6.30 Uhr, sie ist erschöpft, spricht die Nacht aber nicht weiter an.
Den Tag über wirkt sie leicht gedämpft, hält einen langen Mittagsschlaf.

Frau Wunderlich erklärte, dass es sich um „Pavor nocturnus" gehandelt hätte.

Pavor nocturnus
Der Begriff Pavor kommt aus dem lateinischen und bedeutet Zittern vor Furcht, auch Furcht, Angst oder Schrecken. Nocturnus bedeutet nächtlich. Pavor nocturnus wird auch als Nachtschreck, Schlafterror, Inkubus, "Alpdrücken" oder nächtliches Aufschrecken bezeichnet. Nach dem Aufwachen ist der Betroffene oft minutenlang verwirrt. Pavor nocturnus beginnt mit Wimmern oder Keuchen, zumeist aber mit einem durchdringenden Panikschrei, danach Zeichen starker Angst, innerer Unruhe und Erregung mit geweiteten Pupillen, Tachykardie, schnelle Atmung, Schweißausbrüchen und Gänsehaut. Die Betroffenen sind kaum zu beruhigen und meistens minutenlang verwirrt, desorientiert und zeigen stereotype motorische Bewegungsabläufe für die Dauer von ein bis zehn Minuten. Am nächsten Morgen erinnern sich die Betroffenen nicht mehr. Es besteht eine Amnesie über die ganze Episode. Gelegentlich wird von Angstgefühlen, bruchstückhaften Traumbildern vor dem Aufwachen, selten von vollständigen Traumfolgen berichtet. Es gibt verschiedene Auslöser. Meistens beruhen sie auf Stress oder zwischenmenschlichen Problemen. Weitere Ursachen bzw. Auslöser sind frühkindliche Hirnschädigungen, entwicklungsbedingte sowie psychosoziale Einflüsse, insbesondere Stresssituationen z.B. Überforderung, Ein-schulung, ungünstige Familien- oder Erziehungssituationen.

Frau Rottmann und Frau Klein stellten den selben Umgang anders als Familie Schneider dar:
„Familie Schneider kommt kurz vor 15.00 Uhr. Anna kommt auf dem Arm der Pflegemutter die Treppe hoch. Als sie mich (Fr. Klein) sieht, versteckt sie ihren Kopf bei Frau Schneider.
Anna ist in der Begrüßungsphase sehr zurückgezogen, wirkt ängstlich. Sei taut schnell auf und zeigt, dass sie neben Luftballons auch ein Beachballspiel mitgebracht hat. Sie will dies auch gleich mit Frau Klein spielen.
Kurz darauf klingelt Frau Loose. Anna versteckt sich hinter Frau Schneider. Frau Loose begrüßt Anna, die noch hinter ihrer Pflegemutter bleibt.
Nach dem Begrüßen der Erwachsenen singen wir das Begrüßungslied, dass Anna gut mitsingt. Vor dem Spielen mit den Luftballons will Anna

im Korb von Frau Loose nachsehen, ob sie ihr wieder was mitgebracht hat. Herr Schneider fordert Anna auf, erst Karin Mama zu fragen. Anna verzehrt ruck-zuck die mitgebrachten Gummibärchen. Wir spielen gemeinsam mit den Luftballons. Anna will jedoch lieben Einkaufen spielen und wünscht sich, dass Mama und Papa mitspielen. Wir, Herr und Frau Schneider, Frau Klein und Frau Loose kaufen bei Anna ein. Die Pflegeeltern ziehen sich dann in die Küche zurück. Herr Schneider sagt dies Anna, die damit einverstanden ist.

Anna spielt noch weiter einkaufen. Anna sucht dann Pflegeeltern auf, und teilt mit, dass sei einen „Schiss" in der Hose hat.

Frau Loose kommt mit einer Wickelauflage. Anna hat in der Zwischenzeit eine Fruchtriegelverpackung gefunden. Anna will sie nun erst mal nicht wickeln lassen sondern hätte gerne einen Riegel. Frau Loose sagt, sie hat heute keinen Fruchtriegel dabei, dafür aber etwas mit Tieren. Sie macht Anna das Angebot, erst noch zu schauen, und dann zu wickeln.

Frau Schneider wickelt Anna, Frau Loose ist dabei und putzt Anna die Schokohändchen ab.

Anschließend spielt Anna mit Frau Loose. Anna ist wieder offen, lässt sich gut auf das Spielen ein. Frau Loose hat ein Musikbilderbuch dabei, das sie gemeinsam anschauen und anhören.

Beim Spielen stößt sich Anna am Kopf und ruft nach der Mama. Als ich Anna frage, ob sie zur Mama gehen will oder die Mama kommen soll wünscht sie sich, dass die Mama kommt.

Frau Loose tröstet Anna, streichelt ihr über den Kopf. Anna hat sich schon wieder beruhigt, als Frau Schneider kommt. Da Frau Schneider sieht, dass Anna sich beruhigt hat und wieder mit Frau Loose spielt, schaut sie nur kurz zu ohne sich bemerkbar zu machen und zieht sich wieder zurück.

Zum Abschluss hole ich die Pflegeeltern dazu. Anna fragt, ob sie wieder gehen müssen. Es ist zu erkennen, dass Anna dies noch nicht will.

Es gibt heute kein gemeinsames Spielen am Ende, da Anna mit Frau Loose noch Beachball spielen möchte. So sind wir anderen die Zuschauer. Das Abschiedslied setzt den Schlusspunkt. Nach dem Verabschieden geht Anna mit den Pflegeeltern."

3;0b   Schweigepflicht gilt nicht für alle

Aufgrund der Bitte von Frau Klein, ihr direkte Rückmeldung zu ihren Protokollen zu geben, schrieb die Pflegemutter bezüglich des strittigen Umgangs eine E-Mail, die ausschließlich an Frau Klein gerichtet war:

„Sehr geehrte Frau Klein,

wir sehen doch Einiges in Bezug auf Anna mit anderen Augen als Sie, beispielsweise lief Anna davon als Frau Loose mit der Wickelauflage kam (Angst, dass Frau Loose sie wickelt??), nicht weil sie einen Riegel wollte.

In Ihrem Protokoll ist zudem dargestellt, dass Anna sich schon beruhigt hatte, bis Frau Schneider kam. Tatsache ist, dass Anna Sie aufgefordert hatte, mich zu holen, was Sie nicht taten! Frau Rottmann bedrängte mich so massiv: "Die hat sich schon beruhigt, passt schon wieder.......", dass Anna und mir gar kein Raum gegeben wurde. Was bewirkt es in Anna, wenn sie darum bittet, dass die Mama kommt, aber sie kommt nicht?

Entgegen Ihrem Protokoll hat Anna in unserer Gegenwart nie geäußert, ob wir schon gehen müssten. Es war nie zu erkennen, dass Anna nicht gehen mag. (Anna fragte lediglich, ob wir gehen, ohne dass Mama und Papa auch mit dabei gewesen sind! Sie wollte also nicht ohne ein gemeinschaftliches Ende gehen!) Im Gegenteil: Kaum war Anna angezogen, verließ sie schnurstraks das Zimmer OHNE sich richtig zu verabschieden und auf Sie zu warten.

Bezüglich des Gesprächstermines sehen wir, angesichts der Einschätzung des Jugendamtes zum mangelnden Erfolg all unserer Beratung, derzeit keine Veranlassung."

Auf diese E-Mail erhielten die Pflegeeltern nie eine persönliche Antwort von Frau Klein. Umso erstaunter waren sie, als sie über die Gerichtsakten offizielle Stellungnahmen hierzu bekamen. Frau Klein teilte ihnen später mit, dass sie die Schreiben stets ans Jugendamt und Frau Rottmann weiterleiten musste. Die Pflegeeltern wurden im Vorfeld nicht darüber informiert und sie wurden auch nie um ihr Einverständnis gebeten. Von der Schweigepflicht hatten sie nie entbunden.

Stellungnahme von Frau Rottmann und Frau Klein zur E-Mail von Frau Schneider an Frau Klein :

„Während des Spiels bemerkt Anna dass sie die Windel voll hat und läuft zu den PE in die Küche. Frau Loose folgt ihr mit der Wickelauflage. Anna möchte sich von der Pflegemama dann doch nicht wickeln lassen. Sie will erst einen Müsliriegel. Frau Loose teilt Anna mit, dass sie heute keinen Müsliriegel dabei hat, aber Kekse mit Tiermotiven. Frau Loose stellt Anna nach dem Windelwechsel einen Keks in Aussicht. Anna möchte diesen Keks aber sofort. Frau Loose und Anna gehen zurück ins Spielzimmer, Anna bekommt den Keks und mit ihrer leiblichen Mutter geht Anna in die

Küche zurück. Dort wickelt sie die Pflegemutter, während Frau Loose dem Kind die Hände mit einem feuchten Tuch säubert.
Frau Loose hat Anna mit keinem Wort oder Geste aufgefordert sich von ihr wickeln zu lassen.
Nach dem Wickeln geht Anna wieder umgehend mit Frau Loose ins Spielzimmer.

Während des Spiels stößt sich Anna leicht den Kopf an. Sie ruft nach der Mama, Frau Klein fragt: „Soll die Mama kommen, oder möchtest Du zur Mama gehen?" Als Anna nur „Mama" sagt, bestätigt Frau Rottmann Anna noch: „die Mama sitzt in der Küche, Du kannst zu ihr in die Küche gehen".

Frau Loose tröstet Anna kurz und Anna ist sofort wieder ins Spiel vertieft. Beide spielen mit dem Polizeimotorrad das Anna mitgebracht hat.
Frau Schneider kommt aus der Küche und steht an der Tür zum kleinen Spielzimmer. Sie sieht, dass die leibliche Mutter mit ihrem Kind ins Spiel vertieft ist. Frau Loose und Anna bemerken Frau Schneider nicht.
Frau Klein und Frau Rottmann sitzen am anderen Ende des großen Raumes und Frau Rottmann bemerkt: „Anna hat sich schon wieder beruhigt, es ist alles in Ordnung".
Von „massiv bedrängt" und Anna und der Pflegemutter „keinen Raum gegeben zu haben", entbehrt jeder Grundlage. Frau Schneider hat sich mit eigenen Augen und Ohren davon überzeugt, dass es Anna gut geht, sie mit Begeisterung und Freude mit ihrer leiblichen Mutter spielt. Frau Schneider ist ohne sich bei Anna oder Frau Loose bemerkbar zu machen wieder in die Küche zurückgegangen.

Zum Ende des Umgangs hin haben Anna und Frau Loose Beachball gespielt. Anna mit großer Freude. Frau Klein vergewissert sich mehrmals ob wir nicht alle zusammen noch mit den Luftballons spielen sollen. Anna verneint immer entschieden. Sie will weiter mit Frau Loose Beachball spielen. Auch Herr Schneider bekundet sein Einverständnis damit, dass es kein gemeinsames Spiel mehr geben soll, wenn Anna es so will.
Es folgt dann unser gemeinsames Abschiedslied. Anna verabschiedet sich von allen und geht dann an der Hand ihrer PE."

An folgenden Stellen ist die Stellungnahme widersprüchlich zum Protokoll von Frau Rottmann und Frau Klein:

1. Die Aussage, „Frau Loose hat Anna mit keinem Wort oder Geste aufgefordert sich von ihr wickeln zu lassen.", wundert sehr, denn das Tragen einer Wickelunterlage ist für ein Kleinkind doch ein relativ deutliches Signal des Wickelns.

2. Die Situation des Wickelns wurde von den Fachkräften detailliert beschrieben (Hände abwischen..), obwohl niemand von ihnen dabei war!

3. Die beiden Darstellungen von Annas Bedürfnissen weichen im Protokoll und der nachträglichen Rechtfertigung doch sehr voneinander ab.

   Protokoll: „Als ich (Frau Klein) Anna frage, ob sie zur Mama gehen will oder die Mama kommen soll **wünscht sie sich, dass die Mama kommt.**"

   Stellungnahme: „Sie ruft nach der Mama, Frau Klein fragt: „Soll die Mama kommen, oder möchtest Du zur Mama gehen?" **Als Anna nur „Mama" sagt, bestätigt Frau Rottmann Anna noch: „die Mama sitzt in der Küche, Du kannst zu ihr in die Küche gehen".**

3;0c   Der Umgang ist doch wunderbar!?

Frau Klein und Frau Rottmann verfassten zudem eine Stellungnahme zu ihrer Sichtweise der Umgänge für das Amtsgericht (PE bedeutet Pflegeltern, KM bedeutet Kindsmutter):

„Unser Auftrag durch das Familiengericht ist es, durch die begleiteten Umgänge den Beziehungsaufbau zwischen Anna und ihrer leiblichen Mutter zu ermöglichen bzw. zu fördern.

Unser Auftrag in Bezug auf den begleiteten Umgang ist weder dafür zu sorgen, dass Anna bei den Pflegeeltern verbleibt, noch auf Rückführung hinzuarbeiten. Wir haben sicherzustellen, dass es Anna ermöglicht wird, eine Beziehung/Bindung zu ihrer leiblichen Mutter aufzubauen. Wir tragen Sorge dafür, dass es Anna während der Treffen mit ihrer leiblichen Mutter gut geht.

Derzeit finden 14-tägige Umgänge statt: bis Ende des Jahres abwechselnd in den Räumen des Kinderschutzbundes in xxxx, ab Dezember auf Wunsch der PE ausschließlich in xxxx.

Ab diesem Zeitpunkt erschienen zu den Umgängen nicht wie bis dahin nur 1 Pflegeelternteil, Anna wird seitdem von beiden Pflegeelternteilen begleitet.
Seit Februar sind die Pflegeeltern in den Räumen des KSB immer anwesend und für Anna jederzeit erreichbar. In den Umgängen davor konnten sich die PE entschließen, ca. 4 – 5 Mal sich während der Umgänge in einen separaten Raum zurückzuziehen. Anna wusste wo ihre PE sich aufhalten und es war ihr möglich jederzeit zu ihnen zu gehen. Anna nutze dies mal mehr mal weniger.

Anna kommt zu den Umgängen meist freundlich und gut gelaunt. Anna geht offen auf alle Beteiligten zu, weiß genau, dass dies die Zeit ist mit der KM zu spielen. Im Umgang mit der Kindsmutter erleben wir Anna ungezwungen und aufgeschlossen. Wir erleben Anna keineswegs ängstlich und unsicher im Kontakt mit Frau Loose. Anna sucht von sich aus den Körperkontakt mit Frau Loose, kann sich aber auch abgrenzen.
Frau Loose erleben wir im Umgang mit Anna gleichbleibend zugewandt, vorsichtig agierend, sehr darauf bedacht, für Anna die Zeit mit ihr gut zu gestalten.
Sie greift Annas Spielideen auf und führt sie phantasievoll weiter. Wir erleben Frau Loose weder in Worten noch Handlungen übergriffig. Frau Loose signalisiert dem Kind in keiner Weise: „Du sollst bei mir leben und nicht bei den Pflegeeltern."
Die Interaktion zwischen leiblicher Mutter und Anna erscheint uns positiv. Ein Rückschluss auf die Befindlichkeiten Annas nach den Umgängen lassen sich durch den Ablauf der Treffen für uns nicht erklären.

Leider bestehen spürbare Spannungen zwischen KM und PE.
Aus Rückmeldungen der PE nach den Umgängen entnehmen wir, dass die PE Situationen während des Umgangs anders sehen, wahrnehmen und werten als wir dies tun.
(Siehe Stellungnahme von Frau Klein und Frau Rottmann zur E-mail von Frau Schneider.)
Leider verweigern die PE derzeit das Beratungsangebot durch Frau Klein. Der notwenige Abgleich der verschiedenen Wahrnehmungen kann somit nicht erfolgen.
Für eine Traumatisierung Annas in den begleiteten Umgängen gibt es für uns keine Anhaltspunkte."

Dr. Karl Heinz Brisch, renommierter Bindungsforscher erläuterte auf dem 17. Deutschen Familiengerichtstag:

Die Bindungsentwicklung zwischen Kind und Pflegeeltern wird gestört durch Angst des Kindes vor Drohung einer Rückführung, erzwungenen Besuchskontakten, Umgangsrecht der leiblichen Täter-Eltern mit dem Kind. Alle diese Situationen lösen massive Angst und Panik beim Kind aus und verhindern eine emotionale Heilung.

Die Begleitung des Umgangs gibt keine emotionale Sicherheit, da in der Regel die Besuchsbegleiterin ein für das Kind fremde Person ist, mit der keine emotionale Sicherheit besteht, sodass diese Person das aktivierte Bindungssystem des Kindes nicht beruhigen kann.

3;0d   Zusammenarbeit wird untersagt

Frau Wunderlich hatte wiederholt versucht ein Arbeitsbündnis mit den Beteiligten des Umgangs zu erreichen. Frau Loose blieb bei ihrem ablehnenden Standpunkt und wurde dabei von Frau Rottmann unterstützt. Ein vereinbarter Termin mit Frau Neumeier wurde von Seiten des Jugendamtes abgesagt, ebenso ein von Frau Klein vereinbarter Termin. Frau Klein erklärte, dass sie keine Schweigepflichtsentbindung von Frau Loose erhalten hätte. Zudem dürfe sie sich von Amts wegen vor dem Gerichtstermin nicht mit Frau Wunderlich treffen. Sie dürfe sich auch nicht positionieren im Sinne des Wohles des Kindes.

Annas viertes Lebensjahr

3;1a   Vor Gericht und auf hoher See....

Am 6. Juli fand eine Anhörung beim Familiengericht statt. Entgegen der vorherigen telefonischen Ankündigung hatte der Richter die Verfahren nicht verknüpft. Es handelte sich daher um folgende Einzelverfahren:

∞ Verfahren I zum Sorgerecht: Antrag der Mutter vom Juni, dass ihr die entzogenen Teile des Sorgerechts wieder rückübertragen werden sollen.

∞ Verfahren II zum Verbleib: Antrag der Pflegeeltern auf Verbleib von Anna in ihrem Haushalt vom März

∞ Verfahren III zum Kindeswohl: Eilantrag wegen Kindeswohlgefährdung vom Mai

In allen drei Verfahren wäre als oberste Richtschnur das Kindeswohl von Anna zu beachten gewesen. Alle drei Verfahren waren derart miteinander verknüpft, dass eine Entscheidung auch immer den Verfahrensstand der anderen Verfahren hätte beachten müssen. Eine wirklich Trennung und Beschränkung auf den jeweiligen Verfahrensstoff war unmöglich. Es wäre sinnvoll gewesen, einen gemeinsamen Termin mit allen Beteiligten durchzuführen.

Doch es sollte anders kommen: Man traf sich kurz vor 14.00 Uhr am Familiengericht. Vor dem Sitzungssaal begrüßten sich Frau Neumeier, Regionalleiter Karl, Frau Klein, Frau Rottmann, Frau Loose mit Anwältin, die Gutachterin und der Familienrichter mit großem Hallo („schon lange nicht mehr gesehen"). Ehepaar Schneider, ihr Anwalt Herr Dorner und Frau Wunderlich wurden hingegen ignoriert. Die Amtspflegerin, Frau Acher, blieb unentschuldigt fern, obwohl sie in Teilen sorgeberechtigt für Anna war.

Nachdem alle in den viel zu kleinen Sitzungssaal drängten, stellte der Richter zunächst klar, dass die Pflegeeltern draußen zu warten hätten. Da die Verfahren nicht verbunden wären, seien sie im Sorgerechtsverfahren nur als Zeugen geladen. Obwohl dem Anwalt der Pflegeeltern in seinem Ladungsschreiben die Anwesenheit in diesem Verfahren freigestellt worden war, ließ der Richter darüber abstimmen, ob er anwesend bleiben durfte. Ohne Einwände durfte er dann stiller Beobachter sein, durfte nichts anmerken und nicht nachfragen.

Herr und Frau Schneider warteten auf dem Flur. Das erste Verfahren dauerte vier Stunden.

Verfahren 1: Sorgerechtsverfahren
Der Anwalt von Familie Schneider schilderte den Ablauf folgendermaßen:

Frau Loose wird befragt
Zunächst erklärte die Kindsmutter, sie suche eine größere Wohnung, um Anna aufnehmen zu können. Sie könne jedoch erst dann eine größere Wohnung anmieten, wenn der Wechsel von Anna perfekt sei, da die ARGE immer nur so viel bezahle, wie tatsächlich Personen vorhanden seien. In ihrer jetzigen Wohnung seien die Koffer zum Teil schon gepackt. Auf Nachfrage des Richters, ob nicht möglicherweise die zwei verschiedenen Väter der beiden Kinder Unterhalt zahlen müssten bzw. ob es einen Anspruch auf Unterhaltsvorschuss oder ähnliches gäbe, teilte sie mit, dass sie die Namen der Väter nicht genannt und deswegen auch keine finanziellen Ansprüche habe. Sie wolle mit den Vätern absolut nichts zu tun haben und diese einfach nur vergessen. Insbesondere der Vater von Anna sei ganz schlimm gewesen, bzw. sei dies auch heute noch und habe sie schlecht behandelt.

Der Richter wies auf einen Schriftsatz hin, der im Verfahren zum Verbleib eingegangen war, mit dem eine Stellungnahme eines Kinderarztes abgegeben worden war. Dem Gericht falle hierzu nur ein: „Schuster bleib bei deinen Leisten". Anschließend verlas das Gericht die ärztliche Stellungnahme. Der Kinderarzt stellte dar, dass er die Art der Umgänge als kindeswohlgefährdend ansehen würde. Im Anschluss daran verkündete der Richter nochmals, dass man diesem Schreiben wohl keine große Bedeutung beimessen könne. Insbesondere, weil ein Kinderarzt dies so gar nicht beurteilen könne. Auch die Gutachterin erlaubte sich nach kurzer allgemeiner Diskussion kritische Anmerkungen.

Die Kindesmutter bemerkte, dass der Umgangskontakt in letzter Zeit mehrfach ausgefallen oder verschoben worden sei und sie sich von den Pflegeeltern ausgegrenzt fühle. Sie habe, wie im Hilfeplan vereinbart, Vorschläge für außerordentliche Besuchskontakte gemacht. Diese seien von den Pflegeeltern jedoch stets abgelehnt worden. Anna würde während der Besuchskontakte Körperkontakt zu ihr suchen.

Die Pflegeeltern seien nicht mehr in einem separaten Raum, sondern seien ständig derart anwesend, dass sie für Anna zu sehen und zu hören seien. Dadurch würde Anna ständig beeinflusst.

Das Jugendamt wird befragt

Der Richter stellte fest, dass er in seinem damaligen Beschluss am Ende darauf hingewiesen habe, dass Umgänge zukünftig auch ohne Anwesenheit der Pflegeeltern durchgeführt werden sollten. Er stellte dem Jugendamt die Frage, warum dies nicht umgesetzt worden sei. Daraufhin führt Herr Karl aus, die Pflegeeltern hätten dies nicht gewollt. Daher habe das Jugendamt nur die Möglichkeit gehabt, entweder die Besuchskontakte weiterhin in Anwesenheit der Pflegeeltern durchzuführen oder zu riskieren, dass die Umgänge gar nicht mehr stattfinden würden. Die Frage des Richters, ob das Jugendamt quasi erpresst worden wäre, bejahte Herr Karl.

Die Gutachterin wird befragt

Anschließend befragte das Gericht die Gutachterin. Die Fachärztin für Psychiatrie erklärte, die Kindesmutter sei bei der ersten Untersuchung depressiver gewesen als bei der zweiten. Mittlerweile wirke sie eher „kämpferisch". Besonders starke Auffälligkeiten bestünden im affektiven Bereich. Daher leide sie an starken Einschränkungen, welche die Gutachterin als Persönlichkeitsdefizite beschrieb. Dies würde sich auch insbesondere auf die allgemeine (von einem bestimmten Kind unabhängige) Erziehungsfähigkeit auswirken. Daher sei die Kindesmutter in der Erziehungsfähigkeit eingeschränkt. Diese Einschränkungen würden sich insbesondere auf der emotionalen Ebene der Erziehungsfähigkeit auswirken. Sicherlich sei die Kindesmutter in der Lage, ein Kind in seinen Grundbedürfnissen (Essen, Trinken, Kleidung, Hygiene, etc.) zu versorgen. Die emotionale Ebene dagegen sei derart eingeschränkt, dass ein Kind darunter leiden könnte. Eine Beeinträchtigung ihrer Begutachtung im ersten Gutachten durch die Schwangerschaft habe nicht vorgelegen. Die Schwangerschaft habe dieses Ergebnis nicht beeinflusst.

Die Kindesmutter warf an dieser Stelle ein, dass sie sich um eine Therapie bemühe und bei mehreren Fachleuten nachgefragt habe. Niemand jedoch habe ihr sofort einen Termin geben können. Sie stünde bestenfalls auf einer Warteliste. Es würde sich um eine Psychotherapie handeln.

Das Gericht fragte daraufhin die Gutachterin, ob eine Psychotherapie hier der richtige Weg sei. Sie führte aus, dass grundsätzlich nach den bestehenden Befunden eine Psychotherapie der richtige Weg sei. Sie bezweifle jedoch, dass im konkreten Fall dadurch eine Besserung eintreten könne. Bei der Kindesmutter fehle der „Leidensdruck". Sie fühle sich gar nicht krank. Daher habe sie auch nicht eingesehen, dass sie überhaupt einer Therapie bedürfe. So sei es sehr fraglich, ob im konkreten Fall eine Therapie einen Erfolg bringen würde. Als weiteres großes Problem nannte die Gutachterin die hohe Kränkbarkeit der Kindesmutter. Sie sei sehr schnell gekränkt und könne dies auch nicht verbergen. Gerade diese hohe Kränkbarkeit sei bei der Erziehung von Kindern problematisch. Kinder würden immer geradeheraus sagen, was sie gerade denken. Aus der hohen Kränkbarkeit sei auch auf eine große Ichbezogenheit zu schließen, was dazu führe, dass das Kind nicht an oberster Stelle stehen würde. Dies wiederum sei gerade im Fall von Anna und einer möglichen Rückführung sehr gefährlich. Denn aufgrund der Vergangenheit von Anna sei auf jeden Fall mit großen Problemen im Falle einer Rückführung zu rechnen. Daher bedürfe es hier einer über das normale Maß hinaus gehenden erziehungsfähigen Person. Diese Person müsste umgangssprachlich gesprochen doppelt erziehungsfähig sein. Die Kindesmutter sei aber unterdurchschnittlich erziehungsfähig.

An dieser Stelle fragte der Richter, ob durch die eben geschilderten Einschränkungen bei der Erziehungsfähigkeit eine Gefahr für das zweite Kind bestünde. Die Antwort lautete: „Ich würde zumindest genau draufschauen". Die Psychiaterin erklärte, dass sie damit meine, dass aufgrund der emotionalen Einschränkungen der Kindesmutter die emotionale Versorgung des Kindes zu kurz kommen könnte. Bei einem Besuch sei Maria, das zweite Kind von Frau Loose, sicherlich auf den ersten Blick gut versorgt, also habe genug gegessen und getrunken, sei sicher untergebracht, sauber gekleidet, etc. Aber gerade in Bezug auf die emotionale Versorgung, die im zunehmenden Alter immer wichtiger würde, sehe sie durchaus Probleme.

Herr und Frau Schneider werden befragt
Anschließend wurden die Pflegeeltern ca. zehn Minuten gehört. Der Richter fragte sie als erstes, ob sie die Mutter als erziehungsfähig einschätzen würden. Sie antworteten, dass sie dies nicht beurteilen könnten und lediglich etwas zu Anna sagen könnten. Er konkretisierte seine Frage, ob sich die Mutter beispielsweise nach Anna erkundige.

Dies mussten sie verneinen, Frau Loose wollte selbst auf zahlreiche Angebote hin nie etwas über Anna und ihre Lebenswelt erfahren. Frau Loose ergänzte, sie wisse alles über Anna, der Pflegevater habe einmal im Umgangskontakt erzählt, sie sei aufgeweckt und mache nicht immer das was sie solle. Der Richter bestärkte die Mutter: „Es ist auch nicht so einfach, wenn man sein Kind nur alle zwei Wochen für zwei Stunden sieht." Er fragte die Pflegeeltern, ob sie der Kindesmutter denn schonmal ihre Telefonnummer angeboten hätten. Der Richter wollte dann genauer wissen, welche Beratungen die Pflegeeltern in Anspruch genommen hätten und vorallem bei welchen sie Anna mitgenommen hätten. Er fragte dann nach der Gesundheitssorge. Sie mussten sich rechtfertigen und erklärten, dass die Amtspflegerin ihnen eine Vollmacht erteilt hätte. Der Richter äußerte seine Verwunderung über die Stellungnahmen, die sie bei Gericht eingereicht hätten. Er urteilte, dass diese sicherlich Einiges gekostet hätten. Er wurde noch deutlicher: Er kenne keinen Professor, der etwas kostenlos und aus reinem Altruismus täte. Auf die Aussage der Pflegemutter, dass auch Prof. Weber aus Sorge um ein Kind handle, um das es hier ja gehen würde, antwortete der Richter: „Natürlich geht es um ein Kind, denn ohne Kind wäre die Mutter hier ja nunmal keine Mutter." Dann fragte der Richter, warum sie bei den Umgängen nicht schon längst spazieren gingen. Sie versuchten zu erläutern, dass es für Anna und damit auch für das Gelingen der Umgänge bislang hilfreich war, dass zumindest einer von ihnen erreichbar war. Den Hinweis, dass Anna bis vor kurzem noch gewickelt werden musste, tat der Richter mit den Worten ab: „Dann hätte sie halt irgendwer gewickelt". Die Pflegeeltern gaben zu bedenken, dass dies für ein kleines Kind keine Selbstverständlichkeit und etwas sehr Intimes sei, wurden aber noch im Satz gemaßregelt: „Sie brauchen mir hier keinen psychologischen Vortrag halten". Er hatte keine weiteren Fragen, dafür wollte noch die anwesende psychologische Gutachterin von ihnen wissen, worin sie den Grund für Annas Verhalten sähen. Sie erklärten, dass nach ihrem laienhaften Verständnis durch den Druck in den Umgängen Annas Vertrauen in sie gefährdet sei. Sie verwiesen auf Frau Wunderlich, die hier sicherlich die qualifiziertere Ansprechpartnerin sei.

Die Umgangsbegleiterinnen werden befragt
Frau Klein und Frau Rottmann wurden herein gebeten. Frau Klein erklärte, dass Anna mehr auf die Kindesmutter zugehen würde. Beide würden in den Umgängen mehr zusammen spielen als früher.

Der Richter fragte nach einer Bindung zwischen Anna und ihrer Mutter. Frau Klein antwortete, es bestünde mehr eine Beziehung als eine Bindung. Weiter erläuterte sie, dass die Pflegemutter Anna sehr gut auf die Umgangskontakte vorbereite. Sie erzählte von einem der letzten Umgänge: als die Kindesmutter noch nicht da war, habe Anna von sich aus gefragt, ob die Kindesmutter sie mitnehmen dürfe. Frau Klein habe daraufhin versichert, dass dies nicht der Fall sei und die Kindesmutter nur mit ihr spielen wolle. Daraufhin habe Anna sich zufrieden gezeigt und sich auf das gemeinsame Spiel gefreut. Frau Rottmann fügte an dieser Stelle ein, Anna habe niemals einen Anlass haben können, zu denken, dass die Kindesmutter sie mitnehmen wolle, da die Kindesmutter während der Umgänge niemals etwas über die Rückführung gesagt habe. Weiter führte sie aus, Frau Schneider äußerte in einem der ersten Besuchskontakte angeblich, dass sie keine Bindung des Kindes zur Kindesmutter wünsche. Die Umgangsbegleiterinnen wurden nach der Befragung entlassen.

Annas Therapeutin wird befragt

Frau Wunderlich war nicht geladen worden. Sie kam jedoch zum Anhörungstermin und wurde dann in den Sitzungssaal gebeten. Zunächst fragte der Richter nach ihrer Ausbildung, anschließend, wie oft sie Anna derzeit sehe. Frau Wunderlich erläuterte, dass Anna einmal pro Woche bei ihr in Therapie sei. Anna leide unter anderem unter Trennungsängsten. Frau Wunderlich hätte Anna beobachtet, z.B. würden im Spiel die Figuren, die die Kindesmutter darstellten, aus der gemeinsamen spielerischen Umgebung herausgeworfen.

Die Gutachterin durfte Frau Wunderlich fragen, warum diese bei ihr angerufen habe. Frau Wunderlich erklärte daraufhin, sie hätte Fragen bezüglich des Gutachtens gehabt. Daraufhin fragte die Gutachterin, wie Frau Wunderlich an das Gutachten herangekommen wäre. Frau Wunderlich erklärte, sie habe das Gutachten nicht vorliegen gehabt, sondern die Pflegemutter habe aus dem Gutachten erzählt. Daraufhin hätten sich bei ihr Fragen ergeben, die sie mit der Gutachterin habe klären wollen. Leider habe sie sie nicht erreicht.

Die Befragung dauerte sieben Minuten. Anschließend wurde Frau Wunderlich entlassen.

Die Befragung erfolgte einseitig und kurz. Es wurde beispielsweise nicht gefragt, was die Ursache für Annas Verhalten sei und was getan werden müsse, damit es dem Kind besser gehe.

Insbesondere wurde nicht gefragt, ob die Umgangsgestaltung Ursache sei und wenn ja, wie dem zukünftig entgegengewirkt werden könne.

Die Gutachterin urteilt unaufgefordert
Die Gutachterin äußerte ihre Vermutungen bezüglich Annas Verhalten: Die Besuchskontakte hätten eine Verbesserung in der Beziehung der Kindesmutter zu Anna bewirkt. Dies schließe sie aus den Berichten der Beteiligten. Es sei auch logisch, dass dies so erfolge. Denn mit zunehmender Erfahrung der Kindesmutter würde diese sich auch immer geschickter im Umgang mit Anna anstellen. Sie zog den Vergleich, dass auch bei Affen die Versorgungs- und Erziehungsfähigkeiten des weiblichen Tieres mit jeder weiteren Schwangerschaft zunehmen würden. Ihrer Meinung nach würden die Pflegeeltern sich unsicher fühlen, aber sie könne dies nicht mit Sicherheit sagen, da sie die Pflegeeltern nicht untersucht habe. Nach ihrer Vermutung seien jedoch die Pflegeeltern Schuld an Annas gezeigter Verunsicherung, da sie Anna durch ihr eigenes Verhalten verunsichern. Zu bedenken sei ihrer Meinung nach auch die Geschichte dieses Pflegeverhältnisses. Sie würde sich die Frage stellen, ob die Pflegeeltern überhaupt als Pflegeeltern geeignet seien. Dies sei ja damals gar nicht überprüft worden und müsse eventuell noch nachgeholt werden. Weiterhin stellte sie in Frage, ob Anna aufgrund der geschilderten aktuellen Probleme wirklich bereits eine abgeschlossene sichere Bindung zu den Pflegeeltern habe. Sie bezeichnete das Verhalten der Pflegeeltern als „bindungsintolerant", weil die Pflegeeltern „nicht offen" wären und die Kindesmutter ablehnen würden. Nach ihrer Meinung sei eine Rückführung derzeit nicht möglich, ohne das Kind sehr zu schädigen, es sei für das Kind derzeit „nicht zumutbar". Sie führte weiter aus, dass nach ihrer Ansicht die Pflegeeltern in dieser Angelegenheit eine (Familien-)Therapie bräuchten, am Besten durchgeführt während der Besuchskontakte, also nachdem sie Anna bei der Kindesmutter abgegeben hätten. Für eine Rückführung, die mit drei bzw. dreieinhalb Jahren möglich sei, müssten die Pflegeeltern mithelfen. Das müsste so geschehen, dass die Pflegeeltern das Kind loslassen könnten, wie z. B. auch, wenn Eltern ihre Kinder im Kindergarten oder in der Schule abgeben. In dieser ganzen Angelegenheit wäre es wichtig, dass die Kindesmutter mit in eine Therapie eingebunden würde. Natürlich müsste es sich um eine neutrale Therapeutin handeln. Zum Jugendamt gewandt wurde dargestellt, dass die Pflegeeltern sich ihrer Ansicht nach in einer Vertragssituation befänden.

Wenn also das Jugendamt eine Familientherapie für nötig halte, müssten die Pflegeeltern eine solche auch annehmen.

Herr Karl weist die Richtung
Der Richter fragte Herrn Karl, ob bezüglich des Sorgerechts nach seiner Meinung derzeit etwas verändert werden sollte. Herr Karl sprach sich dafür aus, das Sorgerecht noch zumindest für ein halbes Jahr unverändert beim Jugendamt zu belassen. Die Anwältin der Kindesmutter bestätigte, dass im Moment eine Sorgerechtsübertragung nicht notwendig sei, wohl aber in der Zukunft.

Herr Karl bat das Gericht abschließend, dass in einem Beschluss klare Verhaltensmaßregeln für die Pflegeeltern und vor allem Sanktionen bei Nichteinhaltung enthalten sein müssten.

Verfahren 2: Verbleibensanordnung
Das erste Verfahren wurde nach vier Stunden beendet und eine kurze Pause gemacht. Die Pflegeeltern konnten sich gegen die ständigen Vorwürfe und Beschuldigungen der Beteiligten aufgrund ihrer Abwesenheit nicht wehren. Die Sachverständigen und Umgangsbegleiterinnen waren zum Zeitpunkt des zweiten Verfahrens längst entlassen worden und konnten daher nicht mehr befragt werden. Um 18.00 Uhr begann das zweite Verfahren zum Verbleib Annas in der Pflegefamilie. Da die Verfahren nicht verknüpft waren, hätte man alle gewonnenen Erkenntnisse des ersten Verfahrens, insbesondere die Aussagen der Sachverständigen und der Umgangsbegleiterinnen, nun vollständig wiederholen müssen. Die Erkenntnisse wurden jedoch nicht wiederholt und in die folgenden Verfahren eingebracht. Umgekehrt war aber auf die folgenden Verfahren im Verfahren I zum Sorgerecht ausführlichst vorgegriffen worden.

Das Verfahren wurde mit der Frage der Zulässigkeit des Antrages begonnen. Sowohl die Anwältin der Mutter als auch Herr Karl erklärten, dass keiner *derzeit* das Kind aus der Pflegefamilie nehmen wolle und es daher keine Verbleibensanordnung bräuchte. Dies gelte perspektivisch für das nächste halbe Jahr. Wie schon im Antrag erklärte der Anwalt der Pflegeeltern, dass alleine der Wunsch der Mutter auf eine Rückführung, für eine Verbleibensanordnung ausreiche. Er erläuterte, dass sich bei der Herausnahme von Anna eine Gefährdung einerseits aus der bisherigen

Dauer des Aufenthaltes in der Pflegefamilie mit den dadurch entstandenen Bindungen und andererseits aus der nicht ausreichend vorhandenen Erziehungskompetenz der Mutter ergäbe.

Anschließend wurde über Teilaspekte der Umgangsgestaltung gesprochen, insbesondere, unter welchen Bedingungen die Mutter eine Bindung zu ihrer Tochter herstellen könne.
In diesem Zusammenhang äußerte Herr Karl seine Meinung über Frau Wunderlich. „Ich habe mich über diese Person kundig gemacht." Die Nachfrage, was er damit meine, beantwortete er: „Das gehört jetzt nicht hierher." Als der Pflegevater reagierte: „Das ist ja unverschämt", wurde er vom Richter gerügt: „Herr Schneider mäßigen Sie sich augenblicklich."
Eine Nachfrage der Pflegeeltern zum Verfahren kommentierte die Anwältin der Mutter: „Es ist schon spät, lassen Sie sich das nachher von ihrem Anwalt erklären." Das Verfahren wurde nach 30 Minuten beendet.

Verfahren 3: Kindeswohlgefährdung
Zum Eilverfahren bezüglich einer Kindeswohlgefährdung war entgegen §155 FamFG die Anhörung zu spät terminiert. Der Richter merkte an, dass er noch anderes zu tun hätte und doch ohnehin schon zeitnah gehandelt habe. Er regte jedoch an, das Verfahren aufgrund der fortgeschrittenen Zeit zu beenden, und bei Bedarf solle ein Hauptsacheverfahren beantragt werden. Er beschloss, dass die gerichtlichen Kosten Herr und Frau Schneider tragen sollten.
Erst nach einer Beschwerde der Pflegeeltern wurde von der Erhebung der Gerichtskosten abgesehen.

3;1b   Verkehrte Welt
Ende Juli erklärte die Anwältin der Kindesmutter, dass sich eine Kindeswohlgefährdung daraus ergebe, dass es Herr und Frau Schneider nicht möglich sei, einen unbefangenen Umgang von Anna mit der Mutter zuzulassen. Das Bedürfnis der Pflegeeltern, die Umgangssituation zu kontrollieren, würde immer mehr zunehmen. Es wurde angeführt, dass die Sorge der Pflegeeltern, Anna könnte in den Haushalt der leiblichen Mutter überführt werden, Grund für die Ängste des Kindes sei.
Daher wurde angeregt, einen Spezialisten zur Kindeswohlgefährdung zu beauftragen, um eine Kindeswohlgefährdung durch die Pflegeeltern zu überprüfen.

Das Jugendamt unterstützte diese Tendenz mit der Überlegung, Anna in eine andere Pflegefamilie umzusiedeln.

3;2 Das Amtsgericht beschließt

Ende August wurde der von der Anwältin der Kindsmutter vorgeschlagene Spezialist zur Kindeswohlgefährdung beauftragt:

„Zur Klärung der Frage, ob das Kind [.....] einer Kindeswohlgefährdung ausgesetzt ist und- bejahendesfalls- wodurch diese verursacht wird, wird die Erholung eines kinderpsychologischen Sachverständigengutachtens angeordnet. Der Sachverständige soll sich im Rahmen des Gutachtens auch dazu äußern, wodurch bei dem Kind möglicherweise zu einer Gefährdung führende bestehende Verhaltensauffälligkeiten verursacht werden, insbesondere, ob der Umgang des Kindes mit der Mutter hier maßgeblich ist oder ob andererseits mögliche Verhaltensauffälligkeiten des Kindes dadurch verursacht werden, dass die Pflegeeltern einen unbefangenen Kontakt des Kindes mit der Mutter nicht zulassen. Letzterenfalls hat sich der Sachverständige auch dazu zu äußern, ob eine möglicherweise vorliegende Gefährdung des Kindeswohls nur durch eine Herausnahme des Kindes aus der Pflegefamilie -gegebenenfalls verbunden mit einem Wechsel der Pflegefamilie -abgewendet werden kann." Das Gutachten sollte aufgrund der Dringlichkeit bis 31.10. erstellt werden.

Der Richter beendete Ende August das Verfahren I zum Sorgerecht mit dem Beschluss, dass es derzeit bei der letzten Entscheidung des Gerichts (Entzug der Teile des Sorgerechts) bleibe.

3;3 Der Gutachter hat´s erst mal eilig

Der Gutachter machte seinen ersten Hausbesuch aufgrund der übermittelten Brisanz sehr dringlich. Er kam daher gleich Anfang September vor seinem Urlaub zu einem Termin von 8.30 bis 9.50 Uhr.

Wahrnehmung der Pflegemutter
Kurz bevor der Gutachter eintrifft, ruft die Kindergärtnerin an, weil Anna von einem Hüpfpferd gefallen sei. Sie hätte sich zwar nichts getan, weine aber so nach der Mama, dass sie versprochen hätte, dass die Mama komme. Als ich zur Türe gehe, um in den Kindergarten zu fahren, klingelt gerade der Gutachter. Er amüsiert sich, dass er zunächst das Licht eingeschaltet hätte, bevor er klingelte. Ich erkläre ihm kurz die Situation und mein Mann nimmt ihn in Empfang.

Im Kindergarten hat Anna sich schon etwas beruhigt. Die Kindergärtnerin erklärt mir, dass sie mit Anna ausgemacht hätte, dass sie heute mit nach Hause darf. Ich erkläre ihr, dass dies gerade schlecht sei und wir verabreden, dass Anna noch bis zur Frühstückspause bleibt. Anna ist auch damit einverstanden.

Zuhause angekommen, hat der Gutachter damit begonnen, sich Verhaltensweisen von Anna durch meinen Mann beschreiben zu lassen. Er hatte ihn zunächst befragt, was er beruflich mache.

Da ich nun wieder da bin, erklärt der Gutachter nun erst einmal, was ein Gutachter sei. Er betont seine Neutralität und liest uns die Begründung des Gerichtes zur Erstellung des Gutachtens vor. Er erklärt, der Richter wolle, dass er in beide Richtungen schaue und feststellt, ob überhaupt eine Kindeswohlgefährdung vorläge. Wenn ja, in welchem Maß. Bestandteil des Gutachtens werden auch Empfehlungen sein, die Situation zu verbessern.
Der Gutachter definiert, dass Kindeswohlgefährdung bedeutet, dass in naher Zukunft mit einer schweren und nachhaltigen Schädigung des Kindes zu rechnen sein muss.

Mein Mann hatte ihm schon beschrieben, dass Anna seit Anfang des Jahres sehr an uns klammern würde, sich plötzlich zu verletzen begann, von Monstern erzählte, sich einsperrte und beim Einschlafen und Durchschlafen Probleme hatte. Hier steigen wir mit der Berichterstattung nun wieder ein.
Ich ergänze, dass Anna vorher sehr gut geschlafen hätte, man sie abends problemlos zu Bett brachte und sie durchschlief. Außerdem war sie schon immer mal bei Nachbarn, Oma und Opa geblieben. Nun wollte sie nicht mehr bei anderen bleiben. Auch in der Krabbelgruppe war aufgefallen, dass Anna nicht mehr so offen spielte.

Der Gutachter fragt, in welcher Abfolge die Auffälligkeiten aufgetreten wären. Wir sagen, dass wir da nichts benennen könnten und in unserer Erinnerung alles relativ gleichzeitig aufgetreten sei.

Wir erzählen, dass Anna auch ganz konkrete Aussagen getroffen hatte (z.B. „ich will bei euch bleiben", „Frau Loose ist ein Monster", „die nimmt mich weg" usw.) und beschreiben, dass wir sehr erstaunt über diese Aussagen waren, da wir nie vor Anna etwas bereden und uns nicht klar war, was in ihr arbeitet. Der Gutachter antwortet, dass man oft erstaunt ist, was in den Köpfen der Kinder so vorgeht und wodurch etwas ausgelöst wird.

Wir beschreiben auch die Situation, in der Frau Loose Anna festgehalten hat und dass Anna anschließend immer sagte „die packt mich" und „die hält mich fest". Auch dass sie Frau Klein einmal fragte, ob Frau Loose sie mitnehmen würde, und dass sie einmal sagte, sie solle bei Frau Loose übernachten, die hätte aber kein „Betti". Wir erklären wie wir Anna bestärken, dass Frau Loose sie nicht festhält und dass Anna nach den letzten Umgängen immer bestätigt hätte: „Sie hat mich nicht festgehalten."

Der Gutachter möchte dann wissen, wie wir auf die einzelnen Probleme reagieren, was wir ihm detailliert schildern. Beispielsweise beschreiben wir, bezüglich der Monster ein Ritual erfunden zu haben, indem wir die Monster aus dem Zimmer scheuchen und zum Fenster rausjagen, bzw. mein Mann die Monster abends immer in die Windeltüte packt und mitnimmt. Der Gutachter fragt, ob wir uns kundig gemacht hätten, denn es gäbe Literatur „Das Monster in den Garten jagen". Wir erklären, dass wir dies aus eigener Intuition so erfunden hatten.

Wir beschreiben, dass für uns interessant war, dass die Monster bei Opa und Oma nicht da waren und sie auf der Heimfahrt sagte, sie wolle nicht heim, weil da Monster seien.

Der Gutachter möchte wissen, ob Anna viel Phantasie habe und gerne Bücher anschaue. Wir bestätigen, dass Anna viele Bücher anschaue und auch kreativ selbst erzählt. Wir berichten, dass Anna eine zeitlang in einem Märchenbuch die Illustration des Rumpelstilzchens beschäftigte und sie ohne Kenntnis der Geschichte immer wissen wollte, warum der Zwerg das Kind wegnähme. Auf der Illustration war lediglich zu sehen, dass der Zwerg auf das Kind deute.

Wir beschreiben, dass wir momentan eine Entspannung wahrnehmen, es gäbe keine Monster mehr, sie verletze sich nicht mehr selbst und schlafe wieder beständiger. Wir erklären, dass wir nun längere Zeitspannen zwischen den Umgängen hatten und Anna wöchentlich therapeutisch betreut sei.

Der Gutachter möchte wissen, wie die Zeit vor den Auffälligkeiten gewesen sei.

Mein Mann beginnt damit, wie wir Anna aufgenommen haben, um zu erklären, ab wann die ersten Umgänge stattfanden. Der Gutachter kürzt hier etwas ab, mit dem Hinweis darauf, dass er nur bis 9.30 Zeit hätte.

Wir beschreiben, dass nach 13 Monaten der erste Kontakt stattfand, weil das Amt sich erhoffte, dass Frau Loose sich dann entscheiden könne und eventuell Abstand nehmen würde. Der Gutachter bestätigt, dass dies hätte geschehen können. Da Frau Loose aber dann Anna sehen wollte, fanden zunächst 6-8 wöchige Treffen statt, die dann im Januar auf vierzehntägig erhöht wurden. Die Treffen waren zunächst sehr schwierig, weil Frau Loose sich selbst nicht einbrachte und Frau Klein als Umgangsbegleiterin und der anwesende Pflegeelternteil immer damit beschäftigt waren, Anna im Umgang zu halten. Ab April als Frau Loose noch ein Kind zur Welt brachte, wurde dies dann besser und Frau Loose spielte mehr mit Anna. Frau Loose war dann auch zu Gesprächen mit uns bereit, beispielsweise über Annas Gewicht oder Essgewohnheiten. Ich erzähle, wie gerührt ich von einem Umgang war, in dem wir Anna miteinander in einer Decke geschaukelt haben, weil endlich ein Miteinander möglich war und ich das Gefühl hatte, wir könnten endlich ein Miteinander finden, das ich mir von Anfang an so erhofft hatte.

Wir beschreiben, dass nach der Geburt des zweiten Kindes ein enormer Zwang und Druck in die Umgänge hineinkam und ab dann - wie Frau Klein es einmal bezeichnete - „ein anderer Wind wehte". Der Gutachter möchte wissen, wodurch die Änderung kam. Wir erklären, dass die Familienhilfe der Mutter ab dann mit im Umgang war. Der Gutachter fragt nach, ob sich die Familienhilfe in den Umgang eingemischt hätte. Wir bestätigen, dass diese ab dem ersten Treffen in den Umgang eingegriffen hätte und uns gegenüber gleich Wertungen wie „sie können das Kind mit seiner Mutter nicht glücklich sehen" abgegeben hatte. Wir beschreiben, dass es ab dann nur noch hieß: „Mach mal..., geh mal..., sag mal... zur Mama Karin" bis hin zu „jetzt sag halt endlich mal Mama zu ihr" als Anna wieder einmal „Frau Loose" sagte.

Wir beschreiben, dass die Vorgängerin Frau Weiß auch immer mal dabei war, sich beobachtend am Rand des Umgangs hielt und sich nicht einmischte.

Der Gutachter möchte wissen, ob es in der Zeit vor den Auffälligkeiten privat bei uns Veränderungen gegeben habe. Mein Mann erzählt, dass Anna Ende des Jahres begann aufs Töpfchen zu gehen, dass sie hier jedoch wieder einen Rückschritt machte.

Der Gutachter fragt uns, wo wir den Lebensmittelpunkt des Kindes sähen. Wir antworten, dass Anna nun seit der Geburt bei uns sei und im Gegensatz zu anderen Pflegeverhältnissen nie bei der Mutter gelebt hat und daher ihr momentaner Lebensmittelpunkt bei uns sei. Mein Mann ergänzt, dass Anna eine Primärbindung an uns ermöglicht wurde und sie diese wohl auch aufgebaut hat und dass nach dem Urteil zum Sorgerecht Anna ja nun voraussichtlich auch das nächste Jahr bei uns leben würde.
Ich beschreibe, dass es uns ein Anliegen ist, dass Anna, wenn sie alt genug ist und ihre Mutter und auch ihre Schwester positiv kennenlernen konnte, wählen kann, ob sie wieder dort leben möchte. Wir beschreiben die Chance, die wir hier in der Pflege sehen und dass wir uns deshalb auch schon für offene Adoptionsformen beworben hatten, da wir im Bekanntenkreis erlebten, wie eine Adoptivtochter mit den Adoptiveltern brach auf der Suche nach ihren Wurzeln.

Daraufhin fragt der Gutachter, was wir machen würden, wenn Anna jetzt äußern würde, dass sie zur Mutter möchte. Mein Mann sagt, dass er erklären würde, dass dies momentan bei Frau Loose nicht möglich sei. Ich antworte, dass ich mit der behandelnden Therapeutin Rücksprache halten würde, inwiefern der Wunsch des Kindes nachhaltig und in dem Alter ernst genommen werden kann, weil ein Kind die Folgen noch nicht überblickt und wenn dies sinnvoll wäre, dann das Kind unterstützen würde. Der Gutachter kommentiert: „Sie sind aber sehr kindorientiert."

Er fragt uns, wie wir die Meinung der Therapeutin verstehen. Mein Mann erklärt, dass sie festgestellt habe, dass Anna durch die zwei Mütter überfordert wäre. Ich ergänze, dass ich das Thema auch zuhause zu präsent gemacht hätte und die ständige Erwähnung der Bauchmama für Anna zu viel gewesen wäre.

Der Gutachter fragt mich, wie ich es selbst empfinde und ich sage, dass ich es im Nachhinein betrachtet auch so sehe, weil ich auf Rat des Jugendamtes jede Gelegenheit ergriffen hatte, um das Thema zu transportieren.

Da die Zeit fortgeschritten ist, teilt der Gutachter mit, dass er organisatorisch nun als nächstes mit der Kindsmutter sprechen, das Gespräch mit uns fertig führen und Anna in ihrem Zuhause erleben möchte. Er fragt uns, was wir als erstes möchten und ich sage, dass er, nachdem es um Anna geht, sich als nächstes doch einen Eindruck von Anna verschaffen könne. Wir halten einen Termin für den weiteren Besuch fest. Der Gutachter teilt auch mit, dass er mit Frau Wunderlich sprechen möchte. Ich frage ihn, ob er die Telefonnummer bräuchte. Er entgegnet, dass er diese auf dem Anschreiben ans Gericht habe und er zunächst eine Schweigepflichtsentbindung durch die Amtspflegerin benötigt.

Er nimmt noch auf die Anregung (er bezeichnet dies auch juristisch korrekt als Anregung nicht als Antrag!) unsererseits bei Gericht Bezug und sagt, dass ja die Grundlage war, dass die Mutter nicht mit der Therapeutin zusammenarbeite, dass dies aber oft schwierig sei, weil die Mutter die Therapeutin, die durch uns aufgesucht wurde, nicht als neutral ansehen kann. Er sagt, wir sollen uns umgekehrt überlegen, wenn wir nun mit der Familienhilfe der Mutter zusammenarbeiten sollten. Ich füge hinzu, dass offenbar auch das Amt nicht von der Schweigepflicht entbunden sei und auch diese nicht mit Frau Wunderlich zusammenarbeiten.

3;3b   Anna boykottiert den Umgang

Anfang September verweigerte Anna erstmals aktiv einen Umgang. Es wurde nach 20 Minuten abgebrochen.

Wahrnehmung der Pflegemutter

Als ich Anna die Treppe zum KSB nach oben trage, klammert sie sich an mich. Frau Klein begrüßt uns, Anna gibt zögerlich die Hand, ebenso Frau Rottmann, die uns im Vorraum erwartet. Ich versuche Anna abzusetzen. Sie beharrt jedoch darauf, auf meinem Arm zu bleiben. Frau Rottmann sagt: „Willst du mal schauen, wer im Spielzimmer sitzt?" Anna schüttelt den Kopf. Frau Rottmann sagt noch mal: „Schau doch mal nach, wo die Mama Karin ist." Ich greife dies auf und schaue mit Anna auf dem Arm ins Spielzimmer. Frau Loose sitzt abwartend auf dem Fensterbrett. Ich gehe mit Anna hin und begrüße Frau Loose. Anna wendet sich ab. Frau Loose zwickt Anna in die Wade und sagt: „Ja was schaut denn da raus? Was ist denn los mein Schatzl?" Anna presst ihre Beine an mich. Frau Klein schlägt vor, das Begrüßungslied zu singen. Anna möchte auf meinem Arm bleiben. Sie singt jedoch mit. Anschließend erklärt Frau Rottmann, dass sie sich ein neues Spiel ausgedacht hätte: Häschen in der Grube. Hierzu soll sich Anna in die Mitte setzen. Anna besteht darauf, dass ich mich dazu setze. Alle gehen drum herum und singen „Häschen in der Grube". Frau Klein schlägt noch weitere Spiele vor. Anna möchte nicht.

Frau Klein spricht Anna auf den Kindergarten an. Anna möchte nicht erzählen, stattdessen erzähle ich ein bisschen. Mein Mann erzählt über die bayrischen Worte, die Anna nun übernimmt. Frau Loose fragt mehrmals nach Freunden und welches Lied sie dort singen, Anna möchte nichts sagen. Alle sitzen mittlerweile auf den umliegenden Stühlen, während ich mit Anna auf dem Schoss auf dem Boden sitze. Daher regt Frau Klein an, dass Anna sich mit mir auf die Couch im Spielzimmer setzt. Ich stehe mit Anna auf, die schon jammert, dass sie dies nicht möchte. Sie springt auf dem Sofa sofort von meinem Schoß auf und zieht mich wieder aus dem Spielzimmer. Ich setze mich mit ihr auch auf einen Stuhl. Frau Rottmann sagt: „Vielleicht hat die Mama Karin wieder Gummibärchen dabei. Magst du mit ihr nachschauen?" Anna nickt und schüttelt gleich darauf den Kopf. Frau Rottmann sagt: „Oh wenn nicht mal die Gummibärchen interessant sind, die helfen doch sonst immer." Frau Rottmann schlägt vor, dass Frau Loose die Gummibärchen holt. Frau Loose saß bisher unbeteiligt dabei, holt nun die Gummibärchen aus dem Spielzimmer. Anna nimmt die Tüte in Empfang und verzehrt sie auf meinem Schoß. Ich schlage vor, Ball zu spielen. Anna zögert, steht auf und setzt sich auf den Schoß meines Mannes. Frau Rottmann meint, dass man den Karton holen sollte, in dem Anna das letzte Mal so gerne Baby gespielt hätte. Anna schüttelt den Kopf. Frau Klein fragt: „Möchtest du spielen oder möchtest du heimgehen?" Anna sagt: „Nein." Daraufhin interpretiert Frau Klein: „Also nach Hause möchtest Du auch nicht." Ich frage Anna noch mal einzeln: „Möchtest Du spielen?" Dies verneint Anna. „Möchtest Du nach Hause?" Anna bejaht. Frau Klein und Frau Rottmann sind sich einig, dass Anna etwas ausbrütet und man den Umgang dann hier abbreche. Anna möchte nicht mehr „mein rechter Platz ist leer" spielen und kein Schlusslied singen. Frau Loose steht auf und holt Annas Jacke. Sie sagt: „Schatzl, dann zieh ich Dir noch Deine Jacke an." Anna sagt: „Will ich nicht." und kommt vom Schoss meines Mannes wieder zu mir. Frau Loose zieht sie trotzdem an. Als sie die Knöpfe schließen möchte, vergräbt sich Anna in meine Brust, so dass Frau Loose nicht hinkommt. Diese setzt ihr noch die Mütze auf. Anna motzt. Frau Loose sagt: „Schatzl, jetzt kurierst Du Dich richtig aus." Anna wendet sich ab. Sie gibt nach mir allen die Hand und wir verlassen nach 20 Minuten den Kinderschutzbund. Anna möchte zum Auto getragen werden. Dort ist sie fröhlich und vergnügt, fragt auf dem Heimweg, ob wir noch einen Ausflug machen. Zu Hause ist sie ausgelassen, fast aufgedreht.
Sie schläft in der Nacht durch und wird nicht krank.

3;3c   Neuer Pfleger
§56 SGB VIII
4) Das Jugendamt hat in der Regel jährlich zu prüfen, ob im Interesse des Kindes oder des Jugendlichen seine Entlassung als Amtspfleger oder Amtsvormund und die Bestellung einer Einzelperson oder eines Vereins angezeigt ist, und dies dem Familiengericht mitzuteilen.

Ende September stellten die Pflegeeltern den Antrag, die Amtspflegerin Frau Acher durch einen Einzelpfleger - einen Pater aus dem Kloster im Nachbarort - ersetzen zu lassen:

„Jugendämter oder Vereine sollen nur zum Vormund / Pfleger bestellt werden und bestellt bleiben, wenn keine andere als Vormund geeignete (natürliche und ehrenamtlich tätige) Person vorhanden ist, §§ 179lb, 1887 BGB.

Als eine solche Person kommt Pater Benedikt in Frage. Pater Benedikt kennt die Eheleute Schneider als Mitglieder der Kirchengemeinde. Er hat auch Anna bereits kennengelernt und sich ausdrücklich bereit erklärt, die Pflegschaft für Anna zu übernehmen.

Pater Benedikt ist seit 1987 als Pfarrer tätig. Seit 2002 ist er Pfarrer in xxx, seit letztem Jahr Dekan. Von 1987 bis 2002 war er zudem im Schuldienst tätig. Als Direktor des angeschlossenen Internats war er als geistiger Begleiter auch für vom Jugendamt eingewiesene Kinder zuständig. Pater Benedikt hat sehr viel Erfahrung im Umgang mit Kindern und auch gerade mit Pflegekindern.

Aufgrund seiner seelsorgerischen Tätigkeit im Pfarrverband hält er beispielsweise selbst Erstkommunionunterricht und betreut Ministrantengruppen. Als Notfallseelsorger ist er für die Betreuung von Hinterbliebenen, auch hinterbliebenen Kindern, zuständig.

Privat ist er nicht nur siebenfacher Patenonkel, sondern auch „Pflegevater". Er stellt die Vaterfigur eines 1986 geborenen Jungen dar. Dieser lebte seit 1998 in seinem Internat. Da die Eltern des Jungen sich nicht mehr für ihn interessierten, sodass der Junge sogar an den Wochenenden im Internat bleiben musste, wurde Pater Benedikt als Vormund und später als Betreuer eingesetzt. Nach der Auflösung des Internats blieb der Junge bis 2004 bei Pater Benedikt im Kloster wohnen. Mittlerweile lebt er zwar nicht mehr bei ihm, hat aber noch ständigen festen Kontakt mit Pater Benedikt, welcher nach wie vor seine einzige Bezugsperson darstellt.

Aufgrund dieser Vorbefassung mit Pflegekindern ist Pater Benedikt auch an dem Schicksal von Anna besonders interessiert. Er möchte sehr gerne die rechtliche Betreuung übernehmen und Anna auf ihrem weiteren Lebensweg begleiten. Ein ständiger Kontakt zu Anna würde ihm auch leicht fallen, die Pflegeeltern wohnen nur ca. 10 km entfernt.

Gem. § 1791b BGB sollen das Jugendamt oder ein Verein überhaupt nur dann zum Vormund / Pfleger bestellt werden, wenn „eine als ehrenamtlicher Einzelvormund geeignete Person nicht vorhanden" ist.

Und gem. § 1887 Abs. 1 BGB sind Jugendamt oder Verein zu entlassen, „wenn dies dem Wohl des Mündels dient und eine andere als Vormund geeignete Person vorhanden ist". Deshalb haben Jugendämter sogar die Verpflichtung, jährlich zu prüfen, ob die Amtsvormundschaft beendet und eine Einzelperson bestellt werden kann, § 53 Abs. 1, § 56 Abs. 4 SGB VIII.

Mit Pater Benedikt ist eine andere als Vormund geeignete Person vorhanden. Er ist bereit, erfahren im Umgang mit Kindern und ehrlich interessiert an Annas Wohlergehen. Durch seine langjährige Erfahrung als Lehrer und Direktor eines Internats ist er im Umgang mit Kindern geübt und somit auch geeignet im Sinne des Gesetzes. Hinderungs- oder Ausschlussgründe gem. §§ 1780ff BGB, insbesondere § 1784 BGB, liegen nicht vor.

Zudem muss die Bestellung dem Wohl des Mündels dienen. Diese Voraussetzung ist bereits immer dann gegeben, wenn anstatt eines Jugendamtes oder Vereins eine natürliche Person bestellt werden kann.

Es dient grundsätzlich dem Wohl des Mündels, eine natürliche Person als Vormund / Pfleger zu haben. Deswegen hat der Gesetzgeber eine deutliche Vorrangstellung der ehrenamtlichen Vormundschaft vor der Amts- oder Vereinsvormundschaft im Gesetz verankert. Dies geht soweit, dass die Amts- oder Vereinsvormundschaft subsidiär, „nämlich dann nicht zulässig [ist], wenn ein geeigneter ehrenamtlicher Einzelvormund zu bekommen ist. (§§ 1791a Abs. 1 Satz 2, 1791b Abs. 1 Satz 1)" (Palandt-Diederichsen, BGB, 67. Auflage, 2008, Einführung vor § 1773 Rn. 4).

Auch in der BT-Drucks. 11/5948, Seite 90, 91 (zu § 54 SGB VIII) wird der Vorrang der Einzelvormundschaft vor der Amtsvormundschaft benannt und als ausdrücklich gewünscht hervorgehoben, und in der BT-Drucks. 8/2788 Seite 47 (zu § 1630 Abs. 3 BGB) wird die Übertragung des Sorgerechts als „Verbesserung der Stellung des Pflegekindes" bezeichnet und als vom Gesetzgeber deswegen ausdrücklich gewünscht hervorgehoben.

Zu der seit Jahren beständigen Rechtssprechung auf diesem Gebiet, welche ebenfalls immer wieder den Vorrang hervorgehoben und diesem in ihren Entscheidungen Geltung verschafft hat, siehe: LG Heilbronn FamRZ 2004, 134; KG FamRZ 2006, 1291; LG Hannover FamRZ 2007, 1909; LG Frankfurt vom 16.02.2009 — 2/09 T 486/07 — (FamRZ 2009, 2103).

Zur derzeitigen wissenschaftlichen Diskussion siehe beispielsweise: (Amts-) Vormundschaft zum Wohle des Mündels — Anmerkungen zu einer überfälligen Reform, Salgo / Zenz, FamRZ 2009, 1378-1385. Auch schwierige Herkunftseltern oder zeitweilige Probleme beim Umgang, die während eines Pflegeverhältnisses vorkommen können, sprechen nicht gegen den Vorrang der Einzelvormundschaft oder die generelle Eignung von Pflegeeltern als Vormünder (LG Flensburg FamRZ 2001, 445). Selbst die Übertragung auf die Pflegeeltern wäre vorliegend also möglich. Die Pflegeeltern halten es derzeit jedoch für besser, hierfür eine außenstehende, neutrale Person einzusetzen, die hervorragend dafür geeignet erscheint, mit beiden Seiten zu sprechen und der am ehesten Kompromisse gelingen können.

Hierzu ist anzumerken, dass der derzeitige Pfleger, Frau Acher, sich völlig heraushält und die gesamte Entwicklung dem Jugendamt überlässt. Frau Acher hat Anna noch nicht einmal gesehen, obwohl sie rechtlich zuständig ist. Durch Übertragung auf Pater Benedikt würde diese unpersönliche Amtspflegschaft beendet und in eine persönliche Pflegschaft umgewandelt werden. Für Anna mit Sicherheit ein großer Gewinn."

3;4a Die Zuständigen geben sich die Türklinke in die Hand

Anfang Oktober teilte Frau Klein mit, dass sie aufgrund einer Erkrankung kurzfristig auf unbestimmte Zeit ausfallen würde. Ihre Vertretung sei Frau Effer-Stark.

Auch im Jugendamt gab es einen Wechsel. Frau Neumeier gab den Fall ab, es folgte Herr Boll. Da er jedoch im Dezember eine andere Stelle annahm, wurde er, ohne dass die Pflegefamilie ihn überhaupt kennengelernt hatte, erneut abgelöst. Zuständig war nun Frau Müller.

3:4b Zweiter Hausbesuch des Gutachters

Bei diesem Hausbesuch wurde Anna begutachtet.

Wahrnehmung der Pflegemutter
Als der Gutachter klingelt, bin ich mit Anna noch in ihrem Zimmer. Mein Mann öffnet die Haustür. Anna läuft mit mir die Treppe nach unten und wartet im Flur, während mein Mann und ich den Gutachter begrüßen. Er amüsiert sich wieder darüber, dass er statt der Klingel das Licht angeschaltet hätte. Bei der Begrüßung schaut er verlegen auf den Boden. Anna gibt sich schüchtern und versteckt sich erst hinter meinen Beinen. Der Gutachter begrüßt sie mit den Worten: „Hallo, Du bist bestimmt die Anna." Anna nickt.

Der Gutachter fragt, wohin wir nun gehen und ich antworte ihm, dass er dies sagen müsse (ich dachte er möchte das Kinderzimmer sehen). Er antwortet: „Sie sind doch hier zuhause." Ich leite ihn an den Esszimmertisch und frage Anna, ob sie mitkommt. Am Tisch packt er ein Puzzle aus und fragt Anna, ob sie dies machen möchte, Papa (der neben ihr sitzt) könne helfen. Anna taut auf, macht das Puzzle gerne, wir assistieren etwas, lassen sie aber selbst puzzeln. Die Motive sind immer Tiere mit ihren Kindern (Tigermama mit ihrem Tigerbaby usw.). Anna wendet sich immer wieder verlegen an uns. Der Gutachter bietet an, dass Anna mit dem Stuhl etwas zu Papa rutschen soll. Der Gutachter fragt Anna nach den abgebildeten Tieren. Anna erklärt, dass es ein Nashorn sei. Der Gutachter ist erstaunt, dass sie dies kenne. Anna erklärt: „Aus dem Zoo. Da war ich mit Oma und Opa." Sie erzählt auch noch, dass da ein Tiger war, der ihr zugeblinzelt hat.

Der Gutachter fragt Anna, was sie sonst noch gern spielen würde, Anna antwortet nicht, wirft sich immer wieder verunsichert in meine Arme. Der Gutachter fragt sie, ob sie im Kindergarten schon Freunde hätte und Anna erwidert, sie habe schon viele Freunde dort. Der Gutachter fragt nach, ob sie auch mit Buben spiele. Ich erzähle, dass es nur vier Mädchen im Kindergarten gäbe. Anna erzählt, ihr Freund sei krank gewesen, er habe Bauchweh gehabt. Der Gutachter fragt Anna, ob sie auch mal Bauchweh habe. Anna verneint. Der Gutachter fragt nach, ob sie nicht mal krank sei, beispielsweise Halsweh gehabt habe. Anna verneint wieder.

Anna sagt, sie habe Hunger, sie möchte ein Müsli essen. Ich möchte Anna auf später vertrösten. Der Gutachter sagt, ich solle Anna ruhig etwas zu essen machen. Anna möchte sich das Müsli selbst zubereiten und schenkt sich auch die Milch am Tisch gekonnt in die Müslischale. Der Gutachter fragt mich, ob sie gerade in der Phase sei, wo sie alles selbst machen möchte. Ich bestätige. Anna isst ein Müsli und ich schäle ihr einen Apfel. Anna fragt mich, ob sie nochmal Milch haben könne und der Gutachter möchte wissen, ob sie immer um Erlaubnis bitte, was mein Mann bejaht. Anna erklärt, dass sie die Milch alleine einschenken könne und sich auch schon alleine anziehe.

Die kleine Pause wird dem Gutachter dann doch zu lang. Er fragt schon als Anna noch isst, was er mit ihr noch spielen könne. Mein Mann fragt Anna, ob sie noch ihr Zimmer zeigen möchte, was Anna gerne macht. Selbstbewusst geht sie die Treppe nach oben, Der Gutachter folgt, mein Mann fragt, ob wir unten warten sollen. Der Gutachter fordert uns auf mitzukommen.

In ihrem Zimmer zeigt Anna ihren Kaufladen, läuft aber immer wieder mit Schwung zu mir und versichert sich, dass wir auch da sind. Ich rege an, dass Anna etwas verkauft. Der Gutachter bestellt eine Gurke und ist überrascht, dass Anna dies sofort weiß. Sie gibt ihm auch einen Korb und Geld. Als er bezahlt und fragt, ob er noch etwas raus bekäme, sagt Anna: Ich hab dir doch schon was gegeben. Der Gutachter möchte wissen, ob abends ein Kuscheltier mit im Bett läge. Sie zeigt ihm ihre Puppe und erklärt, dass Julia ihre

Lieblingspuppe sei. Der Gutachter fragt Anna, ob sie noch etwas spielen möchte. Sie schlägt vor, Jenga zu spielen. Der Gutachter ist begeistert, da er selbst überlegt hatte, dies mitzubringen. Mein Mann sitzt am Sofa und fragt, ob er auch mitspielen soll. Der Gutachter sagt: „das geht wohl auch gut ohne Sie." Als Anna einen Stein rauszieht, um ihn mir zu geben noch bevor ich zum Zug komme, sagt der Gutachter: „Vertrauen Sie doch auf ihre Tochter."
Der Gutachter fragt Anna, ob sie denn in dem Bett schlafe oder bei Papa und Mama. Anna wirft sich aufs Bett und sagt: „ich schlafe hier." Er fragt, was Anna heute noch vorhabe. Wir überlegen, dass man bei besserem Wetter noch Rad fahren könnte, Anna schlägt Fußballspielen vor, was den Gutachter überrascht. Er sagt, dass sie sicherlich auch noch zu Abend esse. Er möchte wissen, ob sie sehr oft oder eher selten fernsehe. Anna antwortet: „Eher selten." Sie zeigt ihm die Bücher, die wir abends lesen. Er blättert „Conni geht zum Arzt" durch.

Der Gutachter sagt zu Anna, dass er schon mit uns und mit Karinmama gesprochen habe, heute habe er sie kennengelernt und jetzt wolle er noch ein Spieltreffen besuchen. Anna schaut erst etwas irritiert, willigt dann aber ein. Der Gutachter erklärt uns, er wolle den Umgang am 21.10. besuchen, außer Anna sei krank. Vielleicht könne er erreichen, dass die neue Umgangsbegleiterin nicht käme und nur Frau Rottmann da wäre, damit nicht so viele anwesend seien, er werde sich auch sehr im Hintergrund halten. Er sagt zu Anna, dass er dann das Puzzle wieder mitbringen würde.

Dann verabschiedet sich der Gutachter, erklärt Anna er müsse jetzt noch ein anderes Kind besuchen. Er fragt Anna, wie sie sich verabschiede, mit Winken oder Handschlag. Anna möchte winken.

3;4c   Der Pfleger wechselt

Das Amtsgericht beschloss die Übertragung der Pflegschaft auf Pater Benedikt:

„Die Bestellung einer geeigneten und zur Übernahme bereiten natürlichen Person dient dem Wohl des Pfleglings. Durch einen intensiveren persönlichen Kontakt zwischen Pflegling und Ergänzungspfleger ist zu erwarten, dass dessen Interessen noch intensiver und sachgerechter wahrgenommen werden."

Hiergegen legte nicht nur die Kindsmutter sondern auch das Jugendamt Beschwerde ein. Es bestünde keine Notwendigkeit an der Pflegschaft etwas zu verändern. Es bestünde die Gefahr, dass die Objektivität bzw. Allparteilichkeit des Pflegers verloren gehen würde. Auch im Hinblick auf das schwebende Verfahren würden sie die Bestellung eines neuen Pflegers nicht befürworten.

Das Amtsgericht nahm die Entscheidung erfreulicherweise nicht zurück und übergab ans Oberlandesgericht.

3;4d   Gutachter im Umgang

Der Gutachter nahm am 21. Oktober zum Zweck der Begutachtung an einem Umgang teil. Frau Effer-Stark, die neue Umgangsbegleiterin des Kinderschutzbundes, war zum ersten Mal anwesend.

Wahrnehmung des Pflegevaters
Wir treffen kurz vor 15.00 Uhr an den Räumen des KSB ein. Anna möchte von meiner Frau getragen werden. Der Gutachter empfängt uns vor der Haustür, kommt uns entgegen und begrüßt Anna freundlich. Wir haben sie auf den Umgang vorbereitet und ihr nochmals ins Gedächtnis gerufen, dass der Gutachter beim Umgang anwesend sein wird, ebenso, dass Frau Klein krank ist und dafür Frau Effer-Stark dabei sein wird.
Wir gehen nach oben, Frau Rottmann wartet in der Tür, begrüßt Anna und hält sie am Arm fest. Sie zieht sie etwas unsanft in den Vorraum. Anna schmiegt sich verschüchtert an meine Frau, lässt sich ausziehen und begrüßt alle Anwesenden. Frau Rottmann ermuntert Anna ins Spielzimmer zu sehen, dort wartet Frau Loose. Anna hüpft hinein, macht vor Frau Loose halt, begrüßt sie und hüpft zurück in den Vorraum. Wir singen unser Begrüßungslied. Anna äußert, dass sie bei uns stehen möchte. Sie nimmt das Dreirad und fährt um die Beine meiner Frau. Es folgt ein kurzes Spielen mit Luftballons, eine weiterreichende gemeinsame Eröffnungsphase unterbleibt. Anna geht ins Spielzimmer und sagt, sie möchte spielen. Meine Frau und ich ziehen uns mit Frau Effer-Stark in die Teeküche zurück.
Anna kommt kurz danach in die Küche und möchte ein Messer holen, auch Frau Loose folgt ihr heute nach hinten. Beide gehen zurück nach vorne.
Mir fällt auf, dass die Tür zum Vorraum geschlossen wird. In früheren Umgängen hatte sich gezeigt, dass Anna dies verunsichert und hemmt, zu uns zu gehen, wenn sie dies möchte. („Ihr sollt da bleiben." „Aber du kannst doch zu uns kommen. " „Nein, das darf ich nicht.") Mit Frau Klein war vereinbart worden, dass die Türen daher immer zumindest angelehnt bleiben. Ich bitte Frau Rottmann, die Tür nur anzulehnen, sie erwidert, wir würden uns zu laut unterhalten.
Anna schaut später nochmals kurz zu uns in die Teeküche. Der Gutachter kommt zweimal kurz nach hinten in die Küche. Beim ersten Mal möchte er wissen, ob der Beginn heute so wie immer gewesen sei. Wir bestätigen: im Prinzip ja, wobei die gemeinsame Phase oft länger war. Jedoch war Annas Reaktion in den Umgängen die letzten Male sehr unterschiedlich. Meine Frau erzählt, dass sie sich vor drei Umgängen total verweigert hatte, das vorletzte Mal gut gelang, beim letzten Mal zum Bleiben nur dadurch zu überreden war, dass wir in der Stadt Eis holen gingen. Beim zweiten „Besuch" fragt er nach unserem Einverständnis die Aufzeichnungen der Umgangsbegleitung zu den Umgängen in seine Überlegungen einzubeziehen. Wir stimmen zu.

Gegen 16.45 Uhr kommt Anna, heute zusammen mit Frau Loose, in die Küche und bittet uns zum gemeinsamen Schlussspiel „mein rechter Platz ist leer". Alle machen mit. Es herrscht eine heitere, gelöste ja ausgelassene Stimmung, die Anna sichtlich genießt. Frau Loose spricht uns mit Mama und Papa an, wir sie mit Karin. Anna und Frau Effer-Stark nennen sie Frau Loose, Frau Rottmann spricht sie mit Mama Karin an. Anna bittet häufig meine Frau auf ihren Nachbarstuhl. Gegen Ende wirkt Anna schon sehr erschöpft.

Es klingelt, Frau Effer-Stark sieht nach, während wir unser Abschiedslied singen. Frau Rottmann bemerkt, dass noch nicht aufgeräumt sei. Wir helfen schnell zusammen. Anna möchte, dass meine Frau sie anzieht. Anna verabschiedet sich durch Handschlag und Winken. Wir verlassen gegen 17.00 Uhr die Räume des KSB, Frau Loose ruft Anna im Treppenhaus noch nach, diese beachtet dies nicht.

3;6a   Der Gutachter ruft an
Wahrnehmung der Pflegemutter
Der Gutachter fragt, wie es uns ginge, was ich mit gut beantworte. Er erkundigt sich nach den Umgängen. Er möchte wissen, ob der gemeinsame Beginn denn in meinen Augen so sinnvoll sei. Ich erkläre, dass Anna die gemeinsame Zeit genieße, sie auch in vergangenem Umgang gewünscht habe, dass wir zusammen aufräumen und die gemeinsamen Spiele am Ende noch 15 Minuten ausgedehnt wurden, weil Anna sie so genossen hat. Er merkt an, dass es schon sein könnte, dass Anna dies aufgrund der Aufmerksamkeit von vielen Erwachsenen vielleicht gefällt (sonst klingt er nicht überzeugt bzw. begeistert von der Idee).

Er erzählt, dass Frau Rottmann ihn zweimal angerufen habe und von ihm eine Aussage haben wollte, wie Frau Loose zu benennen wäre. Er hätte ihr gesagt, dass er sich nicht äußern möchte, wenn er nicht vorher mit allen Beteiligten hierüber geredet hätte. Ich sage ihm, dass mich der Anruf schon sehr erstaune. Er erwidert, dass Frau Rottmann ihm gesagt hätte, dass ihr Anruf mit uns abgesprochen sei. Ich erzähle ihm, dass ich nur Berichte meines Mannes kenne, wonach er klar abgelehnt hätte, dass Frau Rottmann bei ihm anrufe, weil wir bezüglich der Benennung von Frau Loose eine Empfehlung der Therapeutin von Anna hätten, die Anna doch durch wöchentliche Sitzungen sehr genau kenne und mein Mann ihrer Empfehlung folgen möchte. Ein Gutachter kenne nicht alle Umstände, vor allem nicht im Detail. Der Gutachter merkt an, dass er noch nicht wüsste, was und ob er überhaupt etwas zu dieser Thematik sagen wird.

Er fragt, ob wir grundsätzlich bereit wären, uns mit Frau Loose an einen runden Tisch zu setzen. Ich erkläre, dass dies seit Jahren unsere Absicht ist, die stets vom Amt unterbunden wurde. Er kommentiert, dass er es toll fände, dass wir immernoch gesprächsbereit wären. Ich sage ihm, dass wir dies Anna schuldig sind, weil es so nicht weiter gehen könne und man doch endlich eine Lösung zur Beruhigung der Situation schaffen müsse. Außerdem würde es keinem dienen, wenn es so unharmonisch weiterginge. Wir seien stets bemüht, dass zwischen Anna und Frau Loose eine gute Beziehung entstehen könne.

Er sagt, dass Frau Loose ja immer unser Leben tangieren würde und dass man versuchen müsse, die Konfliktthemen auf den Tisch zu bringen und sollte es nicht zu einer Einigung kommen, müsse dann das Gericht entscheiden.

Ich beschreibe, dass Frau Effer-Stark nun monatliche Elterngespräche wolle, ebenso wie eine Ausweitung der gemeinsamen Zeit und eine Reduzierung der Erwachsenen im Umgang. Bezüglich der Elterngespräche merkt der Gutachter an, dass man nicht reden müsse um des Redens Willen. Frau Loose sei ja nun keine gute Freundin von uns.

Bezüglich der neuen Wege von Frau Effer-Stark merkt er an, dass viele Fachkräfte eben auch viele verschiedene Ideen hätten. In unserem Fall sei die Zahl der Fachkräfte pro Pflegefamilie ja sehr hoch und daher gäbe es viele verschiedene Konzepte. Ich sage ihm, dass ich große Hoffnung habe, dass Frau Effer-Stark als neue Zuständige einen Neuanfang für alle machen könne.

Er möchte wissen, wie es zu dem Konzept des gemeinsamen Beginn und Endes gekommen sei. Ich erzähle, dass dies aus einer Reduzierung der Idee, dass man eine gesamte Stunde etwas zusammen mache und dem Konzept von Prof. Weber entstanden sei.

Er sagt, dass er lange mit sich gerungen hätte, ob er nochmal einen Umgang anschaue. Nach dem Lesen der Aufzeichnungen der Umgangsbegleitung möchte er aber nun lieber ein Gespräch mit Anna führen und anschließend mit uns. Wir verabreden den 9.12.

3;6b   Dritter Hausbesuch des Gutachters

Bei diesem Termin wurde Anna ein weiteres Mal begutachtet und anschließend das Gespräch mit den Pflegeeltern fortgeführt.
15.00 bis 18.30 Uhr

Wahrnehmung der Pflegemutter
Der Gutachter amüsiert sich zu Beginn wieder darüber, dass er Klingel und Lichtschalter verwechselt hat.
Bei der Begrüßung versteckt sich Anna hinter den Beinen meines Mannes.
Der Gutachter hat ein 15teiliges Puzzle dabei, das Anna am Esstisch zusammenbaut. Auf dem Motiv sind kleine Tiere abgebildet. Der Gutachter fragt nach einem Bauernhof. Anna sagt, dass sie ihm ihre Tiere zeigen könne. Sie geht mit ihm nach oben und sie spielen mit den Bauklötzen und den Holztieren.
Der Gutachter fragt Anna über den Kindergarten. Sie erzählt, dass sie heute im großen Kindergarten war. Er fragt nach dem Spieltreffen. Anna sagt: „Das ist ein Schmarrn." Er fragt, warum sie Karinmama denn dann treffe, wenn es ein Schmarrn sei. Anna lenkt ab und antwortet nicht.
Sie erzählt ihm später, dass sie nicht gut geträumt hätte. Der Gutachter sagt, dass sie dann von der Mama getröstet wird. Als Anna hustet, sprechen sie über Krankheiten. Anna verneint alle Krankheiten. Anna kommt nach unten, um mir einen Zug zu zeigen, den sie gefunden hat. Sie möchte dann mit dem Gutachter mit dem Zug spielen und erzählt, dass sie schonmal im Märchenpark Zug gefahren sei. Sie räumen gemeinsam auf und kommen wieder runter.

Wir haben Anna erzählt, dass sie später noch zur Nachbarin darf. Anna möchte nun vom Papa zur Nachbarin gebracht werden.

Der Gutachter möchte wissen, was mit den Ängsten sei. Wir berichten, dass diese wieder stärker würden, Anna in der Nacht wieder öfter unruhig sei und erst vor einigen Tagen sagte, dass Frau Loose und Frau Rottmann nicht zu uns ins Haus dürften. Ich berichte, dass Anna wieder anhänglicher sei und immer erstmal eine Rückversicherung bräuchte, sich dann erstmal an meinen Beinen festhalten würde. Er wertet dies als normal in diesem Alter und gut, dass sie den Schutz bei uns suche. Er erlebe auch Kinder, die sich dann unters Sofa flüchten würden, weil ihnen die Bezugspersonen nicht emotional zur Verfügung stehen würden.

Er fragt nach Annas Therapie und wie ich die Aussagen der Therapeutin verstehen würde. Er fragt, ob es auch Elterngespräche gebe und dass ich doch wohl bei den Therapiestunden von Anna nicht dabei sei. Ich berichte, dass Frau Wunderlich eine zunehmende Verunsicherung von Anna bemerke, Anna sich immer der Beziehung zu mir versichere und dass Anna wieder belasteter sei. Ich erkläre, dass Anna sehr bestärkt würde, ihre Meinung zu äußern.

Wir fragen nach, ob er auch Kontakt zu ihr aufnehmen würde. Er sagt, dass er dies als nächstes tun möchte.

Der Gutachter möchte dann wissen, wie wir auf die Idee gekommen seien, dieses Verfahren anzustoßen. Er fragt uns, was wir unter Kindeswohlgefährdung verstehen würden und ob wir uns der Konsequenzen diese Verfahrens bewusst wären.

Wir erklären, dass wir nach allen Kooperationsversuchen mit dem Rücken an der Wand standen, Anna immer kränker wurde, aber niemand bereit zur Zusammenarbeit war. Er sagt uns, dass wir sehr ambitioniert seien und uns bei allem pädagogischen Idealismus überlegen sollten, was wir machen, wenn andere dabei nicht mitmachen würden.

Bezüglich der Umgänge wertet er, dass es bei Umgängen immer etwas gäbe, das nicht optimal verlaufe.
Ich sage, dass eben auch nie die Zielsetzung der Umgänge klar war. Er räumt ein, dass die Umgänge in unserem Fall keine große Bedeutung hätten, die Mutter für Anna voraussichtlich auch in Zukunft nicht wesentlich sein würde.

Wir kommen auf das pädagogische Konzept zu sprechen. Bezüglich der Umgänge betont er, dass Vieles psychologisch sicherlich sinnvoll wäre, dass aber das juristische Korsett hier anderes vorsehe. Die Mutter habe das Umgangsrecht und könne bestimmen, was und wie der Umgang geschehen solle, solange sie dem Kind dabei nicht massiv schade. Er weist uns darauf hin, dass wir in einem Dialog etwas erreichen könnten (Kompromisse finden), denn käme es zu einem Gerichtsentscheid, wären wir auf der Stelle aus dem Umgang draußen.

Wir hätten viel Macht in der alltäglichen Erziehung aber unsere juristische Macht sei sehr eingeschränkt. Damit sollten wir uns abfinden. Wir sollten immer überlegen, was der „Deal" sein könnte.

Er erklärt, dass bei Anna etwas unglücklich die Entwicklung ihrer eigenen Fantasie mit den Umgängen zusammengefallen wäre und sich nun etwas verselbstständigt hätte.

Er bezeichnet uns als überbehütende Mittelschicht, die eben sehr kindorientiert sei. Umgänge seien aber zu dulden solange sie fürs Kind erträglich wären. Wir hätten die Aufgabe, Anna vor und nach den Umgängen aufzufangen.

Er möchte nun eine Runde einberufen mit Frau Loose, Frau Rottmann, Frau Effer-Stark, uns und jemand vom Amt. Ich frage, ob er dabei auch an Frau Wunderlich denke. Er sagt, dass er nicht daran gedacht hätte. Ich erkläre, dass dann wieder nur uns die Rolle zugeschrieben würde, zum Wohl des Kindes zu argumentieren. Der Gutachter sieht das Problem, dass Vorschläge von Frau Wunderlich ja sowieso von niemandem akzeptiert würden. Er überlegt, dass er eigentlich auch nicht das Amt dabei haben möchte. Wir sagen, dass wir Frau Rottmann nicht dabei haben möchten. Mein Mann gibt zu bedenken, dass es nicht um ein Feilschen wie auf einem Basar gehen kann. Der Gutachter gibt ihm recht. Ich sage nochmal, dass ich dann in der Position wäre, die Meinung von Fachkräften zu vertreten. Er fragt, ob ich keine eigene Meinung nach meinem Bauchgefühl habe. Mein Mann sagt, dass uns immer gesagt wurde, dass unser Bauchgefühl nicht stimme und wir erst dann begonnen hätten, uns auf die Meinung von Fachkräften zu stützen.
Der Gutachter sagt, dass ja dann an unserer Stelle Frau Wunderlich in die Runde kommen könnte. Ich stimme zu, was er mit einem erstaunten: „Das würden Sie zulassen?" kommentiert.
Ich sage ihm, dass ich meine Rolle im Gespräch nicht im Streit darüber, was für Anna richtig ist, sondern im Dialog mit Frau Loose die Spannungen auf der Erwachsenenebene abbauen möchte. Er stellt klar, dass nach seiner Meinung bei der Befragung von fünf Fachleuten, fünf verschiedene Meinungen herauskämen.

3;6c   Anna boykottiert erneut den Umgang

Anfang Dezember verweigerte sich Anna ein weiteres Mal beim Umgang. Es wurde nach 45 Minuten abgebrochen.

Wahrnehmung der Pflegemutter
Anna erklärt am Morgen meinem Mann, dass sie beim Spieltreffen auf seinem Schoss sitzen möchte. Etwas später sagt sie: „Ich hab eine Idee. Du und Mama, ihr trefft die Karinmama und zu mir kommen Oma und Opa und passen auf mich auf."

Mittags drängt Anna, dass sie nun endlich fahren möchte. Sie erzählt Opa am Telefon, dass sie wieder Gummibärchen bekommen würde. Sie sagt zu Opa: „Die Frau Loose will nicht, dass Mama und Papa bei mir sind. Ich soll mit ihr spielen." Ich frage, wer denn so etwas sage. Anna antwortet: „Die Karinmama." Ich sage, dass wir doch da wären und sie jederzeit zu uns kommen könne. Als wir noch schnell im Bad stehen, schließt Anna die Türe zu. Sie sagt: „Draußen ist eine Hexe. Die holt den Mähdrescher (sie spielt gerade damit) und dann nimmt sie dich und mich mit."

Anna möchte wieder zum KSB getragen werden. Sie geht auch im Vorraum nicht von meinem Arm. Ich setze mich mit ihr auf einen Stuhl und ziehe sie aus. Mein Mann begrüßt in der Zwischenzeit Frau Loose, die hierzu aus dem Spielzimmer kommt. Auch ich begrüße Frau Loose. Anna setzt sich auf das Dreirad. Anna nimmt meine Hand und sagt: „Das ist meine Mamameiiiinnneeeeeee Mama." Frau Rottmann sagt zu Anna, sie solle nach Mama Karin schauen. Frau Rottmann erklärt uns, dass sie mit dem Gutachter telefoniert hätte, der ihr geraten hätte, an der Benennung „Mama Karin" nichts zu ändern. Sie leitet an, das Begrüßungslied zu singen. Anna klammert sich an meine Beine und macht nicht mit. Auf die Frage von Frau Rottmann, was Anna möchte, sagt Anna, dass sie mit allen Kaufladen spielen möchte. Wir folgen ihr. Frau Effer-Stark packt zwischenzeitlich ein Schwungtuch aus. Anna ist weinerlich und will von mir getragen werden. Frau Rottmann möchte das Schwungtuch gleich wieder einpacken, Frau Effer-Stark regt jedoch an, das Tuch einfach mal liegen zu lassen. Ich erinnere Anna, dass wir ja auch im Musikgarten mit einem Schwungtuch spielen. Annas Interesse ist geweckt und wir spielen mit dem Schwungtuch, Anna möchte dabei auf meinem Arm bleiben.
Anna wird auf meinem Arm wieder weinerlich. Sie sagt, sie hätte Bauchweh. Ich setze mich mit ihr auf einen Stuhl. Anna vergräbt ihr Gesicht in meinem Schoß. Frau Rottmann setzt sich neben uns und fragt, ob sie mit Mama Karin spielen möchte. Anna schüttelt den Kopf. Frau Rottmann fragt weiter, ob Anna kneten möchte oder ein Buch anschauen. Frau Loose zieht sich ins Spielzimmer zurück. Frau Rottmann fragt in die Runde, wer noch eine Idee hätte, was wir machen könnten. Sie fragt Anna, ob sie Gummibärchen von Mama Karin möchte. Anna verneint. Frau Rottmann kommentiert, dass nicht mal die Gummibärchen interessant wären. Frau Effer-Stark regt an, dass sie mit Frau Rottmann und Frau Loose schonmal ein Puzzle beginnen, vielleicht hätte Anna Lust dann mitzumachen. Anna schaut nach einiger Zeit ins Spielzimmer. Als mein Mann sagt, dass wir in der Küche sitzen, kommt Anna wieder rausgerannt und wirft sich in meinen Schoß. Sie weint, dass sie nach Hause möchte. Frau Rottmann versucht nochmal, Anna mit Gummibärchen zu locken. Daraufhin läuft Anna zu meinem Mann in die Küche. Frau Rottmann sagt zu mir, dass Anna wohl etwas ausbrüte. Anna kommt wieder zu mir und schmiegt sich wieder an mich. Frau Effer-Stark regt an, dass Anna ja mit der Mama ins Spielzimmer kommen könne. Anna möchte nicht. Frau Rottmann kommt nach draußen und spricht mich an, dass ich doch nun mit nach drinnen kommen solle. Ich erkläre, dass Anna nicht möchte.

Frau Effer-Stark sagt zu Anna, dass die Mama doch sicher mitmachen darf. Anna nimmt mich an der Hand und wir beteiligen uns beim Puzzlespiel. Anna taut etwas auf. Anna muss aufs Klo. Zwischenzeitlich bereitet Frau Effer-Stark einen Tee zu, um mit allen Tee zu trinken. Als wir von der Toilette wiederkommen, gehe ich mit Anna wieder ins Spielzimmer. Frau Loose sitzt am Tisch, bringt sich aber nicht ein. Frau Rottmann sitzt im Vorraum und notiert. Anna beginnt zu weinen, dass sie nach Hause möchte. Frau Rottmann kommt herein und sagt, dass wir den Umgang nun hier abbrechen würden. Frau Loose wirkt verärgert. Frau Rottmann teilt ihren Entschluss Frau Effer-Stark und meinem Mann mit. Anna weint im Vorraum, dass der Papa kommen solle. Wir ziehen uns an und verabschieden uns. Anna möchte sich nicht verabschieden.

Anna möchte zuhause im Arm gehalten werden. Wir lesen ein Buch. Langsam wird Anna wieder munter. Sie möchte fangen spielen, hüpft und springt sehr ausgelassen durchs Haus. Sie wird nicht krank.

Die Pflegemutter wendete sich im Anschluss mit einer E-Mail an Frau Effer-Stark:
„Sehr geehrte Frau Effer-Stark,
ich möchte Sie aufgrund des Verlaufs des letzten Umgangs kontaktieren.
Unserer Meinung nach gab es im letzten Umgang einen Schlüsselmoment, der den Verlauf des gesamten Umgangs zur Folge hatte. Anna hatte sich nach dem Ausziehen auf das Dreirad gesetzt und gab völlig unmotiviert kund, dass ich ihre Mama sei. Offensichtlich war es ihr ein Bedürfnis. In völliger Ignoranz dieses seelischen Ausdrucks gab Frau Rottmann Anna kurz darauf die Anweisung nach Mama Karin zu sehen. Anna wollte daraufhin getragen werden und war ab diesem Zeitpunkt nicht mehr bereit, sich auf den Umgang einzulassen. Auch Ihre sehr guten Versuche, mich in den Umgang einzubeziehen, konnten dann nicht mehr fruchten.
Frau Rottmann erklärte permanent, dass Anna kränklich sei und etwas ausbrüte. Anna wimmerte dort, dass sie Bauchschmerzen habe. Sie krümmte sich förmlich. Wir fuhren nach Hause und Anna ging es wieder gut. Sie wurde nicht krank, war zuhause aufgedreht und ausgelassen, wie wir es selten erlebt haben.
Seit März diesen Jahres - also seit 9 Monaten! - betont die behandelnde Therapeutin von Anna, dass Anna große Probleme mit der Präsentation einer zweiten Mama hat. Sie hat daher empfohlen, die Benennung von Frau Loose mit dem Namen „Mama" bis auf Weiteres zu unterlassen. Frau Rottmann gab uns die Auskunft, dass Herr Karl die Zusammenarbeit mit Frau Wunderlich untersagt hätte. An sich schon ein Skandal! Dennoch könnte Frau Rottmann die Empfehlung annehmen. Sie berief sich bezüglich der Bitte meines Mannes, die Benennung zu unterlassen, auf

Professor Weber. Dieser hatte vor einem Jahr gesagt, dass man die Mutter durchaus mit dem Zusatz benennen könne, um der Mutter einen Gefallen zu tun. Es sei aber nicht wichtig fürs Kind. Er merkte jedoch an, dass man bei allem immer sehr genau auf die Reaktionen des Kindes achten müsse. Alle anderen Empfehlungen von Herrn Prof. Weber sind Frau Rottmann wie auch dem Jugendamt egal, aber hier beruft sie sich auf ihn. Da Frau Dr. Schulze von der Pflegeelternvereinigung uns sehr intensiv coacht, ergab die Rücksprache mit ihr schon bei Beginn von Annas ungewöhnlichem Verhalten im März, dass man dringend die Benennung wieder unterlassen solle. All diese Hinweise zum Wohl von Anna werden seither bewusst von Fachkräften ignoriert.

Frau Rottmann gab nun vor, dass sie den Gutachter fragen wolle. Mein Mann lehnte dies ab, da für ihn nicht klar war, warum nun ein Gutachter zu solch einer Detailfrage während einer laufenden Begutachtung behelligt werden solle. Zudem kann der Gutachter mit der Situation und vor allem mit Anna bei weitem nicht so vertraut sein wie Frau Wunderlich und Frau Dr. Schulze. Es existieren zwei fachliche Positionen von Personen, die den Blick auf Anna haben, aber Frau Rottmann hofft anscheinend auf eine Person, die ihre Meinung bestätigt. Würde man endlich Frau Wunderlich die Anwesenheit bei einem Umgang gestatten, könnte sie genauer eruieren, was Anna schadet.

Frau Rottmann rief dennoch beim Gutachter an und zwar gleich zweimal. Dieser informierte uns umgehend über die Anrufe und gab an, dass Frau Rottmann erklärt habe, unser Einverständnis zu besitzen. Er sagte zudem, dass er Frau Rottmann gesagt habe, dass er sich hierzu nicht äußern wolle ohne mit allen Beteiligten gesprochen zu haben. Parteinahme möchte sich kein Gutachter unterstellen lassen.

Frau Rottmann erklärte im letzten Umgang, dass der Gutachter ihr angeblich gesagt habe, sie solle weiterhin Mama Karin sagen.

Die Auswirkungen hat man gesehen.

Dass Frau Rottmann nun wieder versucht, einen Gutachter durch mehrmalige Telefonanrufe zu beeinflussen oder zu instrumentalisieren, wie sie auch unaufgefordert bei der Gutachterin bezüglich der Erziehungsfähigkeit anrief und mit dem Rechtsanwalt von Frau Loose bezüglich ihrer Stellungnahme zusammenarbeitete, zeigt einmal mehr ihre Parteilichkeit. Dass sie dem Gutachter gegenüber unser Einverständnis erklärte und uns gegenüber eine angebliche Zustimmung von ihm, ist Lug und Trug. Auf alle Fälle in keinster Weise ein korrektes Verhalten einer fachkundigen Person, die weiter mit einem Kind arbeiten sollte, da ihr jegliche Sensibilität und der Blick auf ein Kind fehlt.

Selbst wenn es nur ein Verdacht wäre, dass die Bezeichnung „Mama" für Frau Loose Annas Seelenheil nicht gut tut, wäre es von einer angeblich professionellen neutralen Fachkraft angebracht, dies doch lieber vorsichtshalber zu unterlassen, statt in einer absoluten Ignoranz des Kindeswohls darauf (nur im Sinne der Kindesmutter!) zu beharren und den Namen zudem in einer abnormen Häufigkeit zu verwenden.

Dass die Benennung in den vergangenen 1,5 Jahren von Frau Rottmann stets verbunden waren mit: „Geh zu Mama Karin......", „Mach mit der Mama Karin......", „Die Mama Karin geht gleich mit......" bis zuletzt sogar „Jetzt sag halt endlich mal Mama zu ihr." erübrigt weitere Erklärungen zu Annas Empfinden."

3;6d   Frau Rottmann kann „kaum noch konstruktiv wirken"

Im Umgang Mitte Dezember ließ sich Frau Rottmann aufgrund einer Erkrankung entschuldigen. Beim folgenden Umgang im Januar erklärte Frau Effer-Stark, dass Frau Rottmann andere Aufgaben hätte und daher zukünftig nicht mehr kommen würde.

Frau Rottmann wiederum erklärte gegenüber dem Gutachter, dass sie sich entschlossen habe, die Arbeit in dem Fall zu beenden, da sie „für die Pflegeeltern zu einem Feindbild geworden sei und daher kaum noch konstruktiv wirken könne."

Tatsächlich hatte Frau Rottmann auch Schwierigkeiten in der vertrauensvollen Zusammenarbeit mit Frau Loose, da sie in Frau Looses Augen nicht das bewirkt hatte, was das Ziel für sie gewesen war. Frau Rottmann konnte selbst einschätzen, dass sie ihre Vorstellungen zum weiteren Verlauf des Pflegeverhältnisses nur schwer weiter verfolgen konnte. Die zukünftigen Aufgaben, beispielsweise mit Frau Loose einen Weg zu finden, Annas Leben in der Pflegefamilie zu akzeptieren, waren wohl nicht in ihrem Sinn. Ebenso schwierig gestaltete es sich, dass sie mit Frau Loose die mittlerweile offensichtlich gewordenen Defizite bearbeiten würde. Sie ließ Frau Loose, die sie bisher in unverantwortlicher Weise angetrieben hatte, von heute auf morgen in der Luft hängen. Eine Unterstützung für Frau Loose hätte es aber unbedingt gebraucht.

Dr. Karl Heinz Brisch erläutert:

Oftmals können die Eltern selbst unter Anleitung ihre Verhaltensweisen gegenüber ihrem Kind nur wenig verändern, weil sie Feinfühligkeit und emotionale Versorgung als Kind durch die eigenen

Eltern selbst nicht erfahren haben. Aus diesem Grund benötigen die Eltern oft erst eine längerfristige eigene Therapie, in der sie neue emotionale Erfahrungen mit einem Therapeuten oder einer Therapeutin machen können, bevor auf der Verhaltensebene gegenüber dem eigenen Kind feinfühlige Veränderungen dauerhafter beobachtet werden können. Auf jeden Fall sollte vor einer Vorbereitung oder gar dem Beginn einer Rückführung durch eine diagnostische Untersuchung sichergestellt werden, ob sich durch eine Therapie die psychische Situation der Eltern tatsächlich verändert hat. Diese Veränderung sollte sich in feinfühligeren Fähigkeiten der Eltern für die Signale des Kindes widerspiegeln. Wenn die Eltern durch eine mehrjährige Therapie ihre Fähigkeiten verbessern, weil sie zuvor ihre eigenen traumatischen Kindheitserfahrungen verarbeitet haben, ist in der Regel viel Zeit verstrichen, in denen die Pflegeeltern hoffentlich zu sicheren Bindungspersonen mit heilender Neuerfahrung für das Kind geworden sind.

3;7a   Die große Tafelrunde

Mitte Januar lud der Gutachter zu einer Gesprächsrunde ins Jugendamt. Es nahmen Frau Loose (Kindsmutter), Herr Karl (Regionalleitung Jugendamt), statt Frau Rottmann ihre Chefin Frau Wiendl (freier Träger Caritas), Frau Effer-Stark (Umgangsbegleitung), Frau Wunderlich (Kindertherapeutin von Anna), Pater Benedikt (eingesetzter Ergänzungspfleger) und Herr und Frau Schneider teil. Die Amtspflegerin Frau Acher sagte im Vorfeld mit der Begründung ab, dass sie keine Entscheidungskompetenz bezüglich der Umgänge habe.

Beim Betreten des Jugendamtes waren bereits überall Hinweisschilder angebracht, die in einen Konferenzraum im Keller leiteten.

Der Gutachter gab gleich zu Beginn ein Zeitlimit vor, da er anschließend noch ein Flugzeug erreichen müsse. Er leitete ein, dass er Unstimmigkeiten bei einigen Punkten festgestellt hätte, die er nun besprechen wolle.

Zunächst wurde über gemeinsame Zeiten der Pflegefamilie und Frau Loose bei Umgängen gesprochen. Die Pflegeeltern befürworteten gemeinsame Anfangs- und Schlusspunkte und gemeinsame Unternehmungen. Frau Loose erklärte, dass sie sich einen gemeinsamen Anfang und Ende vorstellen könne, nicht jedoch gemeinschaftliche Unternehmungen. Sie wolle ungestört Zeit mit ihrer Tochter verbringen. Der Gutachter erklärte, dass für Anna Gemeinsamkeit prinzipiell positiv sei, wenn dadurch nicht Spannungen befördert würden. Frau Effer-Stark schlug vor, zum Abbau der Spannungen monatliche Elterngespräche zu führen. Sie wurde vom Gutachter damit beauftragt zu erproben, inwieweit dann Spannungen abgebaut werden können. Frau Loose erklärte, dass sie keine Vorschläge hätte, wie Spannungen abgebaut werden könnten. Frau Wunderlich erläuterte, dass die Freiwilligkeit des Kindes geachtet werden solle. Anna brauche das Gefühl, dass nichts ohne ihre Zustimmung passiere. Frau Wunderlich sprach sich dafür aus, die Umgänge seltener und mit mehr Gemeinsamkeit stattfinden zu lassen, weil der Umgang dann für Anna attraktiver würde. Sie schlug zudem vor, dass Frau Loose eine aktive Rolle bei der Planung und Gestaltung der Umgänge bekommen sollte. Der Gutachter fragte mehrmals bei Frau Loose nach, welche Vorstellung sie zur Gestaltung des Umgangs habe. Nachdem Frau Loose nichts einbrachte, endete er: „Ich frage Sie nun noch ein letztes Mal und wenn dann nichts kommt, werde ich nicht mehr nachfragen." Frau Loose schwieg.

Inhaltlich schlug Frau Loose nichts vor, sie erklärte nur immer wieder, dass sie Umgänge ohne Pflegeeltern wünsche. Der Gutachter befragte daher die Pflegeeltern, was Umgängen in ihrer Abwesenheit im Wege stünde. Sie erklärten, dass dies kein grundsätzliches Problem sei und dass sie nur wollten, dass der Umgang gut begleitet und übergeleitet werde. Die Bedürfnisse von Anna sollten im Mittelpunkt stehen.

Abschließend wollte der Gutachter noch die Benennung von Frau Loose besprechen. Die Pflegeeltern schlugen „Karin" vor. Herr Karl erläuterte, dass es aus seiner Sicht kein Problem wäre, Frau Loose mit „Mama" zu benennen, wenn alle damit einverstanden wären. Der Gutachter fragte nach, was Herr Karl denn machen würde, wenn es Konflikte gäbe. Darauf hatte Herr Karl keine Antwort. Frau Loose erklärte, sie akzeptiere es, dass Anna die Pflegeeltern mit „Mama" und „Papa" anrede. Sie wolle daher auch mit „Mama" angesprochen werden. Sie erklärte dem Gutachter, dass sie von Anna nicht mehr mit „Frau Loose" benannt werden möchte. Er würde zu seiner Mutter doch sicherlich auch nicht den Nachnamen sagen.

Frau Loose war während des gesamten Gesprächs höchst aggressiv. Sie griff Frau Wunderlich an, weil sie sagen würde, dass Anna sie sowieso als Mutter ablehne. Der Gutachter verteidigte Frau Wunderlich und stellte für Frau Loose klar, dass Frau Wunderlich nicht der leiblichen Mutter verpflichtet sei, sondern nur dem Kind. Frau Loose griff die Pflegeeltern an, dass der Pflegevater immer betonen würde, dass er schon noch kriegen würde, was ihm versprochen worden war. Sie warf ihnen auch vor, untersagt zu haben, dass sie sich mit einem Bussi von Anna verabschieden könne. Die Pflegemutter griff die Aussage auf, um für alle Beteiligten richtig zu stellen, dass es dabei darum ging, dass Frau Loose mit „Ich krieg noch was von Dir" stets einen Kuss von Anna erzwungen hatte. Das Amt hatte dargestellt, dass Frau Loose in Nachbesprechungen Verständnis gehabt hätte, nichts mehr von Anna zu fordern. Frau Loose warf dann vor, dass die Pflegemutter sich immer zwischen sie und Anna drängen würde. Hier widersprach Frau Effer-Stark. Angesichts der Menge an Vorwürfen, gerieten jedoch alle in eine Verteidigungshaltung und man gab es bald auf, alles entkräftigen zu wollen. Auch Frau Effer-Stark wurde angegriffen, dass sie im Umgang zu wenig eingreife. Lediglich Herrn Karl attackierte Frau Loose nicht. Er saß neben ihr und sie sprach zu ihm gewandt immer in der „Wir"-Form. Beispielsweise sagte sie: „Wir wollen ja schon längst ausgeweitete Umgänge." Herr Karl stellte nochmal für alle dar, dass man endlich vorankommen müsse. Der normale Umgang sei nun mal vierzehntägig übers Wochenende. Dies müsse nun erreicht werden und die Pflegeeltern müssten daran mitarbeiten, denn sie hätten die „emotionale Macht". Der Gutachter stellte klar, dass bei einer Dauerpflege das Umgangsintervall durchschnittlich alle 4-6 Wochen wäre.

3;7b   Oberlandesgericht hebt Pflegerwechsel auf

Das Oberlandesgericht hob den Beschluss des Amtsgerichtes auf. Hierbei ging es jedoch nicht inhaltlich um die Beschwerden der Kindsmutter und des Jugendamtes sondern um einen formellen Fehler. Es hatte das Vormundschaftsgericht entschieden, das seit der Reform des FAmFG 2009 abgeschafft worden war.

Der Beschluss lautete daher:
„Mit Antrag vom 23.9. beantragten die Pflegeeltern, das Jugendamt als Ergänzungspfleger zu entlassen und Pater Benedikt als neuen Ergänzungspfleger zu bestellen. Das Amtsgericht- Vormundschaftsgericht gab dem Antrag mit Beschluss vom 20.10. statt. Hiergegen legten die

Kindsmutter und das Jugendamt Beschwerde ein. Das Amtsgericht half den Beschwerden nicht ab. Das Amtsgericht legte die Akten dem Oberlandesgericht vor.
Die Entscheidung des Vormundschaftsgerichts ist aufzuheben, da nicht das Vormundschaftsgericht, sondern das Familiengericht zur Entscheidung über den Antrag auf Wechsel in der Person des Ergänzungspflegers berufen ist. Der Antrag ging nach Inkrafttreten des FGG-Reformgesetzes (1.9.2009) bei Gericht ein. Auf Abänderungsverfahren wie hier findet nur dann altes Recht Anwendung, wenn die Abänderung vor dem Stichtag beantragt oder eingeleitet wurde (Art. 111 Abs. 1 Satz 2 FGG-RG), was hier nicht der Fall ist. Es gilt somit neues Verfahrensrecht. Nach neuem Recht gehören die Pflegschaften für Minderjährige zu den Familiensachen(§ 111 Nr. 2, § 151 Nr. 5 FamFG). Zuständig ist das Familiengericht (§ 23b GVG)."

3;9a   Verbleib wird abgelehnt
Anfang März traf der Richter den Beschluss, dass der Antrag der Pflegeeltern des Verfahrens II zum Verbleib zurückgewiesen wird:
„Die Pflegeeltern vertreten die Auffassung, die Herausnahme von Anna aus ihrer Familie würde eine Gefährdung des Kindeswohls bedeuten, der Verlust dieser Bezugswelt würde für Anna ein traumatisches Erlebnis darstellen und das Kind mit großer Wahrscheinlichkeit psychisch destabilisieren.
Die Pflegeeltern meinen, es liege das erforderliche Rechtschutzbedürfnis für den Antrag auf Verbleib geb. § 1632 Abs. 4 BGB vor, da die Kindesmutter mehrfach angekündigt habe, Anna in ihren Haushalt holen zu wollen. Insbesondere reiche aus, wenn der Sorgeberechtigte nicht zu einer verbindlichen Erklärung bzgl. des Verbleibs des Kindes in der Pflegefamilie bereit sei.
Die Kindesmutter hält den Erlass einer Verbleibensanordnung weder für erforderlich noch für geboten und hat über ihre anwaltliche Vertreterin mit Schriftsatz vom 25.05. mitgeteilt, die Kindesmutter stimme noch einem Verbleib des Kindes bei den Pflegeeltern zu. Sie vertritt Ihrerseits die Auffassung, Anna werde durch die Haltung der Pflegeeltern ihr gegenüber gefährdet. Insbesondere könnten die Pflegeeltern entgegen sachverständiger Empfehlung unbegleiteten Umgang von Anna mit ihr nicht zulassen.
Demgegenüber vertreten die Pflegeeltern die Auffassung, es diene ganz klar der Stabilisierung und Sicherheit des Kindes, wenn die Pflegeeltern als

Hauptbezugspersonen des Kindes bei den Umgangskontakten anwesend wären. Angesichts des Alters des Kindes und der bisherigen Dauer der Pflege könne eine am Wohl des Kindes orientierte Entscheidung nur bedeuten, dass das Kind in der Pflegefamilie verbleibe nachdem eine nachhaltige Verbesserung der Erziehungsbedingungen in der Herkunftsfamilie nicht erreichbar gewesen sei.

Das Jugendamt hat am 29.04. eine Stellungnahme abgegeben, auf welche verwiesen wird. Im Termin hat der Vertreter des Jugendamtes erklärt, auch für das Jugendamt sei das Thema Rückführung nicht aktuell.

Derzeit wird im Verfahren zu der Frage einer Kindeswohlgefährdung von Anna ein Sachverständigengutachten durchgeführt. Während die Pflegeeltern das Kindeswohl gefährdende Verhaltensauffälligkeiten auf die Umgänge mit der Mutter zurückführen, vertritt diese die Auffassung, eine in Betracht kommende Gefährdung des Kindes sei darauf zurückzuführen, dass die Pflegeeltern den Umgang des Kindes mit der Mutter nicht unbefangen gewähren und zulassen können. Das Gutachten liegt dem Gericht noch nicht vor.

Das Gericht vertritt die Auffassung, dass die Voraussetzungen für den Erlass einer Verbleibensanordnung gem. § 1632 BGB nicht vorliegen.

Voraussetzung für den Erlass einer entsprechenden gerichtlichen Verfügung ist, dass die Eltern das Kind von der Pflegeperson wegnehmen wollen, § 1632 Abs. 4, Satz 1, 1. Halbsatz BGB. Diese Voraussetzung liegt aus Sicht des Gerichts nicht vor.

Zutreffend gehen zwar die Antragsteller davon aus, dass die Kindesmutter ursprünglich Überlegungen angestellt hatte, Anna in ihren Haushalt zu holen. Allerdings hat die Kindesmutter bereits Ende April gegenüber dem Jugendamt geäußert, dass sie akzeptiere, dass Anna bis auf weiteres bei den Pflegeeltern lebe, sie wolle allerdings, das Anna irgendwann bei ihr lebe. Die anwaltliche Vertreterin der Kindesmutter hat mit Schriftsatz vom 25.05. mitgeteilt, die Kindesmutter stimme derzeit einem Verbleib von Anna bei den Pflegeeltern zu. Sie strebe vielmehr eine Ausweitung des zu diesem Zeitpunkt nur begleitet durchgeführten Umgangs an und wisse, dass eine Rückführung in ihren Haushalt ohne Umgangsausweitung bis hin zum unbegleiteten Umgang nicht möglich sei. Im Termin vom 06.07. haben sowohl die Kindesmutter als auch das Jugendamt erklärt, dass derzeit eine Rückführung von Anna in ihren Haushalt nicht in Betracht komme.

Bei dieser Sachlage fehlt es aus Sicht des Gerichts an einem ausreichenden Rückführungsverlangen der Mutter in ihren Haushalt.

Die Kindesmutter fügt sich nach Sachlage in die derzeit nicht mögliche Rückführung in ihren Haushalt aufgrund der Einsicht in bei ihr bestehende erzieherische Defizite und angesichts der dann gegebenen Belastung als Alleinerziehende mit zwei Kleinkindern. Sie hat indes kein Vertrauen darin, dass ihr Kind in der Pflegefamilie gut aufgehoben sei, sondern sieht insbesondere wegen der Haltung der Pflegeeltern ihr gegenüber und den damit verbundenen Schwierigkeiten bei der Durchführung des Umgangs eine Gefährdung des Kindes. Auch ist festzustellen, dass das zuständige Jugendamt gegenüber den Pflegeeltern eine durchaus kritische Haltung einnimmt.

Unabhängig davon setzt der unmissverständliche Wortlaut des Gesetzes einen Rückführungswunsch der Eltern in ihren Haushalt voraus.

Nach Auffassung des Gerichts kann damit nicht ein latent geäußerter Wunsch der Rückführung gemeint sein, welcher auf eine unbestimmte Zukunft gerichtet ist, sondern nur ein konkretes Verlangen bezogen auf einen in naher Zukunft liegenden Zeitpunkt (vgl auch AG Ludwigslust FamRZ , 2084).

Ein derartiges Verlangen der Mutter ist nicht ersichtlich. Es ist auch nicht zu erwarten, dass sich dies in absehbarer Zeit ändern würde. Dagegen spricht insbesondere zunächst der Umstand, dass die Kindesmutter die nunmehrige gerichtliche Entscheidung im Sorgerechtsverfahren akzeptiert hat. Insoweit wird im Rahmen der periodischen Überprüfung des § 1696 BGB von Amts wegen eine Überprüfung zum Ende August zu erfolgen haben. Aus Sicht des Gerichts wäre zudem unabdingbar, dass die Kindesmutter ggf. darlegt, inwieweit und wodurch sie die sachverständigerseits im genannten Vorverfahren festgestellten Defizite bearbeitet und aufgelöst haben sollte. Auch derartiges ist bislang nicht bekannt geworden.

Aus Sicht des Gerichts steht zudem die bisher nicht entschiedene Frage der Kindeswohlgefährdung im Rahmen der derzeitigen Überprüfung des Sachverständigen einer hiesigen Entscheidung entgegen. Es ist unabdingbar, aufzuklären, ob die insbesondere von den Pflegeeltern vorgebrachten Verhaltensauffälligkeiten bei dem Kind vorliegen und ggf. wodurch diese verursacht wurden.

Das Gericht hat bei dieser Sicht der Dinge derzeit weder einen Anlaß noch eine geeignete Grundlage, eine Entscheidung dahingehend treffen zu können, dass der weitere Verbleib des Kindes in der Pflegefamilie auch dessen Wohl entspricht.

Der Antrag war daher zurückzuweisen."

Das Gericht entschied zudem, dass die Pflegeeltern die Gerichtskosten zu tragen hätten.

Bezüglich Verbleibensverfahren gibt es einige wegweisende Entscheidungen. Das Oberlandesgericht Frankfurt hat beispielsweise festgehalten, dass ein Verbleib auch bei vorhandener bzw. wiedergewonnener Erziehungsfähigkeit der leiblichen Eltern angeordnet werden muss, wenn das Kind inzwischen zu stark in seiner Pflegefamilie verwurzelt ist. (Beschluss vom 28.02.2002, FamRZ 2002, 1277f.)
Das Oberlandesgericht Köln hat die Voraussetzungen eines Verbleibs für einen Säugling bereits nach drei Monaten Pflegedauer angenommen. (Beschluss vom 04.09.2006, FamRZ 2007, 658ff)

3;9b   Umgänge werden abgesagt
Bereits im Januar hatte Frau Loose einen Umgang abgesagt, weil sie „so schlecht beieinander gewesen ist, dass sich das Rausfahren nicht rentiert hätte."
Da Anna an einer schweren Mittelohrentzündung litt, musste ein Umgang im März abgesagt werden. Frau Loose hatte kein Verständnis und beschwerte sich beim Jugendamt. Sie forderte ein ärztliches Attest. Den Ersatztermin sagte sie jedoch ab und bestand auf den „ursprünglichen Turnus". Es entstand ein umgangsfreier Zeitraum von sechs Wochen, in dem Anna merklich entspannter war.

3;10a   Weg von der Regionalebene
Die Pflegeeltern legten Beschwerde gegen den Beschluss bezüglich des Verbleibs beim Oberlandesgericht ein.

ANLAGE K

3;10b   Was geht in Anna vor?
Der Umgang im April wurde bereits nach 90 Minuten beendet, weil Anna gehen wollte.
Anna brauchte in dieser Zeit eine ungewöhnlich lange Anlaufzeit, um jeden Tag im Kindergarten zu bleiben. Sie schlief sehr unruhig, weinte mehrmals im Schlaf.

Begebenheit beim Frühstück:

Anna plötzlich: „Können wir darüber reden, als ich Baby war?"

Frau Schneider: „Was willst Du denn wissen?"

Anna: „Wie ihr mich im Krankenhaus geholt habt."

Frau Schneider erzählt es ihr.

Anna: „Und die Karin hat mich als Baby gepackt."

Frau Schneider erklärt, dass Karin zu ihr keinen Kontakt hatte als sie Baby war und dass es einmal ein Spieltreffen gab, in dem Karin sie festgehalten hat und sie seither sagte, dass Karin sie packt. Da wäre sie jedoch schon fast zwei Jahre gewesen.

Anna: „Jetzt bin ich schon vier, da kann die Karin mich nicht mehr packen."

Frau Schneider sagt, dass Karin sie doch gar nicht anfasst.

Anna: „Kann die mich hier wegholen?"

Frau Schneider sagt, dass Karin nicht wisse, wo sie wohnen.

Anna: „Weiß die wo mein Kindergarten ist?" Frau Schneider verneint.

Anna: „Und die Eva und die Ulrike (Kindergärtnerinnen) passen auf mich auf. Und im Spieltreffen bleibst du bei mir und die Frau Effer-Stark passt auf." Frau Schneider bestätigt.

Anna legt ihren Kopf auf die Hand der Pflegemutter und sagt: „Ich will immer hier bleiben."

3;10c   Auf zum Ostereiersuchen

Frau Loose bat am 18. April per Fax über Frau Effer-Stark bei den Pflegeeltern anzufragen, ob sie am Ostermontag (25. April) einen gemeinsamen Ausflug in ein Freilichtmuseum machen könnten. Dort wäre Ostereiersuchen für Kinder. Frau Loose wollte eine schriftliche Antwort. Da Frau Effer-Stark das Fax erst am 20. April erhielt, informierte sie die Pflegeeltern telefonisch und bat darum, alles Weitere im Umgang vom 21. April zu klären. Die Planung war daher sehr kurzfristig.

Die Abwägung bestand darin, dass innerhalb einer Woche zwei Umgänge stattfanden und man aufgrund von Annas Belastungen nicht riskieren wollte, sie zu überfordern. Andererseits bestand die Chance, in der Umgangsgestaltung und im Miteinander neue Wege zu beschreiten.

Die Pflegeeltern teilten Frau Loose also mit, dass sie sich über ihren Vorschlag freuen. Oma und Opa wären über Ostern da und sie hätten zwar schon einen Tisch zum Mittagessen reserviert, könnten aber von dort zum Freilichtmuseum kommen.

Wahrnehmung der Pflegemutter
Wir treffen uns um 15.00 Uhr an der Kasse des Freilichtmuseums. Die Begrüßung ist zurückhaltend aber freundlich. Anna hatte sich gerade die Zeit mit Gänseblümchenpflücken vertrieben. Nachdem sie uns allen schon eines geschenkt hatte, schenkt sie nun Frau Loose eines zur Begrüßung. Diese steckt es zunächst an Annas Hut. Anna möchte aber, dass sie es behält und sie steckt es sich in ihr Knopfloch. Anna kann es nicht erwarten, Ostereier zu suchen. Sie rennt schon voraus. Wir folgen ihr. Gemeinsam suchen wir das Gelände ab. Hierbei ergeben sich wechselnde Konstellationen, da Anna mit allen Kontakt hält, manche vorauslaufen, andere hinterherkommen usw.

Frau Loose sucht von sich aus nicht das Gespräch mit uns, lässt sich aber auf begonnene Gespräche ein. Sie ist fröhlich, lacht auch. Der Rundgang ist locker und entspannt. Anna freut sich über gefundene Eier. Um 15.45 Uhr haben wir die Runde beendet. Wir fragen Frau Loose, ob sie noch etwas Zeit hätte ins Cafe einzukehren. Frau Loose sagt, dass sie noch ca. 30 Minuten Zeit hätte. Anna sagt: „Die Frau Karin soll hier neben mir sitzen und die Oma auf der anderen Seite." (neben ihr) Anna isst ein Eis und ist sichtlich entspannt. Anna schenkt Frau Loose ein gefundenes Ei.

Um 16.30 Uhr brechen wir auf. Anna möchte noch gar nicht gehen. Wir verabschieden uns, danken Frau Loose für die gute Idee.

Aus unserer Sicht war es ein gelungenes, entspanntes Treffen. Es war natürlich und nicht konstruiert. Für Anna war es so, wie sonst Treffen mit Bekannten ablaufen. Frau Loose wirkte gut gelaunt.

Die Anwältin von Frau Loose stellte später dar, dass die Pflegeeltern nicht in der Lage gewesen seien, sich mit der Kindesmutter alleine zum Zweck des Umgangs zu treffen. Es hätten vier Erwachsene darüber „gewacht", dass Frau Loose richtig mit Anna umgeht.

3;10d   Gutachten Kindeswohlgefährdung
Mitte April wurde dann endlich das Gutachten bezüglich der Kindeswohlgefährdung fertig gestellt. Der Gutachter wies vorab darauf hin, dass es keine psychologische Methodik gäbe, rückblickend die Faktoren kindlicher Verhaltensauffälligkeiten exakt und eindeutig belegbar festzustellen. Er könne daher nur Hypothesen entwickeln.

Jüngere Kinder würden auf Umgangskontakte mit den ihnen inne wohnenden Belastungen nicht selten mit zeitweise heftigen, im Gesamtverlauf aber moderaten Irritationen reagieren.

Bei Kleinkindern würden allenfalls moderate Stabilitäten frühkindlicher Verhaltensauffälligkeiten auftreten.

Seine Hypothese bestand darin, dass die Spannungen zwischen den Erwachsenen Anna überfordert und verunsichert hätten. Er empfahl daher, die Pflegeeltern und Frau Loose zur Zusammenarbeit zu ermutigen und zu befähigen.

Sehr klar führte er aus, dass es keine von den Pflegeeltern verursachte, erhebliche und nachhaltige Belastung des Kindeswohls gäbe. Die angedachte Herausnahme des Kindes aus der Pflegefamilie stellte er als unverhältnismäßig dar, da im Falle einer tatsächlichen Gefährdung zunächst weniger einschneidende Maßnahmen und ihre Wirkung (z.B. gerichtliche Festlegung des Umgangsrechts) ausprobiert werden müssten.

3;10e   Pfleger wechselt dann doch nicht
Nach Stellungnahmen von Frau Acher und dem Jugendamt kam das Amtsgericht nun in der Rolle des Familiengerichtes bei der zweiten Entscheidung zu folgendem Ergebnis:

„Die Bestellung des Herrn Pater Benedikt als Pfleger wird zurückgewiesen.
Gemäß §§ 1887 Abs. 1, 1915 Abs. 1 BGB ist das Jugendamt als Pfleger zu entlassen und ein anderer als Pfleger zu bestellen, wenn dies dem Wohl des Pfleglings dient und eine andere als Pfleger geeignete Person vorhanden ist. Der vorgeschlagene Pater Benedikt wird zwar grundsätzlich für geeignet zur Ausübung des Amtes eines Pflegers gehalten, in diesem vorliegenden Fall wird es jedoch als nicht dem Wohl des Kindes dienlich angesehen, wenn eine von den Pflegeeltern bevorzugte Person eingesetzt wird. Aufgrund des anhaltenden Konfliktes zwischen den Pflegeeltern und der Kindsmutter, der auch in den Punkten Aufenthaltsbestimmung und Zuführung zur medizinischen Behandlung in den laufenden Sorgerechtsverfahren eine Rolle spielt, besteht die Gefahr, dass der Pfleger seine Objektivität nicht einhalten kann. Es wird daher derzeit die weitere Ausführung der Pflegschaft durch das Amt für Jugend und Familie für sinnvoll erachtet."

3;11 Schwierigkeiten beim Umgang

Wahrnehmung der Pflegemutter

Frau Effer-Stark begrüßt uns. Anna fragt Frau Effer-Stark, ob wir Eisessen gehen können. Frau Effer-Stark erklärt, dass Frau Loose dies nicht möchte. Anna antwortet. „Dann können Papa, Mama, ich und du wie beim letzten Mal gehen." Frau Effer-Stark erklärt, dass wir das aber erst machen können, nachdem Anna mit Karin gespielt hat.

Anna fährt im Vorraum auf einem Dreirad. Sie erklärt Frau Loose, dass Frau Loose die Frau und sie selbst der Mann sei. Der Mann würde nun zum Fußballtraining fahren und die Frau würde zuhause bleiben. Sie sagt zu Frau Loose: „Da in der Ecke ist das Zuhause. Da kannst du dich hinsetzen." Sie selbst radelt in der Zeit mit dem Dreirad herum, schaut auch bei uns rein und „erschreckt" uns.

Anna erzählt später, dass sie von Frau Loose nur Gummibärchen wollte. Den Riegel hätte sie ihr wieder gegeben und gesagt, sie solle ihn ihren Kindern mitbringen. Auf meine Nachfrage erzählt Anna, dass Frau Loose vier Kinder hätte. Eines davon würde Nina heißen. Die anderen wisse sie nicht, aber sie werde das nächste Mal nach ihnen fragen.

Am Ende kommt Anna zu uns und sagt, dass sie nun Eisessen möchte. Als ich ihr erkläre, dass es zu spät zum Eisessen sei, reagiert Anna ungewohnt wütend und aggressiv. Sie haut und tritt. Als ich versuche sie zu besänftigen, beißt sie mir in die Wange. Frau Effer-Stark kommt hinzu und sagt zu Anna, dass Mama und Papa entscheiden müssten, ob wir noch Eisessen gehen. Anna ist weinerlich und möchte nicht mehr spielen.

Da es 16.30 Uhr ist, überreden Frau Effer-Stark und wir Anna noch „der Fuchs geht um" zu spielen. Wir singen das Abschiedslied. Anna läuft schon zum Ausgang. Frau Effer-Stark fordert Anna auf, sich noch zu verabschieden. Sie gibt Frau Effer-Stark und Frau Loose die Hand und läuft zur Türe hinaus. Wir verabschieden uns und folgen ihr.

Anna wacht am nächsten Morgen um fünf Uhr weinend auf. Sie erzählt, dass sie schlecht geträumt habe. Erstmalig weiß sie noch, was sie geträumt hat. Sie erzählt: „Da ist eine Eule um mich herum geflogen und hat mich immer mit ihrem Flügel gehauen. Ich hab nach dem Opa gerufen, aber der ist nicht gekommen. Da hab ich nach der Mama gerufen und die ist gekommen und hat die Eule verjagt. Die ist dann hinter dem Schloss verschwunden."

4;0a Paukenschlag und Ohrfeige vom OLG

Ende Juni gab das Oberlandesgericht der Beschwerde zum Verbleib vom April in allen Punkten Recht.

ANLAGE L

4;0b   Umgänge werden wieder abgesagt
Da ein Umgangstermin auf einen Feiertag fiel, versuchte Frau Effer-Stark
frühzeitig eine Ersatzterminierung zu besprechen. Frau Loose war hierbei
mürrisch und demonstrierte ihr Desinteresse. Da die gewohnten
Räumlichkeiten am Ausweichtermin belegt waren, wurde ein Treffen auf
einem nahgelegenen Spielplatz ausgemacht. Am Tag des Umgangs sagte
Frau Loose kurzfristig ab. Man verabredete einen weiteren Ersatztermin in
der Woche darauf. Hierzu gab es keine Rückmeldung von Frau Loose.
Auch der nächste Umgang wurde abgesagt. Frau Loose teilte dem
Jugendamt mit, dass sie nicht mehr bereit sei, Umgänge wahrzunehmen,
die von Frau Effer-Stark begleitet würden. Das Amt erklärte, dass man die
Umgangsbegleitung nicht wechseln würde. Daraufhin fand nach acht
Wochen wieder ein Umgang statt. Anna war durch die Pause deutlich
entspannter.

4;0c   Neuer Hilfeplan und Elterngespräche
Der Hilfeplan vom Dezember sollte nun fortgeschrieben werden. Frau
Effer-Stark wollte jedoch wie mit dem Gutachter besprochen, vorher ein
Elterngespräch durchführen, um Spannungen abzubauen. Ein Termin für
das Elterngespräch war jedoch schwierig zu finden, da Frau Loose
Gespräche mit ihr und dem Amt ablehnte.

4;0d   Die Kindsmutter geht lieber vor Gericht als zum Gespräch
Zur konstruktiven Planung und zu Gesprächen zum Umgang war Frau
Loose nicht bereit. Dafür stellte sie einen Antrag zur Steigerung des
Umgangs bei Gericht. Es handelte sich also um das Gerichtsverfahren
Nummer IV. Sie beantragte, dass sich Anna vierzehntägig übers
Wochenende ohne Begleitung bei ihr aufhalten solle. Anna hätte eine gute
und vertrauensvolle Bindung zu ihr aufgebaut und wäre sicherlich in der
Lage, die Umgänge ohne Begleitung auszuüben. Die Regelung diene dem
Kindeswohl. Sie würde einerseits dem verstärkten Autonomiestreben des
Kindes und zunehmendem Alter, andererseits der zunehmenden
Vertrautheit gerecht werden.

Die Anwältin erklärte später, dass aus ihrer Sicht dem Kind eine
Umgangsausweitung durchaus „zugemutet werden" könnte.

Annas fünftes Lebensjahr

4;3a   Der Richter beschließt

Am 1.9. entschied der Richter das Verfahren III bezüglich Kindeswohlgefährdung ohne familiengerichtliche Maßnahmen zu beenden, da der Gutachter keine Kindeswohlgefährdung festgestellt hatte. Bezüglich des Verfahrens II zum Verbleib wurde durch den Richter erneut von den Beteiligten abgefragt, ob „derzeit" eine Herausnahme bei den Pflegeeltern beabsichtigt sei. Über die Anwälte wurde versucht eine außergerichtliche Einigung durch die Zustimmung zu einem Verbleib von mindestens drei Jahren zu finden. Frau Loose lehnte diesen Vergleich ab und bestand auf die Durchführung des Verfahrens. Ihre Anwältin äußerte, dass ihre Mandantin sich „beratungsresistent" zeige.

Auch zum Verfahren IV zum Umgang wurden durch den Richter aktuelle Stellungnahmen eingefordert.

4;3b   Umgänge treten auf der Stelle

Die Kindesmutter nahm eine zunehmend aggressive Grundhaltung gegenüber allen Beteiligten ein. Sie ging von sich aus überhaupt nicht auf Anna zu oder gestaltete den Umgangskontakt. Frau Effer-Stark musste den Umgang für sie gestalten und vorantreiben, teilweise auch mit Hilfe der Pflegeeltern.

Wahrnehmung der Pflegemutter

Frau Loose wartet im Nebenraum. Als Anna sie sieht, läuft sie in den Raum und wirft sich aufs Sofa. Frau Loose begrüßt Anna, die etwas zurückhaltend ist. Sie erklärt Frau Loose in Babysprache, dass da Schmutz am Boden liegt. Wir warten im Vorraum. Anna kommt zu mir gelaufen und umklammert meine Beine. Frau Effer-Stark leitet an, das Begrüßungslied zu singen. Als Frau Loose aus dem Nebenraum kommt, geht mein Mann auf sie zu und begrüßt sie. Da Anna meine Beine umklammert, kann ich nicht auf Frau Loose zugehen und warte daher, dass sie sich mir zuwendet. Ich erwidere Ihre Begrüßung. Daraufhin fährt mich Frau Loose an: „Sie müssen ja nicht." Ich frage noch einmal nach. Sie sagt noch einmal: „Sie müssen mich nicht begrüßen wenns net wollen." Es herrscht eine angespannte Atmosphäre. Anna gräbt ihr Gesicht in meine Beine, dreht allen den Rücken zu und macht beim Begrüßunglied nicht mit. Sie möchte anschließend auf den Arm genommen werden und vergräbt ihr Gesicht in meiner Schulter. Frau Loose sagt zu Anna: „Kommst mit und wir setzen uns drinnen hin." Anna sagt bestimmt „Nein". Sie möchte auf meinem Arm bleiben. Wir setzen uns gemeinsam und Anna möchte weiter auf meinem Schoß bleiben. Frau Effer-Stark gibt den Anstoß, dass wir ja auch immer was gespielt hätten. Als alle nach einem Spiel schauen, will Anna auch mitschauen, ich soll sie aber weiterhin tragen. Im Spielzimmer darf ich sie runterlassen. Sie setzt sich am Spieltisch in die Ecke und wirkt immernoch verschüchtert und distanziert beobachtend. Sie fordert meinen Mann auf, sich neben sie zu setzen. Frau Loose fragt mehrmals, wo sie sich setzen soll. Anna verweist ihr den Platz gegenüber. Nach dem Spiel sagt Anna, dass sie nun das Essen möchte, was Karin ihr mitgebracht hat. Wir ziehen uns zurück. Als ich es Anna sage, antwortet sie routiniert: „Das weiß ich ja Mama."

Um 16.20 Uhr kommt Anna und bittet mich nachzusehen, denn sie meint, dass sie in die Hose gemacht hätte. Sie hat sich getäuscht, will aber auch nicht aufs Klo gehen. Sie geht wieder zum Spielen. Um 16.30 kommt Anna und hat tatsächlich in die Hose gemacht. Da dies sonst nie vorkommt, habe ich keine Wechselwäsche dabei. Ich ziehe ihr die nasse Unterhose aus. Anna spielt dann weiter.

Um 16.45 Uhr kommt Anna. Sie sagt: „Das Spieltreffen ist blöd und die Karin ist blöd." Frau Effer-Stark kommt auch und berichtet, dass sie schon aufgeräumt haben und Anna nun noch etwas Ball spielen möchte. Wir spielen gemeinsam. Anna erzählt, dass ich ihr erlaubt habe mit fünf Jahren in den Fußballverein zu gehen. Während Frau Effer-Stark bestärkt, dass dies eine gute Idee sei, weil Anna so gut spiele, steht Frau Loose mürrisch daneben. Frau Effer-Stark sagt, dass Anna so gewachsen sei und bewundert Annas Schuhe. Anna macht es viel Spaß, so dass wir etwas länger spielen. Dafür möchte sie kein Abschiedslied singen. Sie verabschiedet sich kurz und knapp.

Anna wiederholt noch einmal, dass das Spieltreffen blöd war. Auf unsere Nachfrage erklärt sie: „Die Karin fragt immer: Was willst du denn spielen, was willst du denn spielen? Das find ich blöd." Sie erzählt, dass die Brotzeit gut war, weil es da Gummibärchen und einen Riegel und etwas gab, das ganz ganz süß war und Milchcreme hatte.

4;4a   Das Amt nimmt wieder Stellung

Bezüglich des Verbleibes erklärte Frau Müller fürs Gericht einmal mehr, dass *derzeit* von Seiten des Amtes nicht die Absicht bestehe, das Kind bei den Pflegeeltern herauszunehmen.

Zum Umgang erklärte sie, dass bei den Umgängen auffiel, dass die Umgänge umso positiver verlaufen würden, je mehr sich die Erwachsenen in der Anfangssituation freundlich und respektvoll begegnen würden. Anna wäre sehr sensibel für die Spannungen zwischen den Erwachsenen und würde während des Umgangs mehr Kontakt zu ihren Pflegeeltern suchen, wenn schon zu Beginn der Treffen eine angespannte Atmosphäre herrsche.

Für eine positive Gestaltung solle mit der Kindsmutter und den Pflegeeltern ein Konsens gefunden werden, wie die Umgänge weiter abgehalten werden sollten. Das Ziel seien Umgänge ohne Pflegeeltern. Voraussetzung hierfür sei, dass sich die Erwachsenen Respekt und Vertrauen entgegenbrächten. In einem gemeinsamen Gespräch solle Ende Oktober die Ausgestaltung der Umgänge besprochen werden.

4;4b Die Kindsmutter will mehr

Der Richter bat vor allem die Kindsmutter erneut um Stellungnahme, ob und ggf. warum die Inanspruchnahme gerichtlicher Hilfe für die Umgangsregelung erforderlich wäre. Es erscheine vor dem Hintergrund, dass das Jugendamt ein Gespräch über die weitere Ausgestaltung der Umgänge beabsichtige, fraglich, ob eine gerichtliche Entscheidung überhaupt erforderlich sei.

Von Seiten der Kindesmutter wurde darauf hingewiesen, dass sich Jugendamt und Umgangsbegleitung schon seit langem um eine Ausweitung des Umgangs bemüht hätten und hierzu schon zahllose Gespräche, auch Hilfeplangespräche stattgefunden hätten, ohne dass sich substantiell sehr viel verändert hätte. Sie stellte in Frage, ob es wirklich erforderlich sei, dass immer noch mit einem gemeinsamen Ritual begonnen werden müsse. Vorgeschlagen wurde, dass die Erwachsenen Beteiligten nicht aufeinander treffen sollten, um Spannungen zu vermeiden.

Statt ihrer Mandantin zur Kooperation in den Gesprächen mit dem Amt zu raten, goss ihre Anwältin Öl ins Feuer: Grundsätzlich würde sie- wie dem Gericht bekannt sei- es für wünschenswert halten, dass es einen Konsens zwischen allen Beteiligten geben würde. Dieser sei im vorliegenden Fall aber möglicherweise nie zu erzielen. Es wäre vorliegend nicht die erste Umgangsangelegenheit, in der der Umgang auch ohne Konsens der Erwachsenen ausgeweitet und umgestaltet würde. Damit wolle sie nicht dem Unfrieden das Wort reden, sondern mehr dazu beitragen, dass sich die Umgangsangelegenheit endlich hin zu einem „normalen" Umgang bewegen würde. Nach ihrer Einschätzung bedürfe es klarer gerichtlicher Vorgaben, wie der Umgang auszugestalten sei, damit es endlich zu einer Umgangsausweitung kommen könne.

4;4c   Anna geht's nicht gut

Am 20.10. gab es erneut Schwierigkeiten im Umgang durch Frau Looses aggressive Haltung.

Wahrnehmungen der Pflegemutter
Frau Loose öffnet uns die Türe als wir den KSB erreichen. Sie begrüßt Anna, Anna erwidert dies jedoch nicht. Sie bleibt in der Tür stehen und beobachtet ein Baby, das gerade in den Räumlichkeiten gewickelt wird. Anna ist abgelenkt und braucht etwas um anzukommen. Frau Effer-Stark schlägt vor hereinzukommen, damit es für das Baby nicht kalt wird. Anna und ich ziehen uns aus. Frau Effer-Stark leitet an, in die Nachbarräume zu gehen. Anna spricht Karin an. Diese reagiert in etwas ruppigem Ton: „Willst du was von mir?" Anna erzählt Karin, dass wir zuhause viele Marienkäfer hätten. Sie kommt dann zu mir gelaufen und zieht mich an der Hand. Anna äußert, dass sie nicht singen möchte. Sie zieht mich an der Hand zum Spielen. Sie sucht das Mikadospiel und setzt sich an den Spieltisch. Bevor Frau Loose sich setzt, sagt sie in Anwesenheit von Anna barsch zu mir: „Ich sag ihnen jetzt noch Grüß Gott, weil sie mich am Anfang nicht begrüßt haben." Dann setzt sie sich auf den Platz gegenüber von Anna. Es herrscht eine angespannte Atmosphäre, auch wenn wir bemüht sind, dies zu überspielen. Während wir spielen, kuschelt sich Anna an mich und sagt: „Ich bin froh, dass du neben mir sitzt." Frau Effer-Stark erkundigt sich nach Annas Befinden. Ich erzähle, dass Anna keine Bronchitis mehr hat. Frau Loose wirkt desinteressiert. Nach dem Spielen ziehe ich mich zurück. Anna kommentiert mit „Ja, ja, das weiß ich schon."
Anna kommt wenig später mit einem Hustenbonbon und fragt, ob sie es essen dürfe. Eigentlich darf Anna keine großen Bonbons essen. Ich möchte aber Frau Loose nicht verärgern und erlaube es Anna. Anna kommt wenig später und fordert mich auf, mit ihr aufs Klo zu gehen. Ich ziehe mich im Anschluss wieder zurück. Anna kommt im Laufe des Umgangs weitere fünf Male um mit mir aufs Klo zu gehen, sie muss aber tatsächlich nur zwei Mal. Wenn Anna zu mir kommt, hört man Frau Loose immer aus der Entfernung: „Kuckuck, wo bist du denn?" rufen.
Zwischendurch kommt Anna und bittet mich und Frau Effer-Stark mit Kaufladen zu spielen. Dies ist allerdings auch unterbrochen von Toilettengängen. Einmal macht Anna in die Hose. Ich ziehe Anna um. Anna besteht darauf, dass uns niemand zuschauen dürfe. Ich ziehe mich im Anschluss zurück. Anna kommt erneut mit einem Bonbon zu mir. Dieses Mal verbiete ich es ihr. Frau Effer-Stark kommt und erklärt, dass Anna die Bonbons in den Räumen des KSB gefunden hatte.

Anna findet nicht ins Spiel. Als ich um 16.20 Uhr mit Anna erneut vom Klo komme, fordert Frau Effer-Stark mich auf, mit Anna zu einem gemeinsamen Gespräch zu kommen. Frau Loose sitzt im Eck und sagt nichts. Frau Effer-Stark fragt, ob wir den Umgang beenden sollten. Anna nimmt mich bei der Hand und hält sich an meinen Beinen fest.

Ich erzähle, dass Anna zweimal aufs Klo musste, bei den restlichen Malen jedoch nicht und dass Anna keinen Durchfall hätte. Ich könne ihr Verhalten nicht einschätzen. Frau Effer-Stark fragt Anna, ob sie denn lieber heimgehen möchte. Anna möchte daraufhin auf meinen Arm. Sie vergräbt ihr Gesicht in meine Schulter und nickt auch auf meine nochmalige Nachfrage, ob sie gehen möchte. Als sie wieder hochsieht, hat sie verweinte Augen. Sie schluchzt leise vor sich hin. Es wirkt, als ob sich ihre Anspannung entlädt. Frau Loose sagt: „Kurierst dich richtig aus." Anna geht zielstrebig zum Ausgang, sie hat es eilig. Sie möchte sich nicht verabschieden und nicht singen. Alle geben sich die Hand und wir verlassen den Kinderschutzbund.

Anna ist auf der Heimfahrt fröhlich. Zuhause schießen ihr immer wieder Tränen in die Augen. Sie wirkt seelisch immens belastet. Sie sagt, dass sie beim Spieltreffen Angst gehabt hätte.

Anna konnte sich nicht auf den Umgang einlassen, nachdem Frau Loose mich zum wiederholten Mal aggressiv angegangen hat. Anna war schon im Umgang sichtlich angespannt, verstört und belastet.
Anna weinte und schrie in der kommenden Nacht. Sie ließ sich nur schwer beruhigen, wimmerte im Schlaf. Ihr ging es am Morgen noch so schlecht, dass sie nicht in der Lage war, den Kindergarten zu besuchen. Sie klagte immer wieder über Bauchschmerzen. Erst am Samstag trat etwas Beruhigung bei ihr ein. In der Nacht wachte sie wiederum schreiend auf. Sie erzählte, dass sie schlecht geträumt hätte. Sie sagte: „Da war ein Monster, das wollte mich fressen. Die Mama hat es dann kaputtgeschnitten." Ich sage ihr, dass es keine Monster gibt. Sie antwortet: „Aber es gibt die Karin."

Anna hatte in den darauf folgenden Wochen Probleme im Kindergarten zu bleiben. Sie weinte bereits bei der Verabschiedung und ließ sich im Laufe des Vormittags nur schwer ablenken. Eine der beiden Erzieherinnen versuchte Anna die ganze Zeit zu beschäftigen, teilweise ging es Anna so schlecht, dass sie von Frau Schneider geholt werden musste.

Auch in der Musikschule fing Anna unvermittelt an zu weinen, lief hinaus und klammerte sich an die Pflegemutter. In der kommenden Woche wollte Anna nicht bleiben. Die Musikschullehrerin fragte besorgt, ob sie etwas falsch gemacht hätte, weil sie die sonst selbstbewusste Anna so gar nicht kannte.

Anna hatte wieder massive Schlafprobleme und Trennungsängste.

Als Anna einmal wie schon oft zuvor bei der Nachbarin zu Besuch war, hatte sie einen innerlichen Zusammenbruch. Sie war nicht mehr zu beruhigen, weinte äußerst verzweifelt und war kaum ansprechbar.

Frau Wunderlich bemerkte, wie belastet Anna wieder war. Sie erklärte, dass Anna durch den Angriff von Frau Loose auf die Pflegemutter massiv verunsichert worden war. Ihr inneres Bild einer starken, verteidigenden Mama sei dadurch ins Wanken geraten, dass sich die Pflegemutter in der Situation nicht zur Wehr gesetzt hatte. Anna hatte dies als sehr bedrohlich wahrgenommen und es hatte Ängste in ihr ausgelöst.

4;4d   Elterngespräch mit Flipchart

Am 27.10. fand das Elterngespräch zur weiteren Gestaltung der Umgänge statt.

Frau Effer-Stark moderierte das Gespräch. Sie leitete ein, dass alle auf Anna schauen sollten. Das erste Thema war daher: „Was braucht Anna?" Während die Pflegeeltern Beruhigung, Sicherheit, Geborgenheit, Spaß aufzählten, führte Frau Loose als wichtigste Punkte Höflichkeit und Ehrlichkeit an. Sie erläuterte, dass Anna einen höflichen Umgang bräuchte. Außerdem dürften Anna keine Lügen beispielsweise über die Umgänge erzählt werden. Als gemeines Thema stellte sich heraus, dass Anna Spass an den Umgängen haben solle. Es wurde daher überlegt, was Anna Spass machen könnte. Frau Loose zählte auf, was Anna in den Umgängen bisher angeblich sehr viel Spass gemacht hätte („Mülldeponie spielen"). Frau Loose hatte keine Ideen und wohl auch kein Interesse, die Umgänge weiter zu entwickeln. Nach einer Stunde merkte sie an, dass sie nun wieder gehen müsse.

Auf Nachfrage wie sie das Gespräch empfunden habe, erklärte sie, dass es in Ordnung gewesen sei, dass es jedoch Themen gäbe, wo sie mit den Pflegeeltern sicherlich nicht zusammenfinden würde.

4;4e   Frau Effer-Stark fragt nach

Aufgrund von Annas ungewöhnlichem Verhalten war es Frau Effer-Stark ein Anliegen, Rücksprache mit Frau Wunderlich und mit Annas Erzieherin im Kindergarten zu halten. Diese schilderten ihre Wahrnehmung von Annas Belastungen. Sie machten auch klar, dass sie nicht nachvollziehen könnten, dass Frau Loose in ihrem Verhalten nicht Grenzen gesetzt würden, damit dies nicht Auswirkungen auf Anna (und damit auf alle weiteren Beteiligten) hätte.

4;6a   Amtspflegerin ohne Meinung

Frau Acher hatte für das Verfahren II zum Verbleib eine Stellungnahme abgegeben, in der auch sie bestätigte, dass *derzeit* nicht die Absicht bestehen würde, das Kind Anna Loose bei den Pflegeeltern Schneider herauszunehmen. Auf Nachfrage erklärte sie, dass man nie sagen könne, was in einem halben Jahr sei. Sie könne also perspektivisch nur von *derzeit* reden, was für sie ca. sechs Monate umfasse. Sie könne nicht ausschließen, dass Frau Loose ihre Erziehungsfähigkeit wieder erlangen würde. Die Bindungen von Anna an die Pflegeeltern spielten dabei für sie keine Rolle. Da sie diese Stellungnahme schriftlich gegeben hätte, könne sie auch nicht mehr zum Verfahren beitragen und werde daher auch nicht zur Anhörung kommen.

4;6b   Überraschende Empfehlung des Amtes

Frau Müller gab am 5.12. erneut eine Stellungnahme fürs Gericht ab:

„Sehr geehrter Herr Richter,

wir möchten Ihnen mitteilen, dass sich das Amt für Kinder, Jugendliche und Familien für einen Verbleib des Kindes, Anna Loose, bei den Pflegeeltern Schneider ausspricht.

Da zu erwarten ist, dass der Verbleib von Anna bei den Pflegeeltern auf Dauer angelegt ist, soll aus unserer Sicht das Pflegeverhältnis von einem Voll- in ein Dauerpflegeverhältnis umgewandelt werden.

Anna lebt seit fast 4 ½ Jahren bei den Eheleuten Schneider. Für sie sind ihre Pflegeeltern die primären Bindungspersonen, zu denen sie in ihren ersten Lebensjahren eine sichere und stabile Bindung aufbauen konnte. Anna ist bei ihren Pflegeeltern fest verwurzelt und hat dort ihren festen Lebensmittelpunkt. Wir haben die Haltung, dass eine Herauslösung aus der Pflegefamilie Annas weitere Entwicklung gefährden würde und somit nicht zu ihrem Wohle wäre."

4;6c   Gericht ohne hohe See

Am 8.12. fand erneut eine Anhörung zum Verfahren II bezüglich einer Verbleibensanordnung statt. Anwesend waren Frau Loose mit ihrer Anwältin, die Pflegeeltern mit Anwalt, Frau Müller und Frau Effer-Stark. Entgegen ihrer Vorankündigung erschien auch Frau Acher.

Der Richter stellte zunächst klar, dass das Oberlandesgericht seinen Beschluss missverstanden hätte und er der Meinung sei, dass seine Vorgehensweise berechtigt wäre.

Er würde daher das Verfahren wieder so handhaben, aber eben zum jetzigen Zeitpunkt. Als Herr und Frau Schneiders Anwalt Herr Dorner daraufhin seine Augenbraue hochzog, wurde er sofort gerügt: „Da brauchen Sie jetzt nicht so die Augenbrauen hochziehen."

Der Richter fragte Frau Loose, ob sie meine, dass es noch einen Zeitpunkt geben würde, das Kind, ohne Schaden zu nehmen, von der Pflegefamilie zu trennen und wann dieser sei. Frau Loose erklärte, dass es in der Vergangenheit schon mehr intensiviert hätte werden müssen. Der Richter erklärte, dass dem ja nun nicht so sei und wir nach vorne blicken sollten. Anna wäre nun 4,5 Jahre, käme bald in die Schule und müsse wissen, wo ihr Aufenthalt wäre. Frau Acher merkte an, dass die Wahrscheinlichkeit der Rückführung mit dem zunehmenden Alter der Kinder sinken würde. Frau Müller führte nochmal aus, dass sich das Verhältnis zwischen Anna und Frau Loose nicht so entwickelt hätte, wie man sich es erhofft hätte. Aus der Sicht des Amtes würde Annas Entwicklung gefährdet, wenn sie von den Pflegeeltern weg sollte. Frau Loose stimmte zu. Der Richter formulierte, dass man Anna doch so lange in der Pflegefamilie lassen solle, wie es für sie eine Gefährdung ihres Wohls wäre.

Zwischenzeitlich wollte er von Frau Müller wissen, ob diese Einstellung nun die endgültige das Amtes sei, denn man hätte ja auch schon anderes vorgetragen. Er provozierte, ob es sich um die „normative Kraft des Faktischen" handle. Frau Müller erklärte, dass sie erst seit kurzer Zeit die Sachbearbeiterin in dem Fall sei und nicht verantworten könne, was vor ihr gemacht worden wäre. Sie könne nur sagen, dass sie nicht zuletzt wegen der vielen verschiedenen Meinungen unter den Fachkräften neu hinzugezogen worden wäre.

Der Richter ergriff dann die Gelegenheit, gleich noch die Umgänge zu thematisieren. Er fragte Frau Loose nach ihren Vorstellungen. Frau Loose erklärte, dass sie sich wöchentliche Umgänge ohne die Pflegeeltern vorstelle. Der Richter erklärte daraufhin, dass er wöchentliche Umgänge für unrealistisch halte, weil sie für die Kindsmutter mit ihrem zweiten Kind, Anna in ihrem Alltag und für die berufstätigen Pflegeeltern machbar sein sollten. Frau Effer-Stark erklärte, dass es für Anna wichtig sei, dass die Umgänge entspannter abliefen. Gemeinsame Unternehmungen wären hierzu ein guter Weg. Der Richter fragte nach, ob sich zwischenzeitlich die Schwestern kennengelernt hätten. Frau Loose verneinte und erklärte, dass sie Anna nicht verwirren wollte. Sie hätte Maria aber von Geburt an alles erzählt und Maria wisse von Anna. Der Richter forderte dazu auf, dass die Umgänge doch auch dem Kennenlernen der Geschwister dienen sollen. Frau Müller wurde noch zum Intervall befragt. Sie erklärte, dass sie im Rahmen der Dauerpflege eine Reduzierung des Umgangs auf vierwöchig befürworte. Frau Effer-Stark regte dann noch an, dass die Umgänge weiterhin begleitet stattfänden und zur Verbesserung der Kommunikation auf der Erwachsenenebene regelmäßige Elterngespräche geführt werden sollten.

Der Richter fragte dann, ob man nicht über dies alles eine Vereinbarung treffen könne. Frau Loose und die Pflegeeltern zogen sich mit ihren Anwälten zur Beratung zurück. Anschließend stimmten sie der Vereinbarung zu.

Es wurde festgehalten:
1. Die Beteiligten sind sich darüber einig, dass Anna Loose ihren dauerhaften Aufenthalt im Haushalt der Pflegeeltern, Ehepaar Schneider haben soll, da die Beteiligten davon ausgehen, dass derzeit ein Wechsel des Aufenthalts das Wohl des Kindes gefährden würde.
2. Die Beteiligten sind weiter darüber einig, dass es hierbei verbleiben soll, solange ein Aufenthaltswechsel eine Gefährdung des Kindes mit sich bringen würde.
3. Derzeit ist am Familiengericht ein Umgangsverfahren anhängig. Die Beteiligten vereinbaren hierzu folgendes:
a)
Die Beteiligten sind darüber einig, dass die Antragsgegnerin mit Anna im vierwöchigem Turnus Umgang haben soll.
b)
Die Beteiligten sind weiter darüber einig, dass dieser Umgang wie bisher in begleiteter Form durch Umgangsbegleitung durch den Kinderschutzbund stattfinden soll.
c)
Die Beteiligten sind darüber einig, dass es wesentliches Ziel der Umgangskontakte sein soll die Umgänge so zu gestalten, dass Anna einen entspannten Kontakt zur Kindsmutter herstellen kann. Dies soll unter anderem dadurch gefördert werden, dass die Umgangskontakte durch Ausflüge oder ähnliche gemeinsame Unternehmungen stattfinden.

d)
Die Beteiligten sind auch darüber einig, dass als weiteres Ziel eine Herstellung der Geschwisterbindung der beiden Kinder von Frau Loose sein soll.

e)
Weiterhin haben die Beteiligten Übereinstimmung dahingehend erzielt, dass zur Unterstützung des begleiteten Umgangs regelmäßige durch den Kinderschutzbund moderierte Elterngespräche stattfinden sollen.

f)
Die Beteiligten sind darüber einig, dass spätestens bis Ende Januar ein Gespräch beim Kinderschutzbund stattfinden soll, welche der näheren Ausgestaltung der Umgänge dienen soll.

g)
Die Beteiligten werden dem Familiengericht bis Mitte Februar schriftsätzlich mitteilen, ob das Umgangsverfahren als erledigt betrachtet werden kann.

Der Richter erklärte dann, dass das Verfahren von Amts wegen zu führen sei und er daher davon absehe, die Kosten den Pflegeeltern aufzuerlegen. Anschließend wünschte er, dass nun etwas Ruhe einkehren möge und alle die Adventszeit genießen könnten.

4;6d   Vereinbarter Umgang entfällt

Frau Effer-Stark teilte Frau Loose mit, dass sie davon ausgehe, dass der Umgang stattfinden würde, wenn Frau Loose sich nicht meldete. Die Pflegefamilie und Frau Effer-Stark warteten im Kinderschutzbund wie verabredet. Frau Loose kam nicht.

4;7   Hilfeplan mit desinteressierter Kindsmutter

Nach mehreren Terminen, die von Frau Loose abgesagt wurden, trafen sich Frau Müller, Frau Effer-Stark, Frau Loose und die Pflegeeltern Mitte Januar zur Erarbeitung eines Hilfeplans. Frau Loose stellte gleich zu Beginn klar, dass sie nicht lange Zeit hätte.

Frau Effer-Stark leitete an, die gemeinsamen Unternehmungen genauer zu besprechen. Die Pflegeeltern schlugen Kindertheater vor. Frau Loose wollte jedoch keine verbindlichen Terminierungen. Die Pflegeeltern schlugen Spaziergänge oder Wanderungen vor. Frau Loose hatte

Bedenken, was man machen würde, wenn Anna dann keine Lust hätte. Die Pflegeeltern schlugen Schwimmbadbesuche vor. Frau Loose sagte, dass sie nicht baden gehen möchte. Auf Nachfrage, wie Frau Loose die Umgänge gerne gestalten würde, sagte sie: „Wie bisher."

Um Termine zu vereinbaren hatten alle ihren Kalender dabei, Frau Loose nicht. Sie merkte daher immer wieder an, dass sie vermutlich könne oder nicht könne. Den vereinbarten Termin im Januar könne sie jedoch nicht wahrnehmen. Frau Effer-Stark fragte, ob man zu dem Termin Ende Februar dann Anfang Februar noch einen Umgang vereinbaren solle. Frau Loose reagierte fast entsetzt, dass es im Februar ja dann zwei Treffen wären und lehnte den zusätzlichen Termin ab.

Man vereinbarte noch, dass sich die Pflegeeltern und Frau Loose am Tag vor dem Umgang telefonisch bei Frau Effer-Stark melden würden, damit man nicht umsonst zum Umgang fahre.

Frau Loose saß während des gesamten Gesprächs distanziert am Tisch. Sie schaute auf den Boden und demonstrierte schon durch ihre Körperhaltung eine abwehrende Einstellung.

4;8   geordneter Rückzug

Nach einem weiteren abgesagten Umgang ließ Frau Loose durch ihre Anwältin mitteilen, dass sie sich nach reiflicher Überlegung entschlossen habe, die Umgangskontakte mit ihrer Tochter nicht mehr aufrecht zu erhalten.

Nach ihrem Eindruck hätte die Entwicklung ab dem Zeitpunkt stagniert, in dem Frau Rottmann sich aus der Umgangsbegleitung zurückgezogen hatte. Die Kooperation mit der aktuellen Umgangsbegleitung hätte sich für sie wegen des latenten Eindrucks der Parteilichkeit zu Gunsten der Pflegeeltern stets schwierig gestaltet.

Zudem hätte sich auch immer mehr gezeigt, dass ihre jüngere Tochter die Anspannung im Zusammenhang mit den Umgangskontakten spüre, was zu einer Verunsicherung führen könnte. Maria sei in die bestehende Dynamik bereits einbezogen, was die Antragstellerin nicht weiter hinnehmen möchte. Im Ergebnis seien familiengerichtliche Maßnahmen im vorliegenden Verfahren also nicht mehr erforderlich. Das Verfahren IV zum Umgang wurde daher eingestellt.

4;9a   Das eigentlich zuständige Amt übernimmt

Mitte März erfolgte das Übergabegespräch mit den Ämtern. Frau Loose informierte schon im Vorfeld, dass sie nicht an dem Gespräch teilnehmen werde. Auf Nachfragen, wie sie sich die Zusammenarbeit oder einen Kontakt weiter vorstellen würde, gab sie keine Antworten.

Da nun keine Umgangsbegleitung benötigt wurde und das neue Jugendamt die Betreuung nicht an freie Träger abgab, endete auch die Zuständigkeit von Frau Effer-Stark. Vor allem Anna bedauerte dies sehr, denn sie hatte in ihr eine Bezugsperson gefunden. Es wurde jedoch vereinbart, dass im Falle eines Umgangswunsches durch Frau Loose, Kontakt zu Frau Effer-Stark für die erneute Betreuung aufgenommen werden könnte.

4;9b   Happy End?

Anna wünschte sich ein letztes Treffen mit Frau Effer-Stark im Kinderschutzbund, da dort umgebaut worden war und sie gerne noch die neuen Räumlichkeiten und Spielsachen erleben wollte. Sie hatte Spass am ausgelassenen Spiel mit Frau Effer-Stark und den Pflegeeltern und beendete es problemlos. Sie bedauerte nicht, dass Karin nicht mehr kam.

Frau Wunderlich hatte in den Therapiesitzungen festgestellt, dass Anna eine hervorragende Entwicklung gemacht hatte. Anna war es nun möglich, ihre Gefühle zu verbalisieren. Frau Wunderlich meinte, dass Anna aus der Therapie in das „normale Familienleben" und Alltagsleben entlassen werden solle. Ende März fand daher die letzte Therapiestunde statt. In einer abschließenden Einschätzung der gesamten Situation stellte Frau Wunderlich vor allem heraus, dass das Hauptproblem die Verleugnung der tatsächlichen Situation gewesen sei. Durch die Behauptung, dass an den Umgängen und Frau Loose nichts falsch sei, es aber dennoch Probleme gab, wurde den Pflegeeltern die Schuld zugeschoben. Diese Verdrehung der Wahrheit hätten alle aushalten müssen- vorallem Anna, die doch deutlich spürte, dass die „Wahrheit" -an Umgang und Kindsmutter ist alles in Ordnung- nicht stimmte und daher somatisierte. Die krankhafte Störung der Kindsmutter die Welt in Schwarz und Weiß, Gut und Böse einzuteilen, hatte eine Dynamik in die gesamte Situation entwickelt. Diese Dynamik ist in der Fachwelt bekannt und man hätte ihr entgegen wirken müssen.

Manfred Lütz beschreibt in seinem Bestseller:

Der Umgang mit Borderline- Patienten ist anstrengend. Sie wirken nicht nur selbst in ihren Emotionen bisweilen wie gespalten, sie spalten auch ihre Umgebung.

Wenn ich höre, dass auf einer Station dicke Luft bei den Stationsmitarbeitern herrscht, dann frage ich mitunter, wie denn die Patientin heißt…..Solche Spannungen vollziehen sich durchaus subtil.

Für Anna wurde im Rahmen des neuen Hilfeplans festgehalten, dass sie aus der angepassten Rolle kommen sollte. In den Umgängen hatte sie ihre Bedürfnisse stets hinten anstellen müssen. Ihre durchaus richtigen Wahrnehmungen der absonderlichen Situation hatten keinen Raum und wurden zeitweise verleugnet. (Anna äußerte ihre berechtigte Angst, dass Karin sie mitnimmt, denn sie konnte die Haltung der Kindsmutter erspüren – Frau Klein sagt: „Nein, die will nur mit dir spielen.") Die Pflegeeltern berichteten, dass Annas Entwicklung zuhause und im Kindergarten etwas rebellischer wurde. Anna hatte nun die Möglichkeit ihre eigenen Bedürfnisse und eigenen Wahrnehmungen zu erkunden. Sie konnte endlich ein unbeschwertes Kind sein.

4;9c   Kindermund
Dialog 1
Oma spielt mit Anna und räumt etwas aus dem Weg.
Anna: He, jetzt sei mal keine Karin.
Oma: Was heißt das?
Anna: Du sollst mit mir spielen und nicht dauernd aufräumen. Die hat auch dauernd aufgeräumt.

Dialog 2
Anna: Warum treffen wir die Frau Effer-Stark nicht mehr?
Frau Schneider: Weil die Spieltreffen zu Ende sind. Die Karin ist nicht mehr da.
Anna: Wir könnten auch ohne die Karin zum Spieltreffen. Die mag ich eh nicht.
Frau Schneider: Aber wir sind doch zum Spieltreffen, um die Karin zu treffen.
Anna: Ja, da war die die Bestimmerin. Aber jetzt bin ich wieder die Bestimmerin.

Epilog

Es war einmal ein Kind, das bereit war, geboren zu werden.

Das Kind fragte Gott: Sie sagen mir, dass du mich auf die Erde schicken wirst, aber wie soll ich dort leben, wo ich doch so klein und hilflos bin?

Gott antwortete: Von all den vielen Engeln suche ich einen für dich aus. Dein Engel wird auf dich warten und auf dich aufpassen.

Das Kind erkundigte sich weiter: Aber sag, hier im Himmel brauche ich nichts zu tun als zu lachen und zu singen um fröhlich zu sein.

Gotte sagte: Dein Engel wird für dich singen und auch für dich lachen, jeden Tag. Und du wirst die Liebe deines Engels fühlen und sehr glücklich sein.

Wieder fragte das Kind: Und wie werde ich in der Lage sein, die Leute zu verstehen, wenn sie zu mir sprechen und ich die Sprache nicht kenne?

Gott sagte: Dein Engel wird dir die schönsten und süßesten Worte sagen, die du jemals hören wirst und mit viel Ruhe und Geduld wird dir dein Engel sprechen lehren.

Ich habe gehört, dass es auf der Erde böse Menschen gibt. Wer wird mich beschützen?

Gott sagte: Dein Engel wird dich verteidigen, auch wenn er sein Leben riskiert.

In diesem Moment herrschte viel Frieden im Himmel. Man konnte schon Stimmen von der Erde hören und das Kind fragte schnell: Gott, bevor ich dich verlassen muss, sag mir noch schnell den Namen meines Engels.

Gott sagte: Sein Name ist nicht wichtig. Du wirst ihn einfach MAMA nennen.

Die Unterbringung von Pflegekindern ist eine zeit- und zielgerichtete Intervention. Für eine Rückführung ist das Zeitfenster sehr begrenzt, vor allem bei Kleinkindern, da diese sehr schnell Bindungen zu den Pflegeeltern eingehen. Die Pflegeeltern werden dann zu ihren (neuen) Eltern, sind nicht „Ergänzungseltern" sondern „Ersatzeltern". Ein Kind ist dann kein Kind auf Zeit und vor allem sind die Pflegeeltern für das Kind nicht auf Zeit. Dann benötigt das Kind eine kontinuitätssichernde Planung.

Das Elternrecht wird noch viel zu oft mit dramatischen Folgen über das Kindeswohl gestellt. Leider traut man sich in Deutschland zu wenig, Eltern deutlichere Grenzen zu setzen. Im angloamerikanischen Raum kann man beispielsweise sein Elternrecht verwirken. „Permanency planning" sichert dort für Kinder Kontinuität.

Viele Initiativen setzen sich für kindzentrierte Regelungen ein.

Beispielhaft sind
1. Siegener Erklärung zur Kontinuität in der Biographie von
Pflegekindern von Prof. Klaus Wolf
www.uni-siegen.de/pflegekinder-forschung/siegener_erklaerung/

2. Kontinuitätssichernde Strukturen und Verfahren im Pflegekinderwesen
– Rechts- und sozialpolitische Forderungen von Ludwig Salgo und Gisela
Zenz
www.moses-online.de/files/Salgo%20und%20Zenz%20-
%20Strukturen%20und%20Verfahren.pdf

3. Deutscher Familiengerichtstag e.V., Kinderrechtekommission
(Federführende Kommissionsmitglieder: Profs. Dres. Veit, Heilmann und
Salgo)
Reformbedarf im Pflegekinderwesen
www.dfgt.de/resources/SN-KiKo_Pflegekinder_Stellungnahme_2014.pdf

Die Stellungnahme ist veröffentlicht in FamRZ 2014, 891

Personenregister

- Anna Loose - erste Tochter von Karin Loose und Pflegekind
- Karin Loose - leibliche Mutter
- Maria Loose - zweite Tochter von Karin Loose
- Mitbewohner von Karin Loose
- Herr Schneider - Pflegevater
- Frau Schneider - Pflegemutter

Jugendamt
- Frau Krieger - Pflegestellenüberprüfung
- Frau Neumeier - erste Sozialarbeiterin
- Herr Boll - zweiter Sozialarbeiter
- Frau Müller - dritte Sozialarbeiterin
- Herr Karl - Regionalleiter
- Frau Acher - Ergänzungspflegerin

Mitarbeiter der freien Träger
- Frau Reiter - erste Familienhilfe von Frau Loose
- Frau Weiß - zweite Familienhilfe von Frau Loose
- Frau Rottmann - dritte Familienhilfe von Frau Loose
- Frau Klein - erste Beraterin der Pflegefamilie Schneider und Umgangsbegleitung
- Frau Effer-Stark - zweite Beraterin der Pflegefamilie Schneider und Umgangsbegleitung

Fachkräfte
- Prof. Weber - Pflegeelternvereinigung
- Frau Dr. Schulze - Beistand der Pflegeelternvereinigung
- Supervisorin der Pflegeeltern
- Leiter der Erziehungsberatungsstelle
- Frau Wunderlich – Therapeutin von Anna
- Kinderarzt von Anna

- Pater Benedikt - zeitweise Ergänzungspfleger
- Psychologische und psychiatrische Gutachterin zur Erziehungsfähigkeit
- Gutachter zur Kindeswohlgefährdung
- Anwalt der Mutter Frau Loose
- Neue Anwältin der Mutter Frau Loose
- Herr Dorner - Anwalt der Pflegeeltern Schneider
- Richter am Familiengericht

Literaturempfehlungen

Stiftung zum Wohl des Pflegekindes (Hrsg.)
1. – 6. Jahrbuch des Pflegekinderwesens, Schul-Kirchner-Verlag
1. Schwerpunktthema: Traumatisierte Kinder
2. Pflegekinder in Deutschland-Bestandsaufnahme und Ausblick zur Jahrtausendwende
3. Kontakte zwischen Pflegekind und Herkunftsfamilie
4. Verbleib oder Rückkehr?!- Perspektiven für Pflegekinder aus psychologischer und rechtlicher Sicht
5. Grundbedürfnisse von Kindern- Vernachlässigte und misshandelte Kinder im Blickfeld helfender Instanzen
6. Wie Pflegekindschaft gelingt

Nienstedt, Monika und Arnim Westermann
Pflegekinder und ihre Entwicklungschancen nach frühen traumatischen Erfahrungen, Klett-Cotta Stuttgart, 2. Auflage 2008

Bruce D. Perry und Maia Szalavitz
Der Junge, der wie ein Hund gehalten wurde- Was traumatisierte Kinder uns über Leid, Liebe und Heilung lehren können, Kösel-Verlag, 2008

Janine Kunze
Geschenkte Wurzeln- Warum ich mit meiner wahren Familie nicht verwandt bin, Pendo 2013

Für Kinder:
Irina Korschunow
Der Findefuchs- Wie der kleine Fuchs eine Mutter bekam, Dtv 1986

162

Literaturhinweise

Blandow, Jürgen
Pflegekinder und ihre Familien. Geschichte, Situation und Perspektiven des Pflegekinderwesens, Juventa Verlag Weinheim und München, 2004

Brisch, Karl Heinz
Bindung und Umgang. In: Deutscher Familiengerichtstag (Hrsg.) „Siebzehnter Deutscher Familiengerichtstag vom 12. bis 15. September 2007 in Brühl". (Brühler Schriften zum Familienrecht, Band 15), Verlag Gieseking Bielefeld, S. 89-135, 2008

Bundestagsdrucksache BT Druck 11/5948
Vom 1.12.1999: Gesetzentwurf der Bundesregierung: Entwurf eines Gesetzes zur Neuordnung des Kinder- und Jugendhilferechts

Hassenstein, Helena und Bernhard
Eltern- Kind- Beziehungen in der Sicht der Verhaltensbiologie-Folgerungen für Pflegeeltern und Pflegekinder, in: 3. Jahrbuch des Pflegekinderwesens, Hrsg: Stiftung zum Wohl des Pflegekindes, Schulz-Kirchner-Verlag, S. 51-70, 2004

Heilmann, Stefan
Kindliches Zeitempfinden und Verfahrensrecht, Neuwied, 1998

Hertl, Michael
Die Welt des ungeborenen Kindes- Unser Leben vor der Geburt, Piper Verlag, 1994

Kindermann, Yvonne
Zur Regelung der Umgangskontakte zwischen Vollzeitpflegekindern und ihren Herkunftseltern, Hrsg: Amt für Jugend und Familie Regensburg, 2007

Klußmann, Rudolf
Das Kind im Rechtsstreit der Erwachsenen, Ernst Reinhardt Verlag München Basel, Neubearbeitung 1995

Lütz, Manfred
Irre!- Wir behandeln die Falschen, Wilhelm Goldmann Verlag München,
2009

Marshall, Klaus und John Kennell
Mutter-Kind-Bindung- Über die Folgen einer frühen Trennung,
Deutscher Taschenbuchverlag, 1996

Marvin, R ua.
The circle of security project: Attachment-based intervention with
caregiver-pre-school child dyads. Attachment & Human Development, 4,
107-124, 2002

Münder, Johannes, ua.
Frankfurter Kommentar zum SGB XIII, Kinder- und Jugendhilfe; Juventa
Verlag Weinheim und München, 2006

Partale, Carola
Kind- Herkunftseltern- Psychologische Aspekte des Umgangs, in: Kind-
Herkunftseltern-Dokumentation der Fachtagung vom 25. September
2004, Hrsg: Pfad für Kinder Bayern e.V.

Salgo, Ludwig
Gesetzliche Regelungen des Umgangs und deren kindgerechte Umsetzung
in der Praxis des Pflegekinderwesens,
in: 3. Jahrbuch des Pflegekinderwesens, Hrsg: Stiftung zum Wohl des
Pflegekindes, Schulz-Kirchner-Verlag, S. 17-48, 2004

Scheuerer-Englisch, Hermann
Kinder getrennt und doch gebunden- Die Bindung von Pflegekindern,
Dokumentation eines Tagesseminars, Hrsg.: Pfad für Kinder im Landkreis
Rottal/Inn

Wiemann, Irmela
Ratgeber Pflegekinder- Erfahrungen, Hilfen, Perspektiven, Rowohlt
Taschenbuch Verlag Reinbek, 7 Auflage 2008

Wiesner, Reinhard (Hrsg.)
SGB VIII- Kinder- und Jugendhilfe- Kommentar, CH. Beck Verlag
München, 4. Auflage 2011

Zwernemann, Paula
Praxisbuch Pflegekinderwesen- Wir gehen gemeinsam in die Zukunft,
Hrsg: PAN Pflege- und Adoptivfamilien NRW e.V., 2009

ANLAGEN

Liebe Frau Schneider, lieber Herr Schneider,

gerne beschreibe ich kurz meine Wahrnehmung Ihrer Person bzgl. Ihrer Haltung für die leibliche Mutter Ihrer Pflegetochter Anna:

Ich erlebe Frau Schneider (seit April in der Supervisionsgruppe für Pflegeeltern) und Herrn Schneider (1 mal teilgenommen) in der Supervision in ihrer Haltung bzgl. der leiblichen Mutter Annas äußerst reflektiert und immer bereit, konstruktive, wohlwollende Lösungen und Ideen zu finden und zu entwickeln , wenn es darum geht, die Beziehung Annas zur leiblichen Mutter zum Wohle Annas zu fördern und zu gestalten.

Während dieser Reflexions-Prozesse erlebte ich Frau und Herrn Schneider - trotz der schwierigen Situation - in einer aufrichtig wertschätzenden und respektvollen Haltung gegenüber Annas leiblicher Mutter.

Die Supervision dient der Reflexion und der Unterstützung zur Entwicklung konstruktiver und wertschätzender, wohlwollender Haltungen gegenüber sich selbst und anderen.

Mit freundlichen Grüßen

XXXXXXXXXXXX
Supervisorin, DGSv
Sozialpädagogin, grad. Familienberaterin
Hypnotherapeutische Beraterin

Psychologische Beratungsstelle

Fachlich-assistierende Begleitung einer Rückführungs- und Umgangsthematik

1. Beratungsanlass, Stelleninformation und Beratungsbericht

Beratungsanlass
Sie fragten bei mir die fachlich-assistierende Begleitung einer Umgangsfrage in der speziellen Konstellation Pflegeeltern – leibliche Mutter an. Der Erstkontakt wurde über die Eltern der Pflegemutter geknüpft, da diese im Einzugsbereich unserer Beratungsstelle wohnen. Ich machte von Beginn an deutlich, dass ich mich professionell-kritisch einstellen werde und für mich das Loslassen von Kindern in Pflegefamilien auf Zeit ebenso wichtig sei wie Bindung und Beständigkeit dann, wenn eine Rückführung zu leiblichen Eltern nicht mehr erfolge.

Stelleninformation
Dass die Pflegeeltern auf uns zukamen, rührt daher, dass wir hier für bestimmte fachliche Schwerpunkte bekannt sind: Wir sind seit Jahren auf die Beratung strittiger Eltern, Umgangsberatung sowie auf Umgangsbegleitung in vielfältigen Varianten spezialisiert (§§ 17, 18 KJHG u.a.)
1. Im Jahr 2002 haben wir das Spezialgebiet „Betreuter Umgang" als Projekt definiert, das mittlerweile Bestandteil unserer laufenden Arbeit ist. 2007 entwickelten wir eine vom Jugendamt gewünschte und einhellig anerkannte Konzeption mit Ehrenamtlichen Helfern.
2. Zur Frage des Betreuten Umgangs sowie dem Umgang mit strittigen Eltern gestalteten wir im März 2009 eine Fortbildung für zwei andere Beratungsstellen.
3. Im November 2009 luden wir örtlich zuständige Familienrichter sowie Vertreter des Jugendamtes (ASD-Leitung sowie Leitung ASD Süd) zur Konzeptentwicklung im Umgang mit strittigen Eltern nach der FGG-Reform zu uns ein. Derzeit wird ein gemeinsames Konzept für den Landkreis abgerundet: Jugendamt, Familiengerichte sowie zwei Beratungsstellen definieren ihre Rollen und Angebote im Kontext des seit 1.9.2009 gültigen FamFG.
4. Wir treffen regelmäßig konzeptionell mit dem hiesigen „Pflegekinder- und Adoptionsdienst" des Kreisjugendamtes zusammen.
5. Routinemäßig unterziehen wir uns zur Qualitätssicherung neben den teaminternen Teambesprechungen und einschlägigen Fortbildungen einer externen Supervision. Unsere drei ehrenamtlichen Helfer schreiben zeitnah akkurate Berichte und befinden sich telefonisch und persönlich in einem engen Austausch mit mir. Einer von ihnen ist zusätzlich Mediator.

Beratungsbericht
28. und 29. 9.: Klärungsgespräch sowie eine informatorische Kommunikation via eMail. Mir wird klar, dass es um eine komplexe, anspruchvolle Fragestellung geht mit fünf logischen Ebenen:
1. Umgangsfragestellung
2. in der Konstellation Pflegeeltern – leibliche Mutter
3. im Spezialfall mangelnder Erziehungsfähigkeit der leiblichen Mutter
4. im Superspezialfall einer nochmaligen Begutachtung zu speziellen Aspekten der Kindsmutter
5. nach „State of Arts" ist fachlich zu entscheiden, was zu tun ist bei der *Problematik einer umstrittenen **Rückführungsoption, die wiederum Einfluss auf die konzeptionelle Grundentscheidung über das ob und wie eines Umganges hat.***

Nach genügender Kenntnis der Fallkonstellation habe ich von Beginn an vor allem auf die fünfte logische Ebene geachtet.
Praktisch gesagt:
So lange eine Rückführungsoption offen ist, machen sich die Beteiligten sowohl Hoffnungen wie auch Sorgen und Gedanken, was wohl werden wird. Wenn über eine Rückführungsoption entschieden wird/ wurde, dann und erst dann sind die Rollen geklärt sowie die Besuchsregelungen hieraus ableitbar. Es gibt Situationen, in denen eine Rückführungsoption länger offen bleiben kann – beispielsweise bei Kindern im Schulalter sowie bei Jugendlichen. In anderen Konstellationen sind raschere Entscheidungen geboten – vor allem bei Babys und Kleinkindern bis einschließlich Kindergartenalter. Da müssen die verantwortlichen Stellen und Fachleute kindeswohlbezogen den Mut finden, klare, sichere Verhältnisse zu schaffen.

6.11. Beratungsstelle, großer Spielbereich im Dachgeschoss
Am 6.11. hatten Sie gemeinsam mit Ihrer Pflegetochter einen ausgedehnten Termin mit mir. „Pflege-Großvater" war zur Obhut dabei, so dass im flexiblen Wechsel intensive Gespräche möglich waren sowie Spielbeobachtung Annas. Im Termin beschäftigte sich Pflegetochter Anna gut altersangemessen mit den in unserem Dachgeschoss vorhandenen Spieloptionen. Sie zeigte eine stabile, fröhliche aber auch hinreichend abgestuftes (nicht überdrehtes) Sozialverhalten, das einzuschätzen ist als Verhalten auf sicherer Bindungsbasis.
Im Gespräch lernte ich Sie als Pflegeeltern kennen, die sich engagiert aber gelassen äußerten. Mir ist positiv aufgefallen, dass Sie nicht tendenziös sondern mit dem gebotenen Respekt von der Mutter des Kindes sprachen. Sie werteten diese nicht persönlich ab. Sie beschrieben die Gesamtsituation der nicht entschiedenen Rückführung als eine, bei denen Sie sich um Annas

Befindlichkeit Gedanken machten. Dabei wurde eine angemessene Sorge deutlich sowie Momente der Verunsicherung spürbar. Die institutionellen Rahmenbedingungen der Betreuung Ihr Jugendamt und andere Institutionen und Helfer beschrieben Sie als teils kompliziert. Auch hier war Ihr Respekt spürbar. Ich würde Ihre Haltung als kritisch-loyal bezeichnen. Sie informierten mich darüber, dass nach der Begutachtung der Erziehungsfähigkeit der leiblichen Mutter aktuell eine weitere Begutachtung erfolge zum Aspekt möglicher hormonell bedingter Stimmungsschwankungen wegen einer zunächst nicht erkannten Schwangerschaft der Kindsmutter.

2. Grundsätzliche Bemerkungen zu den mir mitgeteilten Hauptergebnissen des Gutachtens

8.12.: Ich wurde darüber informiert, dass die Gutachterin in einem speziellen aktuellen Gutachten Ergebnisse geliefert habe, die im wesentlichen die Begutachtung der (mangelnden) Erziehungsfähigkeit der Kindsmutter bestätigt hätten. Die trotz vielfacher Bedenken bezüglich der Kindsmutter offen bleibende Rückführungsentscheidung sowie die aus dem Gutachten abgeleiteten aktuellen Umgangsempfehlungen würden den Pflegeeltern allerdings wenig plausibel erscheinen.
Die Gutachterin habe in ihrem Text weder eine Rückführung befürwortet noch langfristig ausgeschlossen. Insgesamt würden erhebliche Bedenken an der Erziehungsfähigkeit fortbestehen; differenziell würde manches als defizitär (emotionaler Qualitäten im Umgang mit Anna) und Teilbereiche als leicht verbessert (erzieherische Fertigkeiten) dargestellt. Die Gutachterin habe in ihrem Text weder eine Rückführung befürwortet noch sie eindeutig ausgeschlossen. Das wirke wohl verunsichernd auf alle Beteiligten.

Grundsätzliche methodische und supervisorische Bemerkungen hierzu: Personenzentrierte Hauptfragestellung des Gutachtens

Ein Gutachten konzentriert sich auf die Hauptfragestellung. Die Hauptfrage war nicht in hoher Differenzierung auf Feinheiten des Umgangskonzeptes gerichtet sondern auf die Persönlichkeit der Kindsmutter. Insofern wird eine Gutachterin die derzeitige/aktuelle Befindlichkeit eines Menschen diagnostizieren. Der Text wird strikt stets (nur) davon handeln, wie etwas „heute" und „derzeit" zu sehen sei. Diese Sprachform ist einer sauberen empirischen Methodik zu verdanken. So weit so gut. –

Argumentationstiefe in der Rückführungsfrage
Trotz einer deutlich kritischen Beurteilung der Erziehungsfähigkeit kann der Eindruck entstehen, „morgen" könne es quasi schon anders aussehen. Das könnte seitens der leiblichen Mutter die subjektive Hoffnung auf eine Rückführung stärken. Gleichzeitig kann es die Pflegeeltern verunsichern „bleibt das Kind oder geht es wieder?"
In manchen eher personenzentrierten Gutachten werden bei eher zurückhaltender Positionierung der Gutachterin zu Umgangsfragen schlichtweg die üblichen Umgangsstandards angedeutet oder als im-Prinzip-sinnvoll benannt. Bei manchen von mir gelesenen Gutachten habe ich jegliche Differenzierung vermisst. Ich würde hier der Gutachterin nicht frontal vorwerfen, dass sie aktuell keine Rückführungsentscheidungen ermutigt noch eine mögliche Argumentationstiefe zum Umgang erreicht. Bedauern darf man es aber schon.

Differenzierung von Fallgruppen mit unterschiedlicher Umgangstrends
Ich pflege zu unterscheiden:
Fallgruppe 1: Umgänge nach Trennung und Scheidung sowie Umgänge bei nichtehelich geborenen Kindern
Fallgruppe 2: Umgänge nach Inobhutnahmen ab Kleinkind- bis Schulalter
Fallgruppe 3. Unspezifische individuelle Situationen
Fallgruppe 4: Umgänge bei Pflegesituationen ab Geburt
Ich würde der Gutachterin nicht frontal vorwerfen, solche oder ähnliche Fallgruppen wenig bis gar nicht differenziert diskutiert zu haben. Fachlich und perspektivisch bedauere ich es allerdings außerordentlich, weil das weitreichend verunsichernde Konsequenzen hat sowohl im „Entscheidungssystem" wie auch bei der Kindsmutter und in der Pflegefamilie.

Häufige Unzulänglichkeiten: Kompromissentscheidungen, Seelentrostentscheidungen
Einige der mir in langjähriger Erfahrung vor mein kritisches Auge gekommenen Gutachten und etliche jugendamtliche oder richterliche Entscheidungen zeigen einen offensichtlichen Kompromisscharakter. Bei manchen Rückführungsverneinungen wird z.B. gerne eine weitreichende Besuchsregelung vorgesehen, als müsse man da einen Ausgleich herstellen. Mitunter so weit gehend, als sei ein Trost der Mutter angebracht, der man so etwas nicht antun könne. Es kann z.B. der Eindruck entstehen, einer angeschlagenen Mutter könne oder dürfe man nicht alles nehmen. Da es um das Kindeswohl geht und weder um eine Besitzübertragung an Pflegeeltern noch um dem Seelentrost für defizitäre leibliche Eltern, schätze ich eher entschiedenen Klartext –

Leidende Mütter, Pflegeeltern mit Rettungsfantasien, identifikatorische Mitarbeiter und kompromisslerische Richter

Auf dem Niveau fachlicher Supervision stößt man auf interessante Dynamiken; leicht provokativ pointiert:

1. Manche leibliche Mütter zeigen gerne eine expressiv ausgestaltete Leidensseite durchmischt mit Fremdkritik. Dadurch entlasten sie sich psychodynamisch von der Wahrnehmung und dem Aushaltenmüssen eigener Unzulänglichkeiten. Manche Pflegeeltern verhalten sich gerne besitzergreifend und halten sich für die „besseren Eltern", mitunter verbunden mit Rettungsfantasien.

2. Mitarbeiter in Jugendämtern und anderen eingeschalteten Diensten und Professionen sind nie frei von identifikatorischen Prozessen. Supervision und ähnliche Reflexionen sind dazu da, sich diese bewussten, halbbewussten und unbewussten Identifikationen klar zu machen sowie alle sonstigen Fallstricke in der Systemdynamik zu erkennen.

3. Richter neigen mitunter dazu, Kompromisse „in der Mitte" konträrer Anträge zu suchen. Das kann bei Strafsachen sinnvoll sein – kaum bis selten jedoch bei Sorgerechts- wie Rückführungsentscheidungen. Hier geht es in der Regel um mutige und im Ergebnis bewusst ein- seitige Entscheidungen (positiv gemeint).

3. Fachlich ideale Rückführungsentscheidung und daraus abzuleitende Umgangsfestlegung

Erst Rückführungsentscheidung, dann Umgangsregelung

Fachlich ideal ist es, erst über Rückführung zu entscheiden und danach aus der Grundentscheidung eine nachhaltige und sinnhafte Umgangsregelung abzuleiten.

Anonymisierte Fallbesprechung ergab klare Antwort

In einer Besprechung mit dem hiesigen „Pflegekinder- und Adoptionsdienst" des Kreisjugendamtes am 18.11. nutzte ich die Gelegenheit, in anonymisierter Form zu erkunden, ab welcher zeitlichen und persönlichen Bindungsetappe eine Rückführung von Kindern aus Pflegefamilien zu leiblichen Eltern im Regelfall nicht mehr diskutiert wird. Zwar wurde keine monatsgenaue Festlegung gemacht. Aber die Antwort fiel klar aus:

Insbesondere bei der Konstellation „Kind ab Geburt bei Pflegeeltern" wird bereits ab einer Verbleibezeit und einem Lebensalter von 8 Monaten bis einem Jahr eine Rückführung unwahrscheinlicher als ein Verbleiben des Kindes. Ab dem Lebensalter 1;0 bis 1;6 wird eine Rückführung im Regelfall ausgeschlossen.

Die Mitarbeiterinnen bekundeten ausdrücklich, dass es hierbei zwischen den Mitarbeitern im Allgemeinen Sozialen Dienst (ASD) und ihnen als Spezialisten im „Pflegekinder- und Adoptionsdienst" keinen Dissenz gebe. Maßgeblich für die gemeinsame Sicht seien entwicklungspsychologische Befunde und moderne Bindungsforschung.

Etwaige Ausnahmen von dieser fachlichen Regel haben mit seltenen Zufällen der Konstellation zu tun – wenn beispielsweise Großeltern die Pflege der Enkelkinder übernehmen und totkrank würden und ähnliches mehr. Meine Teamkolleginnen und ich stimmten mit dieser fachlichen Linie überein.

Aus meiner fachlichen Sicht hätte eine Rückführung rein altersbezogen spätestens stattfinden müssen als Anna 7 Monate bis knapp 1 Jahr alt war; aber nur unter der gleichzeitigen positiven Voraussetzung einer vertrauten, sicheren, emotional und persönlich stabilen erziehungsfähigen Kindsmutter.

Beantwortung Ihres Anliegens der fachlich-assistierenden Begleitung einer Umgangsfrage in der speziellen Konstellation Pflegeeltern – leibliche Mutter

1. Ich habe Ihnen methodische und fachlich Hinweise gegeben und mich zur Frage der Rückführung deutlich positioniert.
2. Eine Rückführung wäre aus meiner Sicht nicht (mehr) vertretbar, selbst wenn die leibliche Mutter jetzt völlig fit wäre (was sie aber auch derzeit nicht ist).
3. In der Konsequenz einer verneinten Rückführung würde ich einen Umgang deutlich zurückhaltender gestalten und in einem anderen Gesamtkonzept als es die Gutachterin vorgeschlagen hat. Dazu sollten Sie sich ergänzende fachliche Anregungen holen.
4. Ähnliche Gesamtüberlegungen dürften von den Verantwortlichen im Jugendamt großenteils bereits intern angestellt worden sein. Vielleicht hielten diese eine Entscheidung bislang für verzichtbar oder noch aufschiebbar, um v. a. die Kindsmutter besser beurteilen zu können. Je mehr Zeit vergeht und je andauernder deren Erziehungsfähigkeit eingeschränkt ist, desto wahrscheinlicher wird Anna in der Obhut der Pflegefamilie bleiben.
5. Eine erneute Prüfung der Rückführungs- und Umgangsfrage auf der Basis des dortigen reflektierten Sachverstandes und der vielfältigen, differenzierten Erfahrungen mit Pflegefamilien mit Kindern die seit der Geburt in Pflegefamilien sind, wird gewiss zu einer verantwortlichen fachlichen Entscheidung führen.

Mit freundlichen Grüßen
XXXXXXXXXXX
Stellenleiter, Dipl.-Psych. und Supervisor BDP, Ehe- und Lebensberater -EZI

Stellungnahme zum Verfahren bezüglich des Sorgerechtes über Loose Anna, geb. XXXXXX

Das o.g. Kind wird seit Geburt von mir kinderärztlich betreut. Die Pflegeeltern, die anfangs als Adoptiveltern vorgesehen waren und Anna sind mir gut bekannt. Anna ist bei den Pflegeeltern in besten Händen. Diese ermöglichen ihr bis heute eine beschützte Kindheit in gesicherten emotionalen und sozialen Verhältnissen.
Für Anna sind die Pflegeeltern die primären Bezugspersonen, die ihr die Sicherheit vermitteln, aus der heraus sie die Welt erforschen und erkunden kann. Die vorhandene Stabilität von Anna steht in direktem Zusammenhang mit dem Ausmaß der Sicherheit und Verlässlichkeit der Beziehung zwischen Anna und den Eheleuten Schneider.

Es ist nun gutachterlich vorgeschlagen, den Umgang der leiblichen Mutter mit Anna schrittweise und zeitnah auszubauen. Er sollte auch ohne Begleitung durch ein Pflegeelternteil durchgeführt werden, die Umgangsbegleitung soll ebenfalls reduziert werden. Sinn dieser Umgangserweiterung kann nur die Vorbereitung auf die Rückführung von Anna zu ihrer leiblichen Mutter, Frau Loose sein.

Es ist zu erwarten, dass Anna auf diese Umgangserweiterung mit Trennungsängsten reagiert, wie nach verschiedenen Umgängen bereits vorgekommen ist. Diese Trennungsängste sind geeignet, die emotionale Sicherheit von Anna zu gefährden. Dies hat folgende Ursachen:
Anna spürt sehr wohl, dass es sich bei Frau Loose nicht um eine fremde Person handelt, sondern um jemanden, der ein bestimmtes Benehmen von ihr erwartet und darüber hinaus vom Kind als Mutter akzeptiert werden möchte. Es ist zu erwarten, dass Anna hierdurch überfordert ist und mit Verunsicherung und Abwehr auf diese Anforderungen reagiert.

Auch wird Anna die Nöte ihrer Pflegeeltern intuitiv mitbekommen, selbst wenn diese noch so sehr versuchen, diese von ihr fernzuhalten.
Anna wird auch mit der Ablehnung der Pflegeeltern durch die leibliche Mutter konfrontiert werden. Hier besteht die konkrete Gefahr, dass Anna die leibliche Mutter dann ihrerseits ablehnt und/oder das Vertrauen in die Pflegeeltern verliert, die ja diesen Umgang zugelassen haben.

Es ist so gut wie immer aussichtslos, Kinder über den drohenden Verlust ihrer faktischen Eltern zu täuschen, da Kinder gefühlsmäßige Zusammenhänge sehr gut erspüren können.

Kindliche Bindungen entstehen durch prägungsähnliche Lernvorgänge und sind nicht beliebig durch Umlernen zu verändern. Sollte Anna - auch zu einem späteren Zeitpunkt- aus dem Haushalt der Pflegeeltern genommen werden, ist mit einer Destabilisierung des Kindes zu rechnen, die sich - so oder so - langfristig auf die Lebensperspektive von Anna auswirken wird. Dieses könnte auch durch optimale soziale und emotionale Verhältnisse nur teilweise kompensiert werden. Sollten die Verhältnisse nicht optimal sein, ist mit großer Wahrscheinlichkeit von einer dauerhaften Schädigung von Anna auszugehen.

Folgerichtig können Maßnahmen, die dem Ziel der Rückführung von Anna dienen, nicht gutgeheißen werden.

Dr. XXXX
Facharzt für Kinderheilkunde und Jugendmedizin

Antrag auf eine Verbleibsanordnung § 1632 Abs. 4 BGB

Ich beantrage namens und in Auftrag der Pflegeeltern,

> der Verbleib des Kindes Anna Loose im Haushalt der Pflegeeltern wird angeordnet.

Gleichzeitig wird angeregt,

> eine am Wohl des Kindes ausgerichtete Umgangsregelung für Umgangskontakte zwischen der Kindesmutter und Anna zu erlassen.

Um für die Entscheidung über den Verbleib und den Umgang auf eine sichere und fundierte Entscheidungsbasis zurückgreifen zu können, wird die **Einholung eines familienpsychologischen Gutachtens** für unerlässlich gehalten und hiermit ebenfalls ausdrücklich angeregt.

Begründung:
1.
Anna lebt seit ihrer Geburt bei den Pflegeeltern. Die Kindesmutter wollte Anna adoptieren lassen und lehnte anfangs jeglichen Kontakt mit dem Kind ab. Nach Scheitern der Adoption aufgrund des entgegenstehenden Willens der Kindesmutter wurde eine Vollzeitpflegestelle eingerichtet. Am 07.07. (Anna war über ein Jahr alt) kam es zu einem ersten Zusammentreffen von Kindesmutter und Kind. In der Folgezeit gestaltete sich die Durchführung von Umgangskontakten zunächst schwierig, Umgangskontakte fanden daher nur unregelmäßig statt. Mittlerweile findet ein regelmäßiger Umgang statt.

Der Sachverhalt ist dem Gericht und den Beteiligten bekannt und eine weitere Sachverhaltsdarstellung daher entbehrlich. Die Beiziehung der Akte XXXX (Sorgerechtsverfahren) bzw. ggf Verbindung beider Verfahren wird angeregt.

2.
Das Rechtsschutzbedürfnis für einen Antrag gem. § 1632 Abs. 4 BGB liegt vor, sobald der Sorgeberechtigte (Aufenthaltsbestimmungsrecht) ankündigt, das Kind aus der Pflegefamilie herausnehmen zu wollen. Es liegt auch dann vor, wenn der Sorgeberechtigte nicht zu einer verbindlichen Erklärung bzgl. des Verbleibens bereit ist (OLG Celle v. 25.08,2006 — 10 UF 127/06). Die Kindesmutter hat mehrfach angekündigt, Anna in ihren Haushalt holen zu wollen, die Amtspflegerin ist zumindest nicht bereit, dies auszuschließen.

Anna lebt auch seit längerer Zeit in Familienpflege.

Die Herausnahme würde eine **Gefährdung des Kindeswohls** bedeuten, Anna hat bei den Pflegeeltern ihre Bezugswelt gefunden und feste Bindungen zu diesen entwickelt. Der Verlust würde ein traumatisches Erlebnis darstellen und mit großer Wahrscheinlichkeit zur psychischen Destabilisierung des Kindes führen. Zudem liegen bei der Kindesmutter gemäß zweier älterer Sachverständigengutachten „umfassende Einschränkungen ihrer erzieherischen Kompetenzen" vor.

3.
Zur Abklärung dieser hauptsächlich kinderpsychologischen und bindungstheoretischen Fragestellung dürfte die Einholung eines familienpsychologischen Gutachtens unumgänglich sein. Ein solches Gutachten muss insbesondere fundierte Aussagen zur Qualität der Bindungen von Anna an ihre Pflegeeltern enthalten. Zudem muss abgeklärt werden, ob die Kindesmutter trotz eingeschränkter Erziehungsfähigkeit in der Lage ist, den gehobenen Bedürfnissen eines aufgrund des Beziehungsabbruchs traumatisierten und psychologisch besonders auffälligen Kindes gerecht zu werden. In solchen Fällen bedarf es nämlich regelmäßig Personen mit **überdurchschnittlicher** Erziehungsfähigkeit (BVerfG FamRZ 2000, 1489; OLG Frankfurt/M v. 14.10.2003 - 1 UF 64/03).

Zur Notwendigkeit der Einholung eines aktuellen familienpsychologischen Gutachtens s. etwa: OLG Frankfurt/M FamRZ 1983, 297; BVerfG FamRZ 1999, 1417).

Ein solches Gutachten sollte unbedingt von einem im Pflegekinderwesen bewanderten Kinder- und Jugendpsychologen erstellt werden. Das ist deswegen so wichtig, weil Pflegekinder eine Vergangenheit hinter sich haben und in Konstellationen leben, die mit denen von anderen Kindern, wie z.B. Scheidungskindern, nicht vergleichbar sind.

Viele Psychologen haben sich in ihrer Karriere (fast) ausschließlich mit den weitaus häufiger vertretenen Problemen und Eigenheiten von Scheidungskindern befasst. Die dabei gewonnenen Erkenntnisse sind aber keineswegs einfach auf Pflegekinder übertragbar. Vgl. hierzu bspw. Nienstedt/Westermarm, Pflegekinder, 2007, S. 252, 253; H. und B. Hassenstein in: 3, Jahrbuch des Pflegekinderwesens, Hrsg: Stiftung zum Wohl des Pflegekindes, 2009, S. 63, 64.

Ein fundiertes Wissen in diesem Fachbereich sowie langjährige Erfahrungen des Sachverständigen sollten daher unbedingt vorhanden sein. Nur dadurch wird der ermessensfehlerfreien Auswahl (§ 404 ZPO) Rechnung getragen und eine Ablehnung wegen fehlender Sachkunde (§§ 406, 412 ZPO) unwahrscheinlich.

Die bisher eingesetzte Sachverständige verfügt über diese Spezialisierung nicht und erscheint deshalb für diese neue Begutachtung ungeeignet, s. dazu unten mehr.

4.
Für dieses Verfahren wird die Bestellung eines **Verfahrenspflegers/Verfahrensbeistands** angeregt. Auch hier wäre es sicherlich vorteilhaft, jemanden mit Kenntnissen im familienpsychologischen/ Pflegekindschaftsbereich zu bestellen.

5.
Vordringlich und besonders eilig ist aktuell eine Regelung der Umgangskontakte. Der derzeit praktizierte Umgang (14-tägig, begleitet) überfordert und verunsichert Anna. Die Pflegeeltern verspüren seit mindestens zwei bis drei Monaten eine deutliche Veränderung (Verschlechterung) in Annas Verhalten, welche eindeutig auf die Umgangskontakte zurückzuführen sind.

Weil sich Anna (auch zwischen den Umgangskontakten) teilweise in einem schlechten Allgemeinzustand befand, über verschiedene Schmerzen und Ängste klagte und unter Alpträumen und Schlafstörungen litt, mussten die Pflegeeltern in den letzten Wochen regelmäßig mit ihr zum Kinderarzt. Dieser konnte (und kann) die gezeigten Symptome jedoch auf keine körperliche Ursache zurückführen. Schließlich hat er sie dann in eine kinderpsychologische Behandlung überwiesen.

Auf seinen Vorschlag haben die Pflegeeltern Anna zu o.g. Frau Wunderlich in psychotherapeutische Behandlung gegeben. Frau Wunderlich hat Anna bereits einige Male empfangen. Sie hat gleich „Auffälligkeiten" an dem Kind festgestellt und wollte (und will) eine längerfristige Diagnose mit gleichzeitiger Therapie beginnen.

Völlig erstaunt waren die Pflegeeltern, als Frau Wunderlich ihnen Ende März mitteilte, sie könne Anna (trotz dringenden Handlungsbedarfs!) nicht weiter behandeln, weil „das Jugendamt ihr eine **Weiterbehandlung untersagt**" habe. Wie sich später herausgestellt hat, hat nicht das Jugendamt, sondern die Amtspflegerin, Frau Acher, die Behandlung untersagt. Wie sie dazu kommt, Anna eine notwendige psychologische Behandlung vorzuenthalten, bleibt völlig offen. Der Kinderarzt und die behandelnde Psychologin halten eine solche für dringend erforderlich. Frau Acher dagegen kennt Anna überhaupt nicht, sie hat sie noch nie gesehen!

Die von Frau Acher angesprochene stationäre Diagnostik stellt laut Aussage von Frau Wunderlich **keine Alternative** dar. Zudem ist bislang eine solche Diagnostik noch nicht einmal fest eingeplant. Wie dem Schreiben ebenfalls zu entnehmen ist, soll diese nur stattfinden, wenn „eine Veränderung der Umgänge" nicht zu „dem gewünschten Erfolg" führt. Und selbst nach Anmeldung in der Klinik würden wegen Überbelegung noch mehrere Monate Wartezeit bis zu einer Behandlung vergehen. Und die ganze Zeit wäre Anna ohne die notwendige Behandlung und Therapie!!

Was auch immer Frau Acher zu diesem Verbot bewogen hat, das Kindeswohl als oberste Leitlinie scheint dabei aus den Augen geraten zu sein.

Da es gerade die Umgänge sind, die Annas Verhalten hervorrufen (davor und danach sind die Auffälligkeiten besonders gravierend), besteht gerade in diesem Bereich dringender Handlungsbedarf.

Anna soll ja Umgang mit ihrer Mutter haben, die Pflegeeltern haben diesen stets befürwortet und (entgegen den Behauptungen der Kindesmutter) niemals unterbunden. Doch darf der Umgang Anna nicht so sehr verängstigen/verunsichern, dass ihr Wohlergehen darunter leidet. Denn ist „das Wohl des Kindes gefährdet", kann (muss) der Umgang eingeschränkt oder sogar ausgeschlossen werden, § 1684 IV BGB.

Dahinter muss dann auch das Elternrecht (Art. 6 GG) der Kindesmutter zurückstehen, denn Eltern haben keinen Anspruch auf Maßnahmen, die der Gesundheit und Entwicklung des Kindes schaden (EGMR FamRZ 2004, 1459).

Um aber herauszubekommen, wie der Umgang zukünftig kindgerecht durchgeführt werden kann, ist eine psychologische Aufklärung der Situation erforderlich. Kinder sind Grundrechtsträger und nicht für (jugendamtliche) Experimente geeignet. Frau Wunderlich hatte bereits eine entsprechende Behandlung begonnen und wäre auch bereit gewesen, Umgangskontakte zu beobachten, um einen Gesamteinblick zur Situation zu erhalten. Sie oder jemand anderes muss an dieser Stelle weitermachen.

Daher erscheint die Einholung eines kinderpsychologischen Gutachtens notwendig. Die bisherigen Gutachten dienten lediglich der Feststellung der

Erziehungsfähigkeit der Kindesmutter. Eine psychodiagnostische Untersuchung der Pflegeeltern hat noch gar nicht, eine von Anna nur oberflächlich stattgefunden. In diesem komplexen Geflecht zwischen Pflegeeltern, Pflegekind und Herkunftsfamilie ist dies jedoch unerlässlich, um Eingangs aufgeworfene Fragen beantworten zu können.

Die bisher eingesetzte/n Sachverständige/n eignen sich dafür nicht. Von der Kindesmutter werden sie ohnehin abgelehnt. Und die Pflegeeltern bezweifeln die ausreichende Erfahrung und Befassung mit dieser speziellen Thematik. Denn die Ausführungen zur Ausgestaltung von Umgangskontakten sind mehr als fragwürdig. Das Eingehen auf die spezielle Symptomatik eines Pflegekindes erfolgt in keinster Weise.

Herr Prof. Weber, allen Beteiligten bereits hinlänglich bekannt, hat sich für eine völlig andere Ausgestaltung unter ganz anderen Vorzeichen ausgesprochen. Insbesondere zu den Ausführungen der Sachverständigen bzgl. der Durchführung der Umgänge hat er nochmals schriftlich Stellung genommen. Die Stellungnahme vom 27.02. wird vorgelegt.

Es lässt an der ausreichenden Sachkunde zweifeln, ein anderer Sachverständiger sollte bestellt werden.

-Dorner-
Rechtsanwalt

Prof. A. Weber

Dozent a. D. Hochschule
Fachbereich Soziales, Gesundheit und Pflege
Vorstand Pflegeelternvereinigung
Langjährige Beratung in der Pädagogik von Pflege-, Adoptiv- und Heimkindern
Erziehungserfahrung in der eigenen Familie mit Pflege- und Adoptivkindern

27.02.

Stellungnahme zu dem Gutachten vom 23.11.

Zitat aus dem Gutachten: Seite 12 / Zeile 11-22
Es wird empfohlen, Anna zum jetzigen Zeitpunkt noch nicht in den mütterlichen Haushalt zurückzuführen, jedoch die Umgangskontakte von Frau Loose zu erweitern. Diesbezüglich wird nochmals dringend darauf hingewiesen, dass die Umgangskontakte ohne die Gegenwart der Pflegeeltern stattfinden sollten. Eine schrittweise zeitliche Ausweitung sowie Reduzierung der Umgangsbegleitung sollte zeitnah erfolgen. Aus Sachverständigensicht besteht bei Durchführung unbegleiteter Umgangskontakte keine Gefährdung des Kindes durch die Mutter. Das Kind erscheint psychisch und physisch ausreichend robust, um eine solche Umgangserweiterung unbeschadet zu verarbeiten, unter der Voraussetzung, dass die Pflegeeltern in der Lage sind, ihre eigenen emotionalen Reaktionen vom Kind fernzuhalten.

Stellungnahme:
Leider wird mit der Forderung nach Ausweitung der Umgangskontakte weder die schwierige Persönlichkeit der Mutter, die zuvor eingehend diagnostiziert wurde, noch die Situation eines kleinen Kindes wie Anna, das fest in seinen primären Bindungen innerhalb der Pflegefamilie eingebettet ist, erläutert; es wird auch nicht belegt, warum dieser Prozess für die Beteiligten, insbesondere für das Kind gut gehen könnte.

Es wird auf die Stabilität der Persönlichkeit des Kindes gebaut und es wird auf die Zurückhaltung, sozusagen auf das Loslassen des Kindes durch die Pflegeeltern rekurriert. Dass jedoch das Loslassen, das Aufgeben der primären Bindungen, auch das langsame, zu einem Zusammenbruch der Persönlichkeit des Kindes fast notwendigerweise führen muss, bleibt in der Diskussion außer acht.

Aufgrund meiner langjährigen Erfahrung im Kontaktbereich zwischen Herkunftsfamilie und Pflegefamilie im Rahmen eigener Pflegeelternerfahrung, in der pädagogischen Beratungspraxis, in Fortbildung von Pflegeeltern und Fachleuten, sowie in der wissenschaftlichen Beschäftigung mit diesem Thema komme ich zu folgenden Feststellungen:

1. Kinder im Alter wie Anna sind fest an ihre Bezugspersonen gebunden, leben in ihrer Existenz gehalten, sicher beheimatet in ihrer Familie von Anfang an. Anna hat kein primäres Bedürfnis, ihre Lebenssituation zu ändern, im Gegenteil, sie fühlt sich ganz zuhause und will dies auch so. Nur Kinder, die schlecht versorgt sind, streben weg, um sich anderswo zu binden.

Primär gut gebundene Kinder haben also kein Interesse, irgendwo anders in eine familiäre Situation als Kind hineinzuwachsen, sie brauchen und wollen keine andere Familie. Kommt jedoch dieses Bestreben durch die Erwachsenen in der Besuchssituation zum Ausdruck, dann reagieren diese Kinder mit Ängsten und Anklammerung an die Bindungspersonen.

Kinder haben jedoch sehr wohl Interesse an weiteren Kontaktpersonen, wenn diese als zusätzliche Ergänzung des Erlebnisfeldes Familie erlebt werden, allerdings nicht als Alternative. Sie finden den Kontakt interessant und angenehm, wenn keinerlei Druck auf sie ausgeübt wird und sie zu jeder Zeit in der Lage sind, sich wieder zu ihren primären Bezugspersonen zurückzuziehen. Je weniger Druck, umso eher wird das Kind das Bedürfnis äußern, den Kontakt zu freundlich liebevollen Personen zu erweitern.

Ablehnende Haltungen gegenüber den Pflegepersonen erlebt das Kind in hohem Maße auch für sich bedrohlich und Angst auslösend. In der aktuellen Situation reagieren die Kinder, vor allem Kleinkinder, oft angepasst (sie können oft gar nicht anders), jedoch die wahre Erlebnisqualität zeigt sich anschließend in der vertrauten Situation zuhause und vor allem in der Nacht, wenn Selbstkontrolle die Trennungsängste nicht mehr in Grenzen halten kann. Dass dieses Verhalten wiederum eine erhöhte Besorgnis der Pflegeeltern hervorruft, um das Kind zu schützen, ist letztlich auch deren Pflicht. Das Kind erwartet dies auch von ihnen.

Die Meinung, dass es gut ist, wenn die Kinder die Spannungen in der Situation der Besuchskontakte nachts verarbeiten können, lässt außer acht, dass die fortlaufende Erfahrung der existentiellen Verunsicherung zu einem verängstigten Wesen des Kindes führt, das sich letztlich nicht mehr geschützt fühlt und von dauerhafter Enttäuschung geprägt wird. Solche Kontakterfahrungen werden von den Kindern mehr und mehr abgelehnt.

2. Das Konzept einer Intensivierung der Kontakte mit dem Ziel einer Übertragung der gut erlebten Elternrollen im Pflegeverhältnis auf die Herkunftsfamilie kann nicht gelingen. Die Kinder erfahren die Intensivierung der Kontakte und das damit verbundene Wegbleiben der geliebten Pflegeeltern nicht als Bereicherung ihrer Kontakterfahrung, sondern als schrittweisen Verlust und eine zunehmend sich steigernde Verunsicherung in der Zugehörigkeit zu ihrer bisherigen Familie. Es gibt für die Kinder keinen Grund, diese Trennung zu wollen, denn die Bindung an ihre Pflegeeltern ist eine ganz persönliche und kann und will auch nicht übertragen werden.

Kontakte können in positiver Weise nur gelingen, wenn sie für das Kind in gleichbleibender Weise, zeitlich und terminlich, als willkommenes, schönes Ereignis erlebt werden. Die gleichbleibende und damit überschaubare Form der Kontakte erhält den Kindern den sicheren Heimatbezug in der Pflegefamilie, aber auch den immer wiederkehrenden möglichst erlebnisreichen Kontakt mit

der Herkunftsfamilie. Somit wird dem Bedürfnis nach Geborgenheit in der Pflegefamilie und dem Bedürfnis nach Erleben und Erfahrung mit der Herkunftsfamilie Rechnung getragen.
Der Kontakt zur Herkunftsfamilie muss letztlich auf der Ebene des Erkundens der Umwelt und der Menschen für das Kind erfahrbar werden, wobei die Herkunftsfamilie einen besonderen Vorrang für das Kind genießt. So sollte, je nach Mut oder Unsicherheit der Kontakt mit den Eltern, bzw. der Mutter, vom Kind selbst bestimmt werden können, mal mehr Nähe, mal mehr Distanz. Je weniger Druck durch die Erwachsenen, desto mehr fühlt das Kind sich wohl. Zieht es sich nach einem zuviel an Annäherung zurück, so darf dies geschehen, ohne dass die Erwachsenen in Streit geraten.
Nur wenn das Kind selbst ausprobieren kann, wie viel Kontakt es haben möchte und wenn die Erwachsenen einfühlsam darauf Rücksicht nehmen, kann das Kind ein positives Verhältnis zu seiner Herkunftsfamilie gewinnen.
Hier entsteht der professionellen Umgangsbegleitung eine verantwortungsvolle Aufgabe.

3. Als weiterer Gesichtspunkt ist das Alter des Kindes besonders zu berücksichtigen.
Ein Kind im Alter von 2 Jahren und noch bis zu Beginn des Schulalters lebt ganz im Harmoniefeld der Familie, braucht seinen festen Alltagsrhythmus, Phasen der Ruhe und des Wachstums, um letztlich eine körperliche, seelische und geistige Stabilität zu entwickeln, auf der es dann im Schulalter und schon beginnend im Kindergartenalter die Auseinandersetzung mit den Anforderungen der sozialen Umwelt führen kann.
Kleine Kinder können nicht 14-tägig oder gar wöchentlich aus ihrem gewohnten Alltagsmilieu herausgerissen werden. Auch positive häufig stattfindende Ereignisse können Kinder durcheinander bringen. Die Gleichmäßigkeit eines Ruhe und Wachstum fördernden Milieus brauchen gerade kleine Kinder. Kurzfristige Kontakte fördern daher eher Stress, Unwillen, Hektik, so dass sich die Kinder nicht unbelastet auf den Besuchskontakt freuen können.
Wenn die Unruheereignisse sich häufen, gerät das Kind mehr und mehr durcheinander, fällt in seinen Entwicklungsschritten zurück, wird empfindlicher, ängstlicher und ablehnender.

4. Bewährt hat sich eine 3 bis 4 wöchige Phase immer in gleicher Weise gestalteter Kontakte: gleicher Ort, gleiche Personen.
Wichtige Grundsätze für die positive Umgangsatmosphäre sind:
Vorbereitung durch die Umgangsleiterin mit Pflegeeltern und Mutter (evtl. telefonisch) findet statt.
Der Erlebnisort muss gemeinsames und getrenntes Spielen ermöglichen.
Es gibt Anfangs- und Schlussritual aller, wobei das Kind die Gemeinsamkeit der Erwachsenen erleben kann.
Es gibt ein klares Programm, welches Regie führend von der Umgangsbegleiterin verantwortet und gestaltet wird.
In für das Kind kritischen Situationen greift die Umgangsbegleiterin schützend ein.

Insgesamt kommt es darauf an, dass das Kind den Kontakt als schön und bereichernd erlebt, ohne sich von seinen geliebten Bezugspersonen getrennt und weggezogen zu fühlen. Auch die Erwachsenen sollten je nach Möglichkeit im Rahmen eines Programms Essen, Spielen, Erzählen angenehm erleben.

Es kommt darauf an, weniger die Quantität als vielmehr die Qualität der Kontakte zu beachten. Für alle soll es schön sein, bzw. werden. Konflikte gehören auf das Jugendamt. Nur gut erlebte Kontakte bringen Gewinn für das Kind, die Eltern und für die Pflegeeltern. Je älter das Kind wird, umso mehr kann es auch auf die Mutter zugehen, wenn es sich nicht zuvor zur Begegnung gezwungen gefühlt hat. Dann kann auch der Kontakt intensiviert werden, das Kind hat an Stabilität gewonnen und muss sich nicht trennen, sondern darf Neues erobern, auch seine Herkunftsfamilie.

Dr. L. Schulze

02.05.

Sehr geehrter Herr Karl,
als Beistand der Familie Schneider nach § 13 SGB X möchte ich mich
heute direkt an Sie wenden.

Hier eine kurze Vorstellung meiner Person: Seit 20 Jahren arbeite ich
beratend und begleitend für Pflegefamilien in der
Pflegeelternvereinigung und seit 15 Jahren setzen mich Jugendämter
als Umgangsbegleiterin ein. Zur Zeit betreue ich 11 Pflegekinder in
dieser Aufgabe und habe dabei engen Kontakt zu Herkunftsfamilien
und Pflegefamilien. Ich habe selbst Pflegekinder großgezogen und bin
beruflich Kinder- und Jugendärztin.

Am 15.03. fand ein Gespräch statt zwischen Ihnen, Frau Neumeier und
Herrn Schneider. Die Pflegeeltern haben mich über dieses Gespräch
ausführlich unterrichtet. Dies möchte ich zum Anlass nehmen, einige
Punkte anzusprechen, die nicht den wissenschaftlichen Erkenntnissen
über Bindung und Traumatisierung entsprechen und wo das KJHG
(Kinder- und Jugendhilfegesetz) nicht in den vorhandenen
Möglichkeiten interpretiert wird. Die große Not des Kindes veranlasst
mich dazu, und ich stelle Ihr Engagement an keiner Stelle in Frage.

Auch in Ihrem Amt wird die große Veränderung in Annas Verhalten
wahrgenommen und macht Sorge – allerdings können Sie keine
Erklärung dafür finden- außer, dass die Pflegemutter die Ursache für
Annas Ängste ist. Die Mutter bemüht sich, wird darin unterstützt, der
Umgang wird begleitet , dennoch reagiert das Kind mit großen
Ängsten im Anschluss an die Umgänge und hat jetzt nach einem Jahr
intensiver Bemühungen der Erwachsenen eine Verweigerungshaltung
entwickelt. Das Kind fragt zunehmend die Pflegeeltern: ich kann doch
bei euch bleiben? – eine für das Alter des Kindes viel zu frühe Frage
und Zeichen einer totalen Verunsicherung. Die Eltern Schneider
bemühen sich, möglichst alle Irritationen vom Kind fernzuhalten – die

vielen Unstimmigkeiten und Kommunikationsschwierigkeiten seit einem Jahr während der Kontakte- z.Zt. alle 14 Tage seit Monaten - sind für das Kind aber eine völlige Irritation. Es weiß sehr wohl, dass es nicht das leibliche Kind von Schneiders ist, muss aber unter diesen Umständen eine Trennung fürchten und fühlt sich von seinen „Eltern" im Stich gelassen – da diese sie immer wieder unter „Druck" zu den Kontakten überreden müssen. Dies kommt vom Kind aus – Familie Schneider hat immer wieder den Versuch gemacht, der Mutter zu signalisieren, dass sie ihre Not verstehen und einen schönen Umgang für sie und ihr Kind gestalten wollen.

Über allem steht die Option der Rückführung – und dies allein ist die Ursache, dass die Entwicklung eines Kindes problematisch werden kann. Rückführung heißt: viele Umgänge – heißt: viel Druck, heißt: viele Irritationen, heißt: viele Ängste – Trennungsängste, viele Verunsicherungen. Die Umgänge seit einem Jahr haben zu der angstvollen Wesensveränderung des Kindes geführt. Ich denke, dass Sie diese Entwicklung auch mit Sorge sehen.

Eine Rückführung ist nicht immer zu planen, sondern nur so, dass das Kindeswohl nicht gefährdet wird. Bei Anna ist diese Gefährdung mit ihren Folgen bereits deutlich sichtbar.

Ich möchte Ihnen diese Überlegungen aus den wissenschaftlichen Ergebnissen der Bindungs- und Trennungsforschung nennen, da sie Grundlage für ein gelingendes Handeln aller beteiligten Fachleute sind.

Kindlicher Zeitbegriff

Das Gesetz sieht folgendes vor:
Im §33 und §37 KJHG ist klar definiert, dass eine auf Dauer angelegte Perspektive festzuschreiben ist, wenn Hilfen von außen über einen längeren Zeitraum nicht ausreichen für eine Rückkehr in die Herkunftsfamilie.
Dieser „längere" Zeitraum beinhaltet, dass Fachleute nur mit Hilfe des kindlichen Zeitbegriffs richtige Entscheidungen treffen können. Ein Säugling geht nach wenigen Wochen eine komplette Bindung an die

ihn betreuende Person ein. Die endgültige Bindungsentwicklung im Kind beginnt etwa vom 6. Lebensmonat an bis Ende 2./3. Lebensjahr. Dann ist Bindung tief eingeprägt und unauslöschlich und nicht übertragbar vorhanden. Natürlich geht ein Kind zusätzlich manche neue Beziehung und ab und an Bindung ein – aber bei sicher angelegter Bindung in den ersten Lebensjahren kann man diese Bindung niemals auswechseln gegen eine neue Bindung. Hier wird durch die Trennung der frühen und eigentlichen Bindungsperson eine für das ganze Leben bedeutsame Traumatisierung gesetzt – eine bleibende Bindungsstörung ist die Folge.

Zur Mutter kann sich eine gute Beziehung entwickeln, die in späteren Jahren selbständige Besuche etc. beinhalten kann. Die Bindung und die Kontinuität der Bindung in den ersten Lebensjahren von Anna lässt hier bei Sicht auf das Kind keine Planung für eine Trennung von den sozialen Eltern und keine Rückführungsplanung zu. Die Planung der Rückführung bei dieser Vollzeitpflege stellt nach allem o.g. bereits eine Kindeswohlgefährdung dar.

Umgangsregelungen
Die sehr auffallenden Reaktionen des Kindes zeigen unter anderem auch, dass eine Umgangserweiterung eine zusätzliche Irritation und hohe Belastung und Überforderung für das Kind bedeuten würden.
Der Regelalltag mit der Familie Schneider macht Anna stabil und sicher. Alles Neue und unter Spannung Erlebte bringt Ängste mit sich, die sich von allein im Kind entwickeln, da es verunsichert wird und bei den Bindungspersonen Schutz sucht. Diese aber geben das Kind weg – ermuntern es, etwas zu tun, was das Kind nicht will - was es nicht einordnen kann - was ihm Angst macht. Hier werden in dem frühen Alter Vertrauensbrüche und Verlassensein erlebt. Einige Reaktionen davon zeigt das Kind deutlich, und schon vor einem Jahr hatten die Pflegeeltern beschrieben, dass das Kind plötzlich selbstverletzende Züge zeigte, indem es den Kopf auf den Boden anschlug.
Hier geht es auch nicht um die Notwendigkeit - nach Ihrer Einschätzung - dass sich das Kind seelischen Herausforderungen stellen muss, um „Muskeln zu entwickeln" - da werden die Gefühle

eines kleinen Kindes nicht verstanden. Hier müssen im Gegenteil dringend Planungen zum Schutz des Kindes erfolgen.

Scheidungskinder

Der Unterschied zu Scheidungskindern ist erheblich: diese sind vertraut und loyal von Beginn an mit beiden Elternteilen und haben Bindung entwickelt zu beiden Elternteilen. Bei Anna ist KEINE Bindung an den mütterlichen Teil vorhanden, hier soll eine Bindung aufgebaut werden, die vom Kind nicht geleistet werden kann, hier gibt es keine gleiche Sicherheit wie bei Scheidungskindern, sondern hier geht es um fremd – die Mutter - und vertraut- die Pflegeeltern, um Trennung von den wichtigsten Bindungspersonen und unter Druck „angewöhnen" an einen neuen Menschen. Nur wenn keinerlei Zwang ausgeübt wird, kann sich ein Kind emotional auf einen Menschen einlassen. (siehe Stellungnahme Prof. A. Weber). Ein Leben in zwei Welten ist für ein kleines Kind Verlust an Bindungsfähigkeit an die Hauptbezugspersonen. Der Jugendliche kann sich und soll sich auf diesen Prozess einlassen – hier ist Identitätssuche das zentrale Thema.

Psychotherapie - Diagnostik

Dass Frau Acher zugelassen hat, dass Frau Wunderlich weiterhin Diagnostik und therapeutische Hilfe anbieten darf, ist eine hervorragende Entscheidung für das Kind. Hier kann erfasst werden, wo die Nöte des Kindes liegen. Alle Schriftstücke, die Ihnen vorliegen, zeigen das Gleiche: das Kind braucht eine feste Perspektive, die Geborgenheit der Pflegeeltern und Beruhigung seiner Lebenssituation. Ein Aufenthalt im stationären Bereich wäre eine ungeheure Belastung für das Kind. Die ambulante Diagnostik ist eine weitaus geringere Irritation und vor Ort gut leistbar.

Zusammenarbeit

Vielleicht noch ergänzend: Herr Schneider hatte von Ihnen gehört, dass Pflegeeltern keinen Anspruch auf Beratung haben, da sie als Dienstleister des Jugendamtes dies nicht benötigen. Im KJHG §37,2 ist es beschrieben: „…..die Pflegeperson hat…. während der Dauer der Pflege Anspruch auf Beratung und Unterstützung."

Ebenso ist das Jugendamt als Leistungserbringer nicht der bestimmende Teil bei der Aufgabe, das Kindeswohl zu sichern, sondern nach KJHG §36 Abs.2 sollen die Entscheidungen im Zusammenwirken mehrerer Fachkräfte getroffen werden.

Das Jugendamt ist Leistungsträger, die Pflegeeltern sind Leistungserbringer. Beide Seiten sind auf einander angewiesen - die Pflegeeltern brauchen Ihre Beratung und Unterstützung und haben einen rechtlichen Anspruch darauf, und Sie brauchen unsere Fachkompetenz als Pflegeeltern, um gemeinsam die richtigen Schritte für das Kind zu finden, denn nur wir kennen das Kind wirklich. Wir sind Partner bei der Aufgabe, das Kindeswohl im Mittelpunkt zu sehen und für das Kind die richtigen Schritte für eine gesunde Zukunft zu finden. Die Mutter als Leistungsberechtigte ist in allen Wünschen zu hören - die Umsetzung ihrer Wünsche als ein zusätzliches Entscheidungskriterium muss sich am Kindeswohl orientieren - ebenso wie alle Überlegungen aller Fachleute.

Die in den zurückliegenden Monaten angefertigten Gutachten zeigen, welche erzieherischen Möglichkeiten der Mutter nicht zur Verfügung stehen. Dies wiederum steht im Zusammenhang der Frage der Rückführung und dem nicht gelungenen Beziehungsaufbau von Anna zur Mutter und der Traumatisierung des Kindes. Dies wiederum macht klar, dass sich der Auftrag des Jugendamtes ändert und der Verbleib von Anna auf Dauer in der Pflegefamilie festgeschrieben werden muss und man dem Gericht diesen veränderten Beschluss mitteilt.

Ich sehe die Situation sehr schwierig in Ihrem Jugendamt, da hier grundsätzlich Rückkehr als Option verfolgt wird – an Anna aber ist zu sehen, welche schlimmen Folgen für ein Kind eintreten können. In neuesten Statistiken sieht man Rückführungen nur zu ca. 10% - sicher ein Ausdruck dessen, dass die psychische Entwicklung der Kinder, ihre Bindungsentwicklung und die traumatisierenden Folgen bei Trennung von der Bindungsperson mehr und mehr in die Entscheidungen einbezogen werden.

Ich verbleibe mit freundlichen Grüßen, L. Schulze

Dr. L. Schulze

12.05.

Sehr geehrter Herr Karl,
für Ihr schnelles Antworten möchte ich mich bedanken. Inzwischen
habe ich auch die Stellungnahme des Jugendamtes gelesen, die an das
Gericht ging.

Gravierend ist, dass die Reaktionen des Kindes von Ihnen als Folge der
Ängste der Pflegeeltern gesehen werden, und dass die Trennung des
Kindes von seinen engsten Bindungspersonen beim Umgang gefordert
wird. Den Pflegeeltern wir die ganze Schuld gegeben, dass der
Beziehungsaufbau zur Mutter nicht gelingt. Dass sie aber die
schlimmen Ängste des Kindes erleben und zu Hause nach den
Umgängen tagelang mit großer Unruhe, Weinen und Klammern und
der ganzen Not des Kindes leben und die Wesensveränderung des
Kindes ertragen müssen, ohne dass man auf die Trennungsängste des
Kindes eingeht – das wird nicht hineingenommen in das
Umgangskonzept.

Ich habe die große Bitte, dass Sie nochmals die Stellungnahme von
Herrn Weber lesen, besonders Punkt 2. Hier ist ganz genau das
beschrieben, was beim Kind massive Ängste auslöst, und welcher
Vertrauensverlust in die Bindungspersonen, die Pflegeeltern, dadurch
entsteht. Die große Verunsicherung bedeutet für das Kind, dass es von
diesen Eltern nicht mehr beschützt wird vor fremden Situationen und
Menschen. Das löst riesige Existenzängste aus. Formuliert wird es vom
Kind anders: „ich habe Angst" - immer wieder am Tag, auch nachts,
auch in Kindergruppen. Auf die Frage: „wovor hast du Angst?" kommt
immer die Antwort: „vor Frau Loose."

Das ist nicht das, was die Pflegeeltern dem Kind einimpfen – das ist
das, was das Kind erlebt: immer Trennung von den Pflegeeltern – und
das seit einem Jahr immer nur beim Umgang mit Frau Loose. Sonst gibt
es keine Trennungssituationen von den Pflegeeltern für das Kind.

Also verbindet das Kind „Angst" mit Frau Loose – und das ist eingespeichert und wird bei kleinsten Trennungsmomenten wieder erlebt, und zwar jedesmal wirklich angstvoll. Das hat zu dieser massiven Verhaltensproblematik und zu einem verstörten Kind geführt. Und drückt sich in den Worten: Angst vor Frau Loose aus.

Über allem steht die Frage der Rückführung – natürlich ist sie eine Bedrohung für die Pflegeeltern. Denn Sie nehmen an der Stelle, wo es gesetzlich um eine auf Dauer angelegte Pflege bei Anna geht, jeweils den Begriff „derzeit" mit hinein. Dass eine Trennung von Anna und den Pflegeeltern nicht möglich ist – das haben Sie formuliert – sagen aber gleichzeitig: Rückführung ist derzeit nicht möglich. Damit ist die Perspektive von Ihnen offen gelassen. Das entspricht nicht dem gesetzlichen Auftrag.

Es gilt doch ganz klar zu unterscheiden: was sind die völlig verständlichen und aus der Sicht der Mutter berechtigten Wünsche und Forderungen – Rückführung auf alle Fälle. Und dagegen die Stellungnahme des Jugendamtes, das weiß, dass man einem Kind diese Form der Veränderung des Lebensmittelpunktes nicht mehr zumuten kann, ohne eine massive Gefährdung in der seelischen Entwicklung des Kindes zu verursachen. Der kindliche Zeitbegriff ist der entscheidende Faktor bei allen Überlegungen und ist Grundlage, die feste Bindung eines Kindes an seine ersten und einzigen Bindungspersonen zu verstehen und damit richtige und dem Gesetz entsprechende Lösungen zu finden. Als Jugendamt kann nur eine Vollzeitpflege auf Dauer die richtige Option sein für Anna.

In der Stellungnahme ans Gericht zitiert Frau Neumeier die zeitlich befristete oder auf Dauer angelegte Vollzeitpflege. In der Umsetzung und den Anordnungen zum Umgang sind Kenntnisse über die kindliche Entwicklung mit Bindungsstörungen und Trennungsängsten nicht zu erkennen. Das Konzept für die Umgänge mit ständiger Trennungssituation hat zwangsläufig zu Traumatisierung und damit Kindeswohlgefährdung führen müssen.

Wenn aus Heimen dann eine Zahl genannt wird, dass 2/3 aller Kinder dort ehemalige Pflegekinder waren, sieht man die Folgen einer falsch verstandenen Rückkehroption - es sind bleibend bindungsgestörte Kinder mit allen Varianten schwerer Verhaltensstörungen.

Ich denke, Sie vertreten die Haltung Ihres Jugendamtes. Das ist so, wie es im Falle von Anna gehandhabt wird mit offener Rückkehroption und erzwungenen Trennungen von den Pflegeeltern beim Umgang, ein Konzept, das nicht die inzwischen bekannten wissenschaftlichen Erkenntnisse in den Entscheidungsprozess mit hineinnimmt.

Wir sind gern zu einem Gespräch bereit, um Ihnen die Seite der Entwicklung von Kindern und ihre Not besser verständlich zu machen. Sie könnten diese Entscheidungen, wie sie bei Anna nötig sind, als sozialpädagogisch kompetente Fachleute ohne Anrufung des Gerichts treffen und müssten sich nicht als ein Jugendamt nach außen präsentieren, das an seine Grenzen gestoßen ist – Stellungnahme von Frau Neumeier ans Gericht.

Unsere Pflegeelternvereinigung gehört in die Reihe der zahlreichen Institutionen und der Fachleute, die das Kindeswohl vordringlich unter dem Blickwinkel kindlicher Entwicklung und seiner Störanfälligkeit überprüfen, beraten und handeln.

Anna ist uns wichtig – und dass Sie ein Verständnis für die kindlichen Nöte spüren, die Sie unter o.g. Gesichtspunkten vielleicht noch nicht erkennen konnten – darum wende ich mich an Sie und das Jugendamt.

Mit freundlichen Grüßen
L. Schulze

Psychoanalytische Praxis für Kinder und Jugendliche
Eltern-Kleinkind-Säuglings-Psychotherapie
M. Wunderlich

Stellungnahme zum Therapieverlauf von Anna Loose sowie der Zusammenarbeit mit Frau Loose und den Umgangskontakten zur Vorlage bei Gericht

Therapieaufnahme

In der 10. KW wurde mir Anna Loose auf dringliches Anraten des behandelnden Kinderarztes überwiesen.

Die Patientin litt unter selbstverletzendem Verhalten, Schlafstörungen und Somatisierungsstörungen. Nach Therapieaufnahme informierte ich das zuständige Jugendamt über die Aufnahme der Patientin (Gesundheitsfürsorge). Daraufhin wurde die Aufnahme bei mir abgelehnt, mit der Begründung eine Therapie sei nicht indiziert (Schreiben vom 22.03.). Nach meinem Einspruch, dass ich dafür die rechtliche Verantwortung nicht übernehmen werde, erfolgte die Zustimmung zur Therapie.
In diesem Zusammenhang habe ich mich bemüht um eine Zusammenarbeit mit dem Jugendamt, welche mir zunächst von Frau Klein und Frau Neumeier telefonisch zugesichert wurde.
Ebenso habe ich darum gebeten, im Sinne einer Situationsklärung und zur umfassenden Diagnostik bei einem Besuchskontakt von Anna als Beobachter anwesend sein zu dürfen.
Zunächst wurde dies von Seiten Frau Klein begrüßt.

Von Frau Loose wurde über Frau Klein der Wunsch geäußert mich vorher kennen zu lernen.
Diesem Wunsch habe ich durch ein zweites Terminangebot entsprochen, da dies zwar von meiner fachlichen Beurteilung nicht unbedingt nötig gewesen wäre, ich aber langfristig an einer guten Zusammenarbeit mit der leiblichen Mutter interessiert bin und ihr Ängste diesbezüglich verstehen kann. Als dann mein Terminangebot stand, rief mich die Anwältin der Mutter an und wollte wissen um welches, von mir zu erstellendes Gutachten es sich handeln würde.
Ich erklärte, dass dies ein Gutachten im Rahmen der Genehmigung einer psychotherapeutischen Leistung der

Krankenkassen sei und üblicherweise mein Antrag zu einer Begutachtung an einen Gutachter in Deutschland gesendet würde, welcher dies inhaltlich überprüft und genehmigt. Die Anwältin teilte mir darauf hin mit, dass sie ihre Mandantin darin unterstützen würde, meiner Anwesenheit im Umgangskontakt nicht statt zu geben, da sich die Pflegeeltern nicht wie vereinbart im Umgangskontakt ausreichend zurückziehen würden.
Schriftlich lautet, wie beigefügt, die Begründung nun anders. Dass ich nicht klar über den Sinn und Zweck der Begutachtung informiert habe, stimmt nicht.

Insgesamt habe ich Frau Loose zwei möglich Termine bei mir angeboten. Frau Klein und Frau Neumeier habe ich einen Termin angeboten.
Ihr Interesse war es, mir ihre Sichtweise der Sachlage zu erläutern, woran ich sehr interessiert gewesen wäre. Ich habe drei Termine angeboten, zu welchen ich zum Umgangskontakt hätte kommen können. Alle Termine wurden von Seiten des Jugendamtes abgelehnt.

Derzeit scheint Frau Loose nicht in der Lage zum Wohle ihrer Tochter mit mir zusammen zu arbeiten, was die Situation des Kindes schnell und deutlich verbessern hätte können.

Psychodynamische Diagnostik
Anna zeigt in der Testsituation (Sceno) und in der Spielsituation deutliche Trennungsängste. Sie ist nicht mehr in der Lage sich altersgemäß von der Pflegemutter zu trennen.
In der Spielsituation zeigt sie ihr Bindungsbedürfnis nach symbiotischer Bindung (Regression ins Babyalter) indem sie immer Babys und Bezugspersonen immer nah zueinander legt. Der Patientin war es zu Beginn der Therapie nicht möglich, die Pflegemutter mir „zu überlassen". Sie versuchte den Kontakt zwischen Pflegemutter und mir ängstlich zu vermeiden, in der Sorge, ich könnte ein Interesse dahingehend haben, dass sie selbst den Kontakt zur Pflegemutter verlieren könnte. Langsam konnte die Patientin mehr Vertrauen in die Beziehung zu mir gewinnen, so dass sie nun den Kontakt zwischen mir und Frau Schneider gut akzeptieren kann. Sie ist jedoch noch nicht in der Lage, alleine in der Therapiestunde zu bleiben, so wie das altersgemäß angemessen wäre.

In der therapeutischen Situation zeigt Anna deutliche Verlustängste in Bezug auf die Bindung zur Pflegemutter, des Pflegevaters, sowie der Großeltern. Sie bemüht sich lange im angepassten Verhalten als „dem braven Kind" zu kompensieren. (Wenn ich brav bin, verlässt mich die Mama nicht.) Als ich das Thema einer zweiten Mutter einführe, dekompensiert Anna sofort im Weinen und in den Somatisierungsstörungen Bauchweh.

Ebenso versucht sie in Zeichnungen die Anwesenheit der leiblichen Mutter „wegzuschieben", indem sie sie weit unten im Bild, entfernt von der Primärfamilie anordnen lässt.
Anna zeigt sich in der Situation beider Mütter, sowie sie derzeit besteht, deutlich überfordert. Sie versucht im Spiel die Lösung in der Beziehung zum Vater und in der Beziehung zu beiden Großeltern zu suchen. „Weit weg sein", scheint ein Versuch, der ständigen Belastung der Besuchskontakte mit dem Ziel die Primärbindung zu den Pflegeeltern aufgeben zu müssen, ausweichen zu wollen.

Familienbindungen
Anna zeigt eine bisher äußerst stabile Beziehung zur Primärfamilie Schneider, sowie zur deren Eltern. Sie empfindet die Pflegeeltern, sowie deren Eltern als ihre Familie und Großeltern. Somit zeigen sich abgeschlossene Bindungsprozesse primär zu den Pflegeeltern und sekundär auch zu den Großeltern. Dass die Pflegeeltern in den Besuchskontakten nun aufgefordert werden die Räume zu verlassen, (Ausweichen in die Küche, Verlassen des Gebäudes) wäre für die Patientin dann in Ordnung, wenn der Trennungsimpuls vom Kind ausgehen würde. Meiner Information nach ist das nicht der Fall und somit erlebt die Patientin ihre primäre Bindung im Leben gefährdet. Dies stellt eine beständige emotionale äußerst belastende Situation für Anna dar. Anna zeigt im angepassten Verhalten, dass sie den spürbaren Verlust von sicherer Bindung bereits schuldhaft verarbeitet. Die Pflegeeltern scheinen unter der Anleitung der Mitarbeiter des Jugendamtes ebenfalls in einer äußerst großen emotionalen Belastungssituation. Würden sie dem Impuls einer sicheren schützenden Bindung zur Patientin nachgeben, müssten sie sich gegen die Trennungsanweisungen des Amtes entscheiden, tun sie das nicht, erlebt Anna sich durch die Pflegeeltern nicht ausreichend geschützt.

In diesem Zusammenhang bedeuten Umgangskontakte mit angeordneter Trennung eine immer wieder erneute Traumatisierung der Patientin. In diesem Zusammenhang gibt die Patientin ihre altersgerechte Entwicklung auf und versucht in Vermeidung und Regression Verlustängste zu kompensieren.

Daher kann unter der Wahrung des Kindeswohls derzeit Umgang ausschließlich in Anwesenheit zumindest eines Pflegeelternteils stattfinden. Damit Anna ab sofort und vor allem in der Zukunft auch etwas von den Umgangskontakten und insbesondere ihrer Mutter hat, müssen diese mehr in einem liebevollen Miteinander stattfinden. Um hier aber ganz konkrete Vorschläge machen und den Umgang dementsprechend ändern zu können, muss ich bei mindestens einem, besser mehreren Umgängen dabei sein können. Nur so kann ich mein Gesamtbild komplettieren und die Umgänge für Anna besser gestalten.

Die Besuchskontakte stellen derzeit das größte Problem für Anna dar und sind ganz überwiegend für ihr oben dargestelltes Verhalten (siehe psychodynamische Diagnostik) verantwortlich. Daher ist meine Anwesenheit bei einem oder mehreren Besuchskontakten so wichtig. Nur wenn ich diese „live" erlebe, kann ich alle Beteiligten ausreichend beraten, eine Lösung zur Besserung aufzeigen und insbesondere für Anna eine fundierte Therapie durchführen. Dies erscheint mir derzeit die einzige Möglichkeit, Umgänge angstfrei zu gestalten und doch noch eine positive Beziehung zwischen Mutter und Tochter aufzubauen.

Die Schuld für Annas Belastung alleinig den Pflegeeltern zuzuschieben und mir die Anwesenheit bei Besuchskontakten nicht zu gestatten, entspricht nicht der Fachmeinung und dem wissenschaftlichen Stand der Bindungsforschung und hilft der Patientin nicht. Es ist zu bedauern, dass sich die leibliche Mutter derzeit nicht in der Lage sieht, mit mir zusammenzuarbeiten.

Vorgehensweise

Mein Bemühen war es, Einblick in die Umgangskontakte zu bekommen, um so mit allen Beteiligten eine Umgangssituation zu erarbeiten, welche die Verlustängste der Patientin mildert, so dass eine altersgerechte Entwicklung wieder möglich wird. Es gehört zur üblichen psychotherapeutischen Arbeit mit allen Bezugspersonen des Patienten zu arbeiten. Dies war bisher leider nicht möglich.
Mein Ziel wäre es, Anna eine Beziehung zur leiblichen Mutter zu ermöglichen, in welcher die Bindungsimpulse des Kindes Grundlage für die Nähe zur leiblichen Mutter sind,

so dass dieser Kontakt angstfrei erlebt werden kann. Sollte mir nicht baldmöglichst die Anwesenheit bei einem oder mehreren Umgangskontakten gestatten werden, halte ich die weitere Durchführung von Umgangskontakten nach der jetzigen Methode für unverantwortlich und kindeswohlgefährdend. In diesem Fall sehe ich keine andere Möglichkeit mehr, als mich für die komplette Aussetzung der Umgänge auszusprechen. Dies stellt für Anna von mehreren schlechten Möglichkeiten immer noch die deutlich am wenigsten belastende dar.

Anlage:
Schreiben der Anwältin vom 21.05.
Schreiben von Herrn Karl, Jugendamt, vom 20.05.

21.05.

Ihre Patientin: Anna Loose,
hier: Beobachtung des Umgangs zum Zwecke der Begutachtung

Sehr geehrte Frau Wunderlich,
unter Übergabe einer beglaubigten Ablichtung der mir erteilten
Vollmacht zeige ich an, dass die Mutter von Anna nunmehr von mir
anwaltlich vertreten wird.

Wie ich erfahren habe, erheben Sie die Forderung, den nächsten
Umgang zwischen Anna und meiner Mandantin, der am 02.06.
stattfinden soll, zu beobachten. Als Grund geben Sie an, dass Sie
beauftragt sind, einem Gutachten zuzuarbeiten.
Da einerseits völlig undurchsichtig ist, in wessen Auftrag diese
Begutachtung und damit die Umgangsbeobachtung stattfinden soll,
andererseits eine Anordnung durch das Familiengericht diesbezüglich
nicht getroffen wurde, habe ich meiner Mandantin geraten, diese
Umgangsbeobachtung nicht zuzulassen. Meine Mandantin ist dazu
nicht verpflichtet und kann auch nicht verpflichtet werden.

Sollten bei Anna tatsächlich Störungen der Befindlichkeit oder
Verhaltensauffälligkeiten nach den Umgangskontakten mit meiner
Mandantin bestehen, so dürften diese eher aus der problematischen
Haltung der Pflegeeltern zu den Umgangskontakten und zur
Kindesmutter resultieren als auf den Umgangskontakten selbst.

Mit freundlichen Grüßen

XXXX

Rechtsanwältin

20.05.

Sehr geehrte Frau Wunderlich,

Frau Loose teilte uns mit, dass sie mit einer diagnostischen
Beobachtung während der begleitenden Umgänge durch Sie als
behandelnde Therapeutin von Anna nicht einverstanden ist.

Wir bitten Sie, dies bis auf weiteres zu respektieren. Dh. die nächsten
Umgänge finden regulär, wie mit Frau Klein besprochen, statt,
allerdings ohne dem Beisein ihrer Person.

Wir hoffen, dass es bei der kommenden Verhandlung beim
Familiengericht, die voraussichtlich Ende Juni sein dürfte, zu einer
baldigen Klärung aller wichtigen Fragen, einschließlich der
Psychotherapie, bezüglich Anna kommen wird.

Dieses Schreiben wird parallel an alle Beteiligten geschickt.

Mit freundlichen Grüßen

M. Karl
Regionalleiter

Beschwerde gegen den Beschluss des AG vom 10.03.

In der Familiensache
Anna Loose

wird die Beschwerde mit den Anträgen:

    1. Der Beschluss vom 10.03. wird aufgehoben und zur weiteren Verhandlung an das Amtsgericht zurückverwiesen,

    2. hilfsweise: Der Beschluss vom 10.03. wird aufgehoben und der Verbleib des Kindes Anna Loose bei seinen Pflegeeltern wird angeordnet,

begründet wie folgt:

1.
Die Pflegeeltern sind beschwerdeberechtigt, § 59 Abs.1 FamFG. Demnach ist jeder Beteiligte beschwerdeberechtigt, wenn er vom Ergebnis der Entscheidung in seiner materiellen Rechtsstellung betroffen ist (BT-Drucks. 16/6308, S. 204). Eine solche materielle Beschwer liegt nur vor, wenn der angefochtene Beschluss den Beschwerdeführer in einem subjektiven Recht unmittelbar beeinträchtigt. *„Deshalb muss der Rechtsfolgenausspruch der angefochtenen Entscheidung, d h. ihr der formellen und materiellen rechtskraftfähiger Inhalt ein bestehendes Recht des Beschwerdeführers aufheben, beschränken, mindern, ungünstig beeinflussen oder gefährden, **die Ausübung dieses Rechts stören oder dem Beschwerdeführer die mögliche Verbesserung seiner Rechtsstellung vorenthalten oder erschweren"*** (Keidel, u.a. — Meyer-Holz, FamF G, 16. Aufl., 2009, § 59 Rn. 9. Hervorhebung durch Unterzeichner.).

Demzufolge ist eine Rechtsbeeinträchtigung nicht nur möglich, wenn bestehende Rechte „gekürzt", sondern auch wenn bestehende Rechte nicht „erweitert" werden, obwohl hierauf ein Anrecht besteht.

Pflegeeltern wird durch § 1632 Abs. 4 BGB das Recht eingeräumt, einen Antrag auf Erlass einer Verbleibensanordnung zu stellen. Pflegeeltern sind daher bei Ablehnung eines solchen Antrags in ihrer Rechtsstellung im Falle einer notwendigen Verbleibensanordnung betroffen (Musielak, Borth, FamFG, 2009, § 59 Rn. 3; mit Hinweis auf B VerfGE 79, 51 (59)).

Den Pflegeeltern ist vorliegend dieses Recht, das sich aus dem Erlass einer

Verbleibensanordnung ergibt, verwehrt worden. Daraus ergibt sich ihre materielle Beschwer.

Auf die Frage, ob im konkreten, vorliegenden Fall ein Anspruch auf Erlass einer solchen Verbleibensanordnung besteht, hat bei der Feststellung der Rechtsbeeinträchtigung außer Betracht zu bleiben. Die Unrichtigkeit der erstinstanzlichen Entscheidung ist insofern zu unterstellen. Es kommt nur darauf an, ob ein Recht des Beschwerdeführers beeinträchtigt wäre, wenn sich die angefochtene Entscheidung in seinem Sinn als ungerechtfertigt herausstellt (Bumiller, Harders, FamFG, 9. Aufl., 2009, § 59 Rn. 4; Keidel, a.a.O., Rn, 16).

Den Pflegeeltern ist daher ein Recht, was möglicherweise hätte gewährt werden müssen, vorenthalten worden. Hierdurch ergibt sich bereits die Rechtsbeeinträchtigung.

Mit Erlass einer Verbleibensanordnung nach § 1632 Abs. 4 BGB erhalten Pflegeeltern nicht nur Sicherheit über den (vorläufigen) zukünftigen Status ihrer Pflegestelle, sondern gleichzeitig wird auch die Alltagssorge gem. § 1688 Abs. 4 BGB erweitert bzw. gestärkt. Damit wird die Alltagssorge Pflegeeltern ohne Eingriffsmöglichkeit des Personensorgeberechtigten gewährt. Auch dies bewirkt eine weitere, deutliche Besserstellung der Pflegepersonen nach Erlass einer Verbleibensanordnung (Palandt — Diederichsen, BGB, 70. Aufl., 2011, § 1688 Rn. 14).

Zudem wurden den Pflegeeltern durch den angefochtenen Beschluss sämtliche Gerichtskosten (Gebühren und Auslagen) auferlegt. Dies stellt ebenfalls eine Rechtsbeeinträchtigung im vorgenannten Sinne dar. Zudem die Kostenentscheidung — obwohl Ermessen — ohne jegliche Begründung ergangen ist. Die Beschwerde richtet sich auch gegen die Kostenauferlegung. Hierdurch werden die Pflegeeltern jedenfalls beschwert. Bei korrekter Durchführung des familiengerichtlichen Verfahrens wäre die Hauptsacheentscheidung möglicherweise anders ausgefallen und dann hätte das Familiengericht evtl. auch von einer Kostenauferlegung abgesehen.

Zumal in Verfahren nach § 1632 IV BGB Pflegeeltern grds. von Gerichtskosten freigestellt werden sollen (Staudinger — Salgo, BGB, 2002, § 1632 Rn. 102; OLG Hamm FamRZ 1995, 1365).

Weiterhin kann sich eine Beschwerdeberechtigung auch durch den Verstoß gegen zwingende Vorschriften des Verfahrensrechts bzw. durch offenkundig unrichtige Rechtsanwendung ergeben (Bumiller, a.a.O., Rn. 6, mit zahlreichen Rspr.-Hinweisen).

Das Familiengericht hat es versäumt, die Betroffene anzuhören. Dies wäre hier zwingend notwendig gewesen, § 159 II FamFG Die Betroffene ist zwar noch nicht 14 Jahre alt, doch die Entscheidung ist für sie von großer Wichtigkeit. Folglich sind die „Neigungen, Bindungen oder der Wille des Kindes" (§ 159 II FamFG) für die Entscheidung von Bedeutung. In diesem Fall ist das Kind anzuhören. Dafür ist sie auch nicht zu jung.

> *„Erstaunlich jung, nämlich mit drei bis vier Jahren, erwerben Kinder alle notwendigen psychischen Kompetenzen, um einen autonomen und stabilen Willen zu haben und äußern zu können. Deshalb ist der Kindeswille ab drei Jahren familienrechtlich bedeutsam und sollte in Personen- und Sorgeangelegenheiten ab diesem Alter festgestellt werden, z. B. durch Anhörung gem. § 50b F GG durch spezielle Diagnostik bei der Begutachtung..."* (Dettenbom, Kindeswohl und Kindeswille, 2001, S. 75).

Das Amtsgericht hat aber insbesondere gegen einen tragenden Grundsatz familienrechtlicher Verfahren, nämlich den Amtsermittlungsgrundsatz verstoßen.

Das Amtsgericht hat selber erkannt, dass es unabdingbar ist, weitere Aufklärung im Pflegefamilienverhältnis zu betreiben sowie bekannt gewordene Verhaltensauffälligkeiten der Betroffenen aufzuklären. Dies hat das Gericht aber trotz Amtsermittlungsgrundsatzes nicht getan. In einem Parallelverfahren hat das Gericht sogar ein Sachverständigengutachten in Auftrag gegeben, das Ergebnis dieses Gutachtens hat es aber mit dem Beschluss vom 10.03. nicht abgewartet, was unerklärlich ist. (Mittlerweile liegt das Gutachten vor.)

Die unzureichende Sachverhaltsaufklärung erkennt das Gericht selber und führt daher aus, dass es keine geeignete Grundlage habe, eine Entscheidung über den weiteren Verbleib des Kindes in der Pflegefamilie treffen zu können (Beschluss vom 10.03., S. 4 a. E.).

Die weitere Sachverhaltsaufklärung, um eine solche Grundlage zu erhalten, wäre aber zwingend notwendig gewesen. (Weitere Ausführungen dazu erfolgen weiter unten, um die Ausführungen zur Beschwerdeberechtigung nicht zu überfrachten.)

Weiterhin hat das Amtsgericht verfahrensfehlerhaft gehandelt, weil es den eigentlichen Antragsgegner (Frau Acher, Amtspflegerin u.a. für das Aufenthaltsbestimmungsrecht) nicht als Beteiligte hinzugezogen hat. Frau

Acher hat weder eine schriftliche Stellungnahme eingereicht, noch war sie in der mündlichen Verhandlung anwesend. Als Inhaberin u.a. des Aufenthaltsbestimmungsrechts ist jedoch sie und nicht die Kindesmutter Antragsgegnerin. Wer die Herausgabe verlangt, muss mindestens aufenthaltsbestimmungsberechtigt sein (Staudinger — Salgo, BGB, 2002, § 1632 Rn. 73).

Auch hat es das Amtsgericht versäumt, einen Verfahrensbeistand zu bestellen. Im vorliegenden Verfahren wäre dies jedoch erforderlich gewesen, § 158 Abs. 2 Nr. 4 FamFG.

Zudem ist in der Rechtssprechung anerkannt, dass zur Beschwerde in der freiwilligen Gerichtsbarkeit auch derjenige berechtigt ist, der durch die gerichtliche Entscheidung zwar keine persönlichen Nachteile erleidet, wohl aber das Interesse der Gemeinschaft an einer ordnungsgemäßen Verwaltung geltend macht (Bumiller, a.a.O., Rn.5; BGH v. 17.07.2003 – V ZB ll/03; KG Berlin v. 11.02.2004 — 24 W 56/02).

Ein Wohnungseigentümer hat ein Beschwerderecht, auch wenn er nicht persönlich betroffen ist, weil er und die Gemeinschaft ein Interesse an einer ordnungsgemäßen Verwaltung haben.

Pflegeeltern haben insbesondere in Bezug auf ihre Pflegekinder ebenfalls ein berechtigtes und gesteigertes Interesse an einer ordnungsgemäßen Verwaltung. Wird dies in Frage gestellt, muss zumindest eine Beschwerdemöglichkeit gegeben sein, um die Entscheidung einer Nachprüfung unterziehen zu können.

2.
Die Entscheidung des Amtgerichts ist fehlerhaft, weil - trotz Amtsermittlungsgrundsatz, § 26 FamFG - schon der Sachverhalt gar nicht ausreichend aufgeklärt wurde, s. dazu oben. Insbesondere wurde überhaupt keine (aktuelle) Stellungnahme des eigentlichen Antragsgegners, Frau Acher, eingeholt. Zum Zeitpunkt der Antragstellung der Pflegeeltern war Frau Acher, als Amtspflegerin und Inhaberin des Aufenthaltsbestimmungsrechts, nicht bereit, eine Herausnahme der Betroffenen aus der Pflegefamilie und Eingliederung in den Haushalt der Kindesmutter auszuschließen. Im Gegenteil hat Frau Acher gegenüber den Pflegeeltern signalisiert, sich der Meinung des Jugendamts anzuschließen, welches sich mehrfach deutlich für eine Rückführung ausgesprochen hatte. Sie wollte auch den Wünschen der Kindesmutter nachkommen, welche ebenfalls mehrfach Rückführungswünsche geäußert hat. Dafür wollte sie die weitere Gesamtentwicklung aller Verfahren und des Pflegeverhältnisses abwarten. Insofern wäre es notwendig gewesen,

nochmals eine aktuelle Stellungnahme einzuholen.

Selbiges gilt für die Anhörung des Kindes, § 159 Abs. 2 FamFG s. o.

Insbesondere gibt das Gericht selber offen zu, keine ausreichende Entscheidungsgrundlage zu haben,

> *„eine Entscheidung dahingehend treffen zu können, dass der weitere Verbleib des Kindes in der Pflegefamilie auch dessen Wohl entspricht"* (Beschluss vom 10.03., S. 4).

Das Kindeswohl ist aber in allen Verfahren des fünften Titels zwingend zu beachten, § 1697a BGB. Dies gilt insbesondere für so weitreichende Entscheidungen wie die über Verbleib oder Herausgabe eines Kindes. Um es beachten zu können, muss aber zunächst einmal herausgefunden werden, welche Handlungsweise dem Kindeswohl am meisten entspricht.

Es ist daher tragender Grundsatz Verfahren dieser Art, alle das Kindeswohl betreffende Belange familienpsychologisch aufzuklären, ggf durch Hinzuziehung eines oder mehrerer Sachverständiger.

Gerade im Bereich des grundrechtsrelevanten Familienrechts (Art. 6 GG) muss ein Verfahren grundsätzlich geeignet sein,

> *„eine möglichst zuverlässige Grundlage für eine am Kindeswohl orientierte Entscheidung zu erlangen"* (BVerfG FamRZ 2005, 783 (784)).

Eine solche Grundlage hat das Gericht hier jedoch nicht erlangt. Nicht einmal das betroffene Kind oder den Antragsgegner hat es angehört. Eine Entscheidung nach § 1632 Abs. 4 BGB kann ohnehin regelmäßig nur nach Einholung eines familienpsychologischen Sachverständigengutachtens erfolgen. Es wäre vorliegend ein Leichtes gewesen, den bereits bestehenden Gutachtenauftrag im Parallelverfahren auf das vorliegende Verfahren zu erweitern und ggf eine oder mehrere Beweisfragen an den Sachverständigen hinzuzufügen. Mindestens aber hätte das kurz vor dem Abschluss stehende Sachverständigengutachten abgewartet werden müssen.

Einen Antrag einfach abzulehnen, weil einem die entscheidungserheblichen Grundlagen fehlen, ist demnach nicht möglich.

Da grundlegende familienrechtliche Verfahrensvorschriften nicht eingehalten wurden und noch umfangreiche Tatsachenfeststellungen getroffen werden müssen, wird beantragt, das Verfahren an das Amtsgericht zurückzuverweisen. Ein Verfahrensmangel im Sinne von § 69 Abs. 1 Satz 3 FamFG liegt dann vor, wenn der Mangel so erheblich ist, dass das Verfahren keine ordnungsgemäße Grundlage für die Entscheidung darstellt (Musielak, Borth, FamFG, 2009, § 69 Rn. 3). Ein Verfahrensmangel liegt weiter vor, wenn eine Verfahrensbestimmung nicht beachtet wird, nach der das rechtliche Gehör eines Beteiligten sowie die umfassende Klärung des Sachverhalts gewährleistet werden soll (§ 26, § 34 - persönliche Anhörung) (Musielak, a.a.O.; mit zahlreichen Rspr.-Hinweisen).

Im Folgenden wird dann insbesondere die Frage zu klären sein, ob eine Herausnahme des Kindes derzeit zur Unzeit erfolgen und damit dem Kindeswohl widersprechen würde.

Die Kindesmutter hat durchgehend, seit Antragstellung, immer erklärt, die Betroffene in ihren Haushalt zurückführen zu wollen. Dass dies nicht „von heute auf morgen" gehen kann, ist ihr zumindest unter dem Eindruck der laufenden Gerichtsverfahren und Verhandlungen bewusst geworden. Daher sah sie sich zu der Erklärung bereit, **derzeit** die Herausgabe nicht zu verlangen. Auf lange Sicht wollte sie dies jedenfalls weiterhin. Daher hat sie auch stets auf der Durchführung und Erweiterung von Besuchskontakten bestanden, um eine Gewöhnung der Betroffenen an sich zu erreichen. Diese Besuchskontakte fanden stets unter der Prämisse statt, eine Gewöhnung so weit voranzutreiben, dass dann ein Wechsel in den eigenen Haushalt möglich wird. Darin ist bereits der Beginn einer Herausgabe zu erkennen. In Fällen wie dem vorliegenden, in denen Pflegekinder, die keine feste Beziehung oder Bindung zum Herausgabeverlangenden haben, beginnt die Herausgabe **immer** mit der **Anbahnungsphase** (Steigerung der Umgangskontakte, um eine Gewöhnung zu erreichen), an deren Ende dann die Übersiedlung von den Pflegeeltern weg und zu dem Herausgabeverlangenden steht. Ein solches Vorhaben hat die Kindesmutter auch nie bestritten.

Pflegeeltern erst dann das Recht zuzubilligen, einen Antrag auf Verbleib zu stellen, wenn eine Gewöhnung bereits eingetreten ist, würde aber dem Schutzzweck des § 1632 Abs. 4 BGB nicht gerecht. Denn Sinn und Zweck des § 1632 Abs. 4 BGB ist es gerade, rechtzeitigen Rechtsschutz erlangen zu können. Daher ist ein Rechtsschutzbedürfnis für Pflegeeltern bereits dann anerkannt, wenn ein Herausgabekonflikt zu erwarten ist (Staudinger, a.a.O., Rn. 80; s. zum Rechtsschutzbedürfnis auch Staudinger, a.a.O,, Rn. 76; MüKo - Weber, BGB, 4. Aufl., § 1632 Rn. 43).

Auch auf OLG Celle v. 25.08.2006 - 10 UF 127/06 - wird nochmals hingewiesen. Diese Entscheidung ist für das vorliegende Verfahren durchaus von Belang, der zu entscheidende Sachverhalt ähnelte dem vorliegenden stark. Ist der Sorgeberechtigte nicht bereit, den Verbleib des Kindes vollständig anzuerkennen sowie zumindest dem Kind gegenüber zu signalisieren, dies auch so zu wollen, ist das Rechtsschutzbedürfnis für einen Verbleibensantrag gegeben.

Der Erlass einer Verbleibensanordnung kann auch für spätere Entscheidungen bezüglich des Umgangs von entscheidender Bedeutung für das Kind sein. Ist der Verbleib erst mal dauerhaft angeordnet, verändert sich in der Regel der Ablauf von Besuchskontakten zum Positiven für das Kind (OLG Hamm v. 17.01.2011 - II-8 UF 133/10).

3.

Die Betroffene lebt von Geburt an, mittlerweile fast vier Jahre, bei ihren Pflegeeltern. Von festen und starken Bindungen ist daher auszugehen. Bei Herausnahme der Betroffenen würden diese Bindungen zerrissen werden, was mit an Sicherheit grenzender Wahrscheinlichkeit eine extreme Belastung und Traumatisierung mit unabsehbaren Folgen in der Entwicklung nach sich ziehen würde.

Haben aber Kinder in ihrer Pflegefamilie ihre Bezugswelt gefunden und sind sie ihren leiblichen Eltern entfremdet, wird durch einen Wechsel der Bindungsperson ihr persönliches, insbesondere seelisches Wohl gefährdet. Eine solche Bindung soll nicht zum Schaden des Kindes zerstört werden (BT-Drucks. 8/2788, S. 40, 52; ll/5948, S. 74, 75).

Die gesamte Regelung des § 1632 Abs. 4 BGB steht unter dem Grundsatz des Verhältnismäßigkeitsprinzips. Leibliche Eltern können sich auf den Schutz des Art. 6 GG berufen. Ist zwischen dem Kind und seinen Pflegeeltern als Folge eines länger andauernden Pflegeverhältnisses eine gewachsene Bindung entstanden, ist auch die aus dem Kind und den Pflegeeltern bestehende Pflegefamilie durch Art. 6 Abs. 1 GG geschützt, sodass Art. 6 Abs. 3 GG bei der Entscheidung über die Herausgabe des Kindes aus seiner „sozialen" Familie auch auf Seiten der Pflegeeltern nicht gänzlich außer Betracht bleiben darf (BVerfGE 68, 176).
Ferner ist der Grundrechtsposition des Kindes aus Art. 2 Abs. 1 iVm. Art. 1 Abs. 1 GG Rechnung zu tragen. Im Rahmen der erforderlichen Abwägung ist bei der Auslegung der gesetzlichen Regelung zu beachten, dass das Wohl des Kindes letztlich bestimmend sein muss, auch wenn unter den widerstreitenden Positionen der leiblichen und der Pflegeeltern grundsätzlich den

sorgeberechtigten leiblichen Eltern der Vorrang zukommt; denn das Verhältnis des Elternrechts zum Persönlichkeitsrecht des Kindes wird durch die besondere Struktur des Elternrechts geprägt, das wesentlich ein Recht im Interesse des Kindes ist (BayObLG v. 07.12.1999 - 1 Z BR 166/98).

Um aber herauszufinden, ob solche starken Bindungen tatsächlich existieren und wie die Betroffene trotz dieser Bindungen auf eine Herausgabe reagieren würde, ist die Einholung eines Sachverständigengutachtens unumgänglich. Das bereits bestehende Sachverständigengutachten im Parallelverfahren kann hierzu allenfalls Indizien geben, da die Beweisfrage eine gänzlich andere war. Insofern erscheint die Einholung eines weiteren Sachverständigengutachtens - wie mit Antrag vom 31.03. bereits beantragt - unumgänglich, sollten sich der Aufenthaltsbestimmungsberechtigte und die Kindesmutter nicht doch noch zu einer verbindlichen Aussage über den Verbleib der Betroffenen bewegen lassen. Derzeit zumindest - die Pflegeeltern führen nach wie vor regelmäßig Besuchskontakte mit der Kindesmutter durch - hat sich die grundlegende Situation, dass nach wie vor eine in der Zukunft liegende Herausnahme angestrebt wird, nicht verändert. Und die letzte gerichtlich protokollierte Aussage der Kindesmutter stammt vom 06.07. des letzten Jahres, so dass auch hier eine Aktualisierung angezeigt wäre.

-Dorner-
Rechtsanwalt

Beschluss des Oberlandesgerichts

In der Familiensache Schneider gegen Loose erlässt das Oberlandesgericht folgenden

Beschluss

Auf die Beschwerde der Antragsteller wird der Beschluss des Amtsgerichts- Familiengericht- vom 10.03. aufgehoben und das Verfahren wird zur erneuten Verhandlung und Entscheidung an das Amtsgericht zurückverwiesen.

Gründe

Die Antragsteller rügen schwere Verfahrensfehler des Familiengerichts, weil das Kind vor der Entscheidung nicht angehört worden sei, weil der Amtsermittlungsgrundsatz verletzt worden sei, da kein Sachverständigengutachten erholt, weil die Ergänzungspflegerin nicht vor der Entscheidung angehört und keine ausreichende Entscheidungsgrundlage geschaffen und kein Verfahrensbeistand beigezogen worden sei.

In der Sache berufen sie sich auf einen Anspruch auf Erlass einer Verbleibensanordnung, weil jederzeit mit einer Herausnahme durch die Mutter oder die Ergänzungspflegerin gerechnet werden müsse und dies zu einer Vertiefung der schon auf Grund des Verhaltens der Mutter bestehenden Kindeswohlgefährdung führen werden müsse. Außerdem sei zum Wohl des Kindes dessen Verbleiben bei ihnen zu sichern, da dieses wegen der Zeit der Pflege nur Bindungen zu ihnen aufgebaut habe und die Herausnahme wegen der feststehenden Erziehungseignungsdefizite der Mutter zu einer weiteren Kindeswohlgefährdung führen müsse.

Sie wenden sich auch gegen die Kostenentscheidung, weil für die getroffene Entscheidung keine Begründung vom Familiengericht vorliege, so dass der für die Kostenentscheidung erforderliche Ermessensgebrauch nicht nachgeprüft werden könne.

Die Antragsteller haben beantragt, den Beschluss vom 10.03. aufzuheben und das Verfahren an das Familiengericht zur erneuten Entscheidung zurückzuverweisen. Hilfsweise beantragen sie den Erlass einer Verbleibensanordnung.

Die Antragsgegnerin hält die Beschwerde für unzulässig, weil für die Antragsteller kein Rechtsschutzbedürfnis bestehe, weil von keiner Seite (Antragsgegnerin, Ergänzungspflegerin, Jugendamt) zur Zeit eine Herausnahme verlangt werde.

Die Beschwerde ist zulässig, §§ 58 I, 59 I FamFG.
Die Antragsteller werden durch die angegriffenen Entscheidungen in ihren subjektiven Rechten verletzt, weil zumindest dem Grund nach für sie ein Anspruch auf Erlass einer Verbleibensanordnung besteht (BVerfG FamRZ, 865).

Voraussetzung ist, dass eine Familienpflege seit längerer Zeit aus dem Betrachtungshorizont des Kindes besteht und die Herausnahme zu einer konkreten Kindeswohlgefährdung führen kann. Diese Umstände liegen vor. Die im Juni vor vier Jahren geborene Anna kam nach der Geburt zu den Antragstellern und wird seit dieser Zeit von diesen betreut. Die Antragsteller sind unbestritten die alleinigen Bezugspersonen für das Kind. Eine Herausnahme lässt eine konkrete Gefährdung des Kindeswohles befürchten, weil bei der Mutter zeitnah von mehreren Sachverständigen Defizite in ihrer Erziehungseignung festgestellt worden sind. Eine Therapie hat die Mutter bislang noch nicht aufgenommen.

Die Risikogrenze wegen möglicher Beeinträchtigungen des Kindes ist dann überschritten, wenn mit überwiegender Wahrscheinlichkeit nicht auszuschließen ist, dass die Trennung des Kindes von den Antragstellern psychische oder physische Schädigungen nach sich ziehen wird (BVerfG aaO Rn. 27).

Auch wenn nunmehr sowohl vom Jugendamt und der Ergänzungspflegerin und der Antragsgegnerin in der Beschwerde vorgetragen wird, dass derzeit eine Herausnahme nicht in Frage käme, so ist dennoch von einem Anspruch auf eine Verbleibensanordung dem Grunde nach auszugehen, weil ein solches Verlangen stets konkret droht.
So hat die Antragsgegnerin im Sorgerechtsverfahren versucht den teilweisen Entzug des Sorgerechts rückgängig zu machen. Dieses Verfahren ist am 30.08. entschieden worden. Im vorliegenden Verfahren ist von der Antragsgegnerin mehrfach betont worden, dass sie jetzt noch nicht, aber in Zukunft die Herausgabe betreiben wolle.
Das Jugendamt hat in seiner Stellungnahme vom 29.04. erklärt, dass die Voraussetzungen für eine Herausnahme derzeit nicht vorlägen. Dies wurde auch bei der Anhörung am 06.07. bekräftigt. Auf der anderen Seite hat sich das Jugendamt bei der Anhörung am 06.07. dahin geäußert, dass das Sorgerecht zumindest noch für ein halbes Jahr beim Jugendamt belassen werden solle. Diesen Standpunkt hat die Antragsgegnerin unterstützt.
Daraus lässt sich ableiten, wenn seit der Anhörung im Sorgerechtsverfahren das halbe Jahr verstrichen ist, jederzeit mit der Aufnahme dieses Verfahren zu rechnen ist und bei erfolgreichem Abschluss, in logischer Konsequenz die Herausnahme betrieben wird.

Die Erklärungen der Mutter und des Jugendamts sind in Bezug auf die Herausnahme der Verfahrenssituation angepasst. Jedoch muss wegen der oben festgestellten Umstände jederzeit damit gerechnet werden, dass die Herausgabe wieder, auch zur Unzeit, betrieben werden wird. Dagegen haben die Antragsteller dem Grunde nach einen Anspruch auf eine Verbleibensanordnung zu ihrem, aber vor allem zum Schutz des Kindes (in diesem Sinne vergleichbar OLG Celle OLGR 2007, 774 Rn7).

Damit liegt das Rechtsschutzbedürfnis für die Beschwerde und für den Verbleibensantrag vor.

Die Beschwerde ist auch begründet, § 69 I Satz 3 FamFG.
Die Entscheidung des Familiengerichts ist aufzuheben und auf Antrag der Antragsteller zur erneuten Entscheidung zurückzuweisen.
Es liegt eine Reihe von Verfahrensfehlern vor, auf denen die Entscheidung basiert und es steht zur Schaffung einer sachgerechten Entscheidungsgrundlage eine umfangreiche Beweisaufnahme aus.
Das Familiengericht hat das Kind Anna entgegen § 159 II FamFG nicht angehört. Das Kind ist 4 Jahre alt und somit fähig aus seiner Wahrnehmung sich zu seiner Lage zu äußern (BVerfG Fam-RZ 2007, 1078; 2007, 105).

Das Familiengericht hat keinen Verfahrensbeistand bestellt entgegen § 158 II Nr.4 FamFG. Das Unterlassen dieser Verfahrenspflicht hat das Familiengericht nicht begründet (Thomas-Putzo 32. Aufl. § FamFG Rn. 7).

Das Familiengericht hat entgegen § 160 FamFG die Ergänzungspflegerin als Inhaberin der Teilsorge nicht angehört. Entgegen § 160 III FamFG hat es pflichtwidrig das Unterlassen der Anhörung nicht begründet.

Das Familiengericht hat seine Verpflichtung aus § 26 FamFG verletzt, den Sachverhalt von Amts wegen für eine sachgerechte Entscheidung ausreichend aufzuklären. Von den Parteien war umfangreich von Beginn des Verfahrens an die Beiziehung von Sachverständigen angeregt worden. Auch hierzu hat es das Familiengericht unterlassen das Absehen von der Benennung von Sachverständigen zu begründen. Auf diesem pflichtwidrigen Unterlassen beruht auch die Entscheidung, wie das Familiengericht selbst feststellt, als es in der angegriffenen Entscheidung ausführt, dass es für eine andere Entscheidung keine ausreichende Entscheidungsgrundlage habe. Diese zu schaffen ist aber vordringliche Aufgabe des Gerichts in Amtsverfahren. Wegen der gegenseitigen Schuldzuweisungen der Parteien zur Verursachung der bereits zu erkennenden Kindeswohlgefährdung wird das Familiengericht im Rahmen seiner Amtsermittlung ein Gutachten erholen müssen. Es wird in diesem Zusammenhang auch zu überprüfen sein, ob für die Kindeswohlgefährdung und für die Gefährdung durch eine Herausnahme aus der Pflegefamilie jeweils eigene Gutachten einzuholen sind.

Schließlich hat das Familiengericht über die Kosten der ersten Instanz entschieden und sie den Antragstellern auferlegt, ohne dies zu begründen. Hieraus kann nicht erkannt werden, ob es sein Ermessen pflichtgemäß gebraucht hat (Thomas-Putzo aaO § 81 FamFG Rn. 6).

Aus diesen Gründen ist der Beschluss vom 10.03. aufzuheben und das Verfahren zur erneuten Verhandlung und Entscheidung an das Amtsgericht zurückzuverweisen.